周易全书

郑红峰 主编

〔第六卷〕

光明日报出版社

来瞿唐先生易注卷之十四

系辞下传

八卦成列，象在其中矣。因而重之，爻在其中矣。刚柔相推，变在其中矣。系辞焉而命之，动在其中矣。吉凶悔吝者，生乎动者也。刚柔者，立本者也。变通者，趣时者也。

重，直龙反。

八卦以卦之横图言。成列者，乾一、兑二、离三、震四，阳在下者列于左；巽五、坎六、艮七、坤八，阴在下者列于右。"象"者，八卦形体之象，不特天地、雷风、水火、山泽之象，凡天地所有之象无不具在其中也。"因而重之"者，三画上复加三画，重乾重坤之类也。阳极于六，阴极于六，因重成六画，故有六爻。"八卦成列"二句言三画八卦，因而重之二句，言六画八卦。至刚柔相推，言六十四卦。如乾为天，乾下变一阴之巽，二阴之艮，三阴之坤，是刚柔相推也。"系辞"者，系六十四卦三百八十四爻之辞也。"命"者，命其吉凶、悔吝也。"动"者，人之动作营为，即趋吉避凶也。《易》六十四卦三百八十四爻，不过一刚一柔，九、六而已。《易》有九、六，是为之本，无九、六，则以何者为本？故曰"立本"。《易》穷则变，变则通，不变则不通。有一卦之时，有一爻之时。时之所在，理之所当然，势不得不然。趣者，向也。

伏羲八卦成列，虽不言象，然既成八卦，而文王之象已在卦之中矣。伏羲八卦虽无爻，然既重其六，而周公六爻已在重之中矣。六十四卦刚柔相推，虽非占卜卦爻之变，而卦爻之变已在其中矣。各系以辞，虽非其动，然占者值此爻之辞，则即玩此爻以动之，而动即在其中矣。系辞以命，而动在其中者何也？盖吉凶悔吝皆辞之所命也，占者由所命之辞而动，当趋则趋，当避则避，则动罔不吉，不然则凶，悔吝随之矣。吉凶悔吝生乎其动，动以辞显，故系辞以命，而动在其中矣。刚柔相推，而变在其中者，何也？盖刚柔者，立本者也，变动者，趣时者也。有刚柔以立其本，而复可变通以趣其时。使无刚柔，安能变通？变通由于刚柔，故刚柔相推，而变在其中矣。

吉凶者，贞胜者也。天地之道，贞观者也。日月之道，贞明者也。天下之动，贞夫一者也。

观，去声。夫，音扶。

"贞"者，正也。圣人一部《易经》皆利于正，盖以道义配祸福也，故为圣人之书。术家独言祸福，不配以道义，如此而诡遇获禽则曰"吉"，得正而毙焉则曰"凶"，京房、郭璞是也。"胜"者，胜负之胜，言惟正则胜，不论吉凶也。如富与贵可谓吉矣，如不以其道得之，不审乎富贵，吉而凶者也。贫与贱可谓凶矣，如不以其道得之，能安乎贫贱，凶而吉者也。负乘者致其寇，舍车者贲其趾，季氏阳货之富贵，颜回原宪之贫贱，凡杀身成仁，舍生取义，过涉灭顶，皆贞胜之意也。"观"者，垂象以示人也。"道"者，天地日月之正理，即太极也。"一"者，无欲也，无欲则正矣。孔子祖述尧舜者，祖述其精一也，故曰"吾道一以贯之"，又曰"所以行之者一也"，又曰"天下之动贞夫一者也"。三"一"字皆同。孔子没，后儒皆不知"一"字之义，独周濂溪一人知之，故某不得已，又作人圣功夫字义。

"吉凶者"以贞而胜，不论其吉凶也。何也？天地有此正理而观，故无私覆无私载。日月有此正理而明，故无私照。天地日月且如此，而况于人乎？故天下之动虽千端万绪，惟贞夫一。能无欲则贞矣，有欲必不能贞。惟贞则吉固吉，凶亦吉，正大光明，与天地之贞观、日月之贞明，皆万古不磨者也，岂论其吉凶哉？

夫乾确然，示人易矣；夫坤隤然，示人简矣。爻也者，效此者也。象也者，像此者也。爻象动乎内，吉凶见乎外，功业见乎变，圣人之情见乎辞。

见，贤遍反。

"确然"，健貌；"隤然"，顺貌。天惟有此贞一，故确然示人以易；地惟有此贞一，故隤然示人以简。圣人作《易》，爻也者，不过效此贞一而作；象也者，不过像此贞一而立。使不效像乎此，则圣人之《易》与天地不相似矣。此爻此象方动于卦之中，则或吉或凶即呈于卦之外，而功业即因变而见矣。"功业"者，成务定业也。因变而见，即变而通之以尽利也。若圣人之辞，不过于爻象之中，因此贞一而系之以辞也，盖教人不论吉凶，以贞胜而归于一者。此则圣人系辞觉民之心情也，故曰"情"。

天地之大德曰生，圣人之大宝曰位。何以守位？曰仁。何以聚人？曰财。理财正辞，禁民为非曰义。

"大德"者，易简贞一之大德也。"生"者，天主生物之始，地主生物之成也。"大宝"者，圣人必居天位方可行天道。是位者，乃所以成参赞之功者也，故曰"大宝"。"聚人"者，内而百官、外而黎庶也。"理财"者，富之也，九赋九式之类是也。"正辞"者，教之也，教之以正也，三物十二教之类是也。"禁非"者，既道之以德，又齐之以刑，五刑五罚之类是也。"仁义"者，贞一之理也。

天地有此贞一之大德，惟以生物为心，故无私覆无私载。圣人居大宝之位，而与天地参，是以守其位而正位凝命也，则以仁曰仁，即天地贞一之大德也。仁以育之，义以正之，有此贞一无私之大德，所以与天地参也。《易》之为书辞、变、象、占专教人以贞胜而归于一者以此。《上系》首章，举天地易简知能之德，而继之以圣人之成位，见圣人有以克配乎天地，此作《易》之原，《易》之体。《下系》首章举天地易简贞一之德，而继之以圣人之仁义，见圣人有以参赞乎天地，此行《易》之事，《易》之用也。

上第一章。此章论《易》而归之于贞一。

古者包牺氏之王天下也，仰则观象于天，俯则观法于地，观鸟兽之文与地之宜，近取诸身，远取诸物，于是始作八卦，以通神明之德，以类万物之情。

"法"，法象也。天之象日月星辰也，地之法山陵川泽也。鸟兽之文，有息者根于天，飞走之类也。"地之宜"，无息者根于地，草木之类也。如《书》言"兖之漆，青之絺，徐之桐"是也，非高黍下稻也。伏羲时尚鲜食，安得有此？近取诸身，气之呼吸，形之头足之类也。远取诸物，鳞介羽毛，雌雄牝牡之类也。通者，理之相会合也；类者，象之相肖似也。神明之德，不外健顺动止八者之德；万物之情，不外天地雷风八者之情。德者阴阳之理，情者阴阳之迹。德精而难见故曰"通"，情粗而易见故曰"类"。

包牺氏之王天下也，仰观俯察，与鸟兽之文，与地之宜，近取诸身，远取诸物，见得天地间一对一待成列于两间者，不过此阴阳也，一往一来流行于两间者，不过此阴阳也，于是画一奇以象阳，画一偶以象阴，因而重之以为八卦，以通神明之德，以类万物之情。

作结绳而为网罟，以佃以渔，盖取诸离。

罟，音古。佃，音田。

离卦中爻为巽，绳之象也。网以佃，罟以渔。离为目，网罟之两目相齐者似之。离德为丽，网罟之物丽于中者似之。盖取诸离，言绳为网罟有离之象，非睹离而始有此也。教民肉食自包牺始，自此至"结绳而治"，有取诸卦象者，有取诸卦义者。

包牺氏没，神农氏作。斲木为耜，揉木为耒，耒耨之利以教天下，盖取诸益。

斲，陟角反。耜，音似。耒，力对反。耨，奴豆反。

"耒耜"者，今之犁也。"耜"者，耒之首，"斲木"使锐而为之，今人加以铁铧，谓之犁头。耒者耜之柄，揉木使曲而为之。二体皆木，上入下动，中爻坤土。木入土而动，耒耜之象。教民粒食自神农始。

日中为市，致天下之民，聚天下之货，交易而退，各得其所，盖取诸噬嗑。

离日在上，日中之象。中爻艮为径路，震为大涂，又为足，致民之象。中爻坎水艮山，群珍所出，聚货之象。又震错巽，巽为利市三倍，为市聚货之象。震动，交易之象。巽为进退之象。艮止，各得其所之象。此噬嗑之象也。且天下之人其业不同，天下之货其用不同，今不同者皆于市而合之，以其所有易其所无，各得其所，亦犹物之有间者啮而合之，此噬嗑之义也。

神农氏没，黄帝、尧、舜氏作。通其变，使民不倦。神而化之，使民宜之。《易》穷则变，变则通，通则久，是以自天祐之，吉无不利。黄帝、尧、舜垂衣裳而天下治，盖取诸乾、坤。

阳极则必变于阴，阴极则必变于阳，此变也。阳变于阴则不至于亢，阴变于阳则不至于伏，此通也。阳而阴，阴而阳，循环无端，所以能久，是以圣人之治天下，民之所未厌者，圣人不强而去之，民之所未安者，圣人不强而行之，如此变通，所以使民不倦。不然，民以为纷，更安得不倦！由之而莫知其所以然者神也，以渐而相忘于不言之中者化也。神而化之，所以使民宜之。不然，民以为不便，何宜之有？

牺农之时民朴俗野，至黄帝、尧、舜时风气渐开，时已变矣。三圣知时当变也，而通其变，使天下之人皆欢欣鼓舞，趋之而不倦，所以然者，非圣人有以强之也，亦神而化之。惟其神而化之，故天下之民安之以为宜。惟其宜之，故趋之而不倦也。盖天地之理数，穷则变，变则通，通则久。牺农之时，人害虽消而人文未著，衣食虽足而礼义未兴，故黄帝、尧、舜惟垂上衣下裳之制，以明尊卑贵贱之分。而天下自治者，以穷则变，是以神而化之与民宜之也。盖取诸乾、坤者，乾、坤之理，亦变化无为，此乾、坤之义也。乾、坤之体，亦上衣下裳之尊卑，此乾、坤之象也。

刳木为舟，剡木为楫。舟楫之利，以济不通，致远以利天下，盖取诸涣。

刳，口姑反。剡，以冉反。

"以济不通"句绝。"致远"句绝。"刳"者，剖而使空也。刳木中虚，可以载物。"剡"者，斩削也。剡木末锐，可以进舟。"济不通"者，横渡水也。与"济人溱洧"济字同。溪、涧、江、河或东西阻绝，或南北阻绝，皆不通也。"致远"者，长江天堑不能逆水而上，不能放流而下，皆不能致远也。今有舟楫则近而可以济不通，远而可以致远，均之为天下则矣。"济不通"即下文引重之列。"致远"即下文致远之列。盖"取诸涣"者，下坎水，上巽木，中爻震动，木动于水上，舟楫之象也。且天下若无舟楫，不惟民不能彼此往来，虽君臣上下亦阻绝而不能往来，天下皆涣散矣。乘木有功以济其涣，此涣之义也。

服牛乘马，引重致远，以利天下，盖取诸随。

上古牛未穿，此则因其性之顺，穿其鼻驯而服之。上古马未络，此则因其性之健，络其首驾而乘之。中爻巽为绳，艮为鼻又为手，震为足，服之乘之之象也。震本坤所变，坤为牛，一奇画在后者，阳实而大，引重之象也。兑本乾所变，乾为马，一偶画在前者，大道开张，致远之象也。牛非不可以致远，曰引重者，为其力也；马非不可以引重，曰致远者，为其敏也。"盖取诸随"者，人欲服则服，人乘则乘，欲引重引重，欲致远则致远。动静行止皆随人意，此随之义也。

重门击柝以待暴客，盖取诸豫。

中爻下艮为门，上震综艮又为门，是两门矣，重门之象也。震动善鸣有声之木，柝之象也。艮为守门阍人，中爻坎为夜，艮又为手，击柝之象也。坎为盗，暴客之象也。上古外户不闭，至此建都立邑，其中必有官职府库，故设重门以御之，"击柝"以警之，"以待暴客"。"豫"者逸也，又备也，谦轻而豫，怠逸之意也。恐逸豫，故豫备。

断木为杵，掘地为臼，臼杵之利，万民以济，盖取诸小过。

中爻兑为毁折，断与掘之象也。上震木下艮土，木与地之象也。大象坎陷，臼舂之象也。万民以济者，前此虽知粒食而不知脱粟，万民得此杵臼，治米极其精，此乃小有所过，而民用以济者也。

弦木为弧，剡木为矢，弧矢之利以威天下，盖取诸睽。

"弧"，弓也。"弦"木使曲，"剡"木使锐。中爻坎木坚，离木稿，兑为毁折，弦木剡木之象也。坎为弓矢，离为戈兵，又水火相息，皆有征伐之意，所以既济、未济皆伐鬼方。"弧矢"，威天下之象也。所以威天下者，以其睽乖不服也，故取诸睽。

上古穴居而野处，后世圣人易之以宫室，上栋下宇，以待风雨，盖取诸大壮。

"栋"屋，脊木也。"宇"，橼也。栋直承而上，故曰上栋。宇两垂而下，故曰下宇。二阴在上，雷以动之，又中爻兑为泽，雨之象也。兑综巽，风之象也。四阳相比，壮而且健，栋宇之象。大过四阳相比，故亦言栋。大壮者，壮固之义也。

古之葬者，厚衣之以薪，葬之中野，不封不树，丧期无数，后世圣人易之以棺椁，盖取诸大过。

"衣之以薪"，盖覆之以薪也。"葬之中野"，葬之郊野之土中也。"不封"者，无土堆而人不识也。本卦象坎为隐伏，葬之象也。中爻乾为衣，厚衣之象也。巽为木，薪之象也，棺之象也。乾为郊，郊外中野之象也。巽为入，兑错艮为手，又为口，木上有口，以手入之，入棺之象也。大过者，过于厚也。小过养生，大过送死，惟送死可以当大事，故取大过。

上古结绳而治，后世圣人易之以书契，百官以治，万民以察，盖取诸夬。

结绳者，以绳结两头，中割断之，各持其一以为他日之对验也。结绳而治，非君结绳而治也，言当此百姓结绳之时，为君者于此时而治也。"书"，文字也。言有不能记者书识之。"契"，合约也。事有不能信者，契验之。百官以此书契而察万民，不敢欺。取夬者，有书契则考核精详，稽验明白，亦犹君子之决小人，小人不得以欺矣。兑综巽为绳，绳之象也。乾为言，错坤为文，言之有文，书契之象也。

上第二章。通章言制器尚象之事。网罟耒耜所以足民食，交易舟车所以通民财，弦弓门柝所以防民患，杵臼以利其用，衣裳以华其身，宫室以安其民，棺椁以送其死，所以为民利用安身，养生送死无遗憾矣。然百官以治，万民以察，卒归之夬之书契者，盖器利用便则巧伪生，圣人忧之，故终之以夬之书契焉。上古虽未有《易》之书，然造化人事本有《易》之理，故所作事暗合《易》书，正所谓画前之《易》也。

是故《易》者，象也。象也者，像也。彖者，材也。爻也者，效天下之动者也。是故吉凶生而悔吝著也。

"是故"二字承上章取象而言。木挺曰"材"，材，干也。一卦之材即卦德也。天下之动纷纭缪辐，或出或处，或默或语，大而建侯行师，开国承家，小而家人妇子嘻嘻嗃嗃，其变态不可尽举。"效"者，效力也，献也，与"川岳效灵"效字同，发露之意。言有一爻之动即有一爻之变，周公于此一爻之下，即系之以辞而效之，所谓六爻之义易以贡也。生者，从此而生出也。著者，自微而著见也。吉凶在事本显，故曰生；悔吝在心尚微，故曰著。悔有改过之意，至于吉则悔之著也。吝有文过之意，至于凶则吝之著也。原其始而言，吉凶生于悔吝；要其终而言，则悔吝著而为吉凶也。

《易》卦者，写万物之形象之谓也。舍象不可以言《易》矣。"象"也者像也，假象以寓理，乃事理仿佛近似而可以想像者也，非造化之贞体也。"彖"者象之材也，乃卦之德也。"爻"者，效天下之动者也，象之变也，乃卦之趣时也。是故伏羲之《易》惟像其理，而近似之耳。至于文王有彖以言其材，周公有爻以效其动，则吉凶由此而生，悔吝由此而著矣。而要之，皆据其象而已，故舍象不可以言《易》也。若学《易》者不观其象，乃曰得意在忘象，得象在忘言，正告子所谓"不得于言，勿求于心"者也。若舍此象止言其理，岂圣人作《易》、前民用以教天下之心哉！

上第三章。总是言象。

阳卦多阴，阴卦多阳，其故何也？阳卦奇，阴卦偶，其德行何也？阳一君而二民，君子之道也。阴二君一民，小人之道也。

震、坎、艮为阳卦，皆一阳二阴；巽、离、兑为阴卦，皆一阴二阳。阳卦奇阴卦偶者，言阳卦以奇为主，震、坎、艮皆一奇，皆出于乾之奇。震以一索得之，坎以再索得之，艮以三索得之，三卦皆出于乾之奇，所以虽阴多亦谓之阳卦。阴卦以偶为主，巽、离、兑皆一偶，皆出于坤之偶。巽以一索得之，离以再索得之，兑以三索得之，三卦皆出于坤之偶，所以虽阳多，亦谓之阴卦。阴虽二画，止当阳之一画。若依旧注，阳卦皆五画，阴卦皆四画，其意以阳卦阳一画阴四画也，阴卦阳二画阴二画也。若如此，则下文阳一君二，民非二民，乃四民矣，阴二君一，民非一民，乃二民矣。盖阴虽二画，止对阳之一画，故阳谓奇阴谓偶，所以说一阴一阳之谓道。德行兼善恶，与上文故字相对。何也？与上文何也相对？阳为君，阴为民。一君二民乃天地之常经，古今之大义，如唐虞三代，海宇苍生罔不率俾是也，故为君子之道。二君一民则政出多门，车书无统，如七国争雄是也，故为小人之道。

阳卦宜多阳而反多阴，阴卦宜多阴而反多阳，其故何也？盖以卦之奇偶论之，阳以奇为主，震、坎、艮三卦之奇皆出于乾，三男之卦，故为阳卦。阴以偶为主，巽、离、兑三卦之偶皆出于坤，三女之卦，故为阴卦。若以德行论之，阳一君而二民，君子之道也。震、坎、艮皆一君而二民，正合君子之道，故阳卦多阴。阴二君而一民，小人之道也，巽、离、兑皆二君而一民，正合小人之道，所以阴卦多阳。

上第四章。

《易》曰："憧憧往来，朋从尔思。"子曰：天下何思何虑？天下同归而殊途，一致而百虑，天下何思何虑？

此释咸九四爻，亦如上传拟议之事，下数节仿此。虑不出于心之思，但虑则思之深尔。"同归而殊途"者，同归于理而其途则殊。"一致而百虑"者，一致于数，而其虑则百。因殊故言同，因百故言一。"致"者极也，送诣也，使之至也。言人有百般思虑皆送至于数，有数存焉，非人思虑所能为也，正所谓莫之致而至者命也。以途言之，如父子也，君臣也，夫妇也，朋友也，长幼也。接乎其身者甚殊也，然父子有亲，君臣有义，夫妇有别，朋友有信，长幼有序，使数者之相感，吾惟尽其理而已，有何思虑？以虑言之，如富贵也，贫贱也，夷狄也，患难也，如此之虑起乎其心者有百也，然素富贵行富贵，素贫贱行贫贱，素夷狄行夷狄，素患难行患难，虽使富贵数者之相感，吾惟安乎其数而已，有何思虑？下文则言造化理物有一定自然之数，吾身有一定自然之理，而吾能尽其理安其数，则穷神知化，而德盛矣。

日往则月来，月往则日来，日月相推而明生焉。寒往则暑来，暑往则寒来，寒暑相推

而岁成焉。往者屈也，来者信也，屈信相感，而利生焉。尺蠖之屈，以求信也。龙蛇之蛰，以存身也。

信，音申。

以造化言之：一昼一夜相推而明生，一寒一暑相推而岁成。成功者退谓之"屈"，方来者进谓之"信"。一往一来，一屈一信，循环不已谓之"相感"。"利"者功也，日月有照临之功，岁序有生成之功也。应时而往自然而往，应时而来自然而来，此则造化往来相感一定之数，惟在乎气之自运而已，非可以思虑而往也，非可以思虑而来也。以物理言之：屈者乃所以为信之地，不屈则不能信矣，故曰"求"。必蛰而后存其身以奋发，不蛰则不能存身矣。应时而屈自然而屈，应时而信自然而信，此则物理相感，一定之数惟委乎形之自然而已，非可以思虑而屈也，非可以思虑而信也。正所谓一致而百虑也。造化物理，往来屈信既有一定之数，则吾惟安其一致之数而已，又何必百虑而憧憧往来哉！

精义入神，以致用也，利用安身，以崇德也。

此言"精"者，明也，择也，专精也，即惟精惟一之精。言无一毫人欲之私也。"义"者，吾性之理，即五伦：仁、义、礼、知、信之理也。"入神"者，精义之熟，手舞足蹈皆其义，从心所欲不逾矩，莫知其所以然而然也。"致用"者，诣于其用，出乎身发乎迩也。"利用"者，利于其用，加乎民见乎远也。"安身"者，身安也，心广体胖，四体不言而喻也。惟利于其用，无所处而不当，则此身之安自无入而不自得矣。既利用安身，则吾身之德，自不觉其积小高大矣。

以吾身言之：精研其义至于入神，非所以求致用也，而自足以为出而致用之本。利其施用无适不安，非所以求崇德，而自足以为人而崇德之资。致者自然而致，崇者自然而崇，此则吾身内外相感一定之理也，正所谓同归而殊途也。故天下之途虽有千万之殊，吾惟尽同归之理，精义人神以致用，利用安身以崇德而已，又何必论其殊途而憧憧往来哉！

过此以往，未之或知也。穷神知化，德之盛也。

"过此"者，过此安，一致之数，尽同归之理也。"以往"者，前去也。"未之或知"者，言不知也。言相感之道，惟当安数尽理，如此功夫。过此则无他术、无他道也，故同归之理。穷此者，谓之穷神一致之数。知此者，谓之知化。能穷之知之，则不求其德之盛，而德之盛也无以加矣，又何必憧憧往来也哉！天下何思何虑者正以此。盖尽同归之理，是乐天功夫，神以理言故言穷；安一致之数，是知命功夫，化以气言，故言知。理即仁、义、礼，知之理。"气"即吉凶、祸福之气。内而精义入神已有德矣，外而利用安身又崇其德，内外皆德之盛，故总言德之盛。"崇"字即盛字，非崇外别有盛也。一部《易经》，说数即说理。

来子考定："作易者，其知盗乎"节在此。安设尽理，何必思虑！

《易》曰："困于石，据于蒺藜，入于其宫，不见其妻，凶。"子曰：非所困而困焉，名必辱；非所据而据焉，身必危。既辱且危，死期将至，妻其可得见邪！

释"困"六二爻义。"非所困"者，在我非所困也。"非所据"者，在人非所据也。欲前进以荣其身，不得其荣，是求荣而反辱也，故名必辱。欲后退以安其身，不得其安，是求安而反危也，故身必危。辱与危，死道也，故不见妻。

来子考定：此节，在"君子安其身"下。

《易》曰："公用射隼于高墉之上，获之无不利。"子曰：隼者禽也，弓矢者器也，射之者人也。君子藏器于身，待时而动，何不利之有？动而不括，是以出而有获，语成器而动者也。

释解上六爻义。此孔子别发一意，与解悖不同。"括"字乃孔子就本章弓矢上取来用。盖矢头曰"镞"，矢末曰"括"，括与筈同，乃箭筈，管弦处也。故《书》曰："若虞机张，往省括于度，则释。"括有四义：结也，至也，检也，包也。《诗》"日之夕矣，牛羊下括"，至之义也。《杨子》"或问士曰：其中也弘深，其外也肃括"，检之义也。《过秦论》"包括四海"，包之义也。此则如坤之括囊，取闭结之义。动而不闭结，言动则不迟疑滞拘，左之右之，无不宜之有之，资深逢原之意也。

"隼"者，禽也。"弓矢"者，器也。"射之"者，人也。君子负济世之具于身，而又必待其时。时既至矣，可动则动，何不利之有？盖济世之具在我，则动而不括，此所以出而有获，无所不利也。《易》曰"公用射隼于高墉之上，获之无不利"者，正言器已成矣，而后因时而动也。

来子考定：此节在"作易者其知盗乎"节下，继此"天地细蕴"节。子曰：君子安其身而后动节。《易》曰："困于石"节。子曰：德薄而位尊节，鸣鹤在阴节。具再次。

子曰：小人不耻不仁，不畏不义，不见利不劝，不威不惩。小惩而大诫，此小人之福也。《易》曰"屦校灭趾无咎"，此之谓也。

释噬嗑初九爻义。可耻者莫如不仁，小人则甘心不仁。可畏者莫如不义，小人则甘心不义。利以动之而后为善，曰劝者即劝其为仁、为义也。威以制之而后去恶，曰惩者，即惩其不仁、不义也。故小有惩于前，大有诫于后，此则小人之福也。不然，不仁、不义、不劝、不惩，积之既久，罪大而不可解矣，何福之有？《易》曰"屦校灭趾无咎"者，正此止恶于未形，小惩大诫，为小人之福之意也。

来子考定：此节在《系辞》上第八章，"知几其神乎"下。

善不积不足以成名，恶不积不足以灭身。小人以小善为无益而弗为也，以小恶为无伤而弗去也。故恶积而不可掩，罪大而不可解。《易》曰："何校灭耳，凶。"

释噬嗑上九爻义。惟"恶积而不可掩"，故"罪大而不可解"。"何校灭耳凶"者，积恶之所致也。

来子考定：此节在"小人不耻不仁"下。

子曰：危者安其位者也，亡者保其存者也，乱者有其治者也。是故君子安而不忘危，存而不忘亡，治而不忘乱，是以身安，而国家可保也。《易》曰："其亡其亡，系于苞桑。"

释否九五爻义。安危以身言，存亡以家言，治乱以国言，所以下文曰身安而国家可保也。"危"者，自以为位可恒安者也。"亡"者，自以为存可恒保。"乱"者，自以为治可恒有。故安其位，保其存，有其治，则志得意满，所以危亡而乱矣，唐之玄宗，隋之炀帝是也。《易》教人"易者使倾"，正此意。

来子考定：此节在上第八章，"言天下之至赜"下。

子曰：德薄而位尊，知小而谋大，力小而任重，鲜不及矣。《易》曰："鼎折足，覆公餗。其形渥，凶。"言不胜其任也。

知，音智。胜，音升。

释鼎九四爻义。德所以诏爵，智所以谋事，力所以当任。鲜不及者，鲜不及其祸也。

来子考定：此节在"困于石"下。

子曰：知几其神乎！君子上交不谄，下交不渎，其知几乎？几者动之微，吉之先见者也。君子见几而作，不俟终日。《易》曰："介于石，不终日，贞吉。"介如石焉，宁用终日，断可识矣。君子知微知彰，知柔知刚，万夫之望。

总赞六二知几，知几而不决，犹未知也，尤重在贞守。

释豫六二爻义。"谄"者谄谀。"渎"者，渎慢不知其几，如刘柳交叔文竟谄其党是也。断可识者，断可识其不俟终日也。豫卦独九四大有得，盖爻之得时者。初与四应，交乎四者也；三与四比，亦交乎四者也，皆谄于其四矣。独二隔三不与四交，上交不谄者也。初六鸣豫凶，不正者也。二与之比，二中正不渎慢，下交不渎者也。动之微，即先见，知微知彰也。本卦止一刚，初柔四刚，知柔知刚也。圣人之言皆有所据，"知几其神"与"知微知彰"三句皆是赞辞。

"几"者人之所难知，能知人之所不能知，故曰神。君子之交人，上下之间不谄不渎者，以其有先见之明，惧其祸之及己也，故知几惟君子。何也？盖几者方动之始，动之至微，良心初发，吉之先见者也。若溺于物欲，非初动之良心，延迟不决，则不能见几，祸已及己，见其凶而不见其吉矣。惟君子见此几，即作而去，不俟终日。然见此几之君子岂易能哉？必其操守耿介，修身反己，无一毫人欲之私者方可能之。《易》曰："介于石，不俟终日，贞吉。"夫以耿介如石之不可移易，则知之之明，去之之决，断可以识其不俟终日矣。盖天下之事有微有彰，人之处事有柔有刚，人知乎此方能见几也。今君子既知其微又知其彰，既知其所以柔又知其所以刚，四者既知，则无所不知矣，所以为万夫之望而能见几也，故赞其知几其神。

来子考定：此节在上第八章"自天祐"之下。

子曰：颜氏之子，其殆庶几乎？有不善未尝不知，知之未尝复行也。《易》曰："不远复，无祗悔，元吉。"

释复初九爻义。"殆"者，将也。"庶"，近也。几者动之微，吉之先见者也，即下文有不善未尝不知也。言颜氏之子，其将近于知几乎，如之未尝复行，故不贰过。

来子考定：此节在上第八章，善不积下。

天地细缊，万物化醇；男女构精，万物化生。《易》曰："三人行则损一人，一人行则得其友。"言致一也。

释损六三爻义。"绌",麻枲也。"缊",絮也。"借"字以言天地之气缠绵交密之意。"醇"者,凝厚也,本醇酒,亦借字也。天地之气本虚,而万物之质则实。其实者乃虚气之化而凝,得气成形,渐渐凝实,故曰化醇。男女乃万物之男女,雌雄、牝牡,不独人之男女也。男女乃父母,万物皆男女之所生也。以卦象言,地在中爻,上下皆天,有天将地缠绵之象。故曰天地绌缊。以二卦言,少男在上,少女在下,男止女悦,有男女构精之象。故以天地男女并言之,致专一也。阴阳两相与则专一,本卦六爻应与,皆阴阳相配,故曰致一。

天地绌缊,气交也,专一而不二,故曰"醇"。男女构精,形交也,专一而不二,故化生。夫天地男女两也,绌缊构精以一合一,亦两也,所以成化醇、化生之功。《易》曰"三人行则损一人,一人行则得其友"者,正以损一人者两也,得其友者两也。两相与则专一,若三则杂乱矣,岂能成功?所以爻辞言"损一得友者"以此。

来子考定:此节在前"公用射隼"下。

子曰:君子安其身而后动,易其心而后语,定其交而后求。君子修此三者,故全也。危以动则民不与也,惧以语则民不应也,无交而求则民不与也。莫之与,则伤之者至矣。《易》曰:"莫益之,或击之,立心勿恒,凶。"

"易其"之易。以,敹反。

释益上九爻义。安其身者,身无愧怍也,危则行险矣。"易其心"者,坦荡荡也,惧则长戚戚矣。以道义交则淡以成,故定;以势利交则甘以坏,故无交。"修"者,安也,"易"也,定也,修此三者则我体益之道全矣,故不求益而自益。若缺其一则立心不恒,不能益矣。"全"对缺言。"民"者人也。上"与"字"党与"之与,下"与"字"取与"之与。莫之与即上文"民不与"、"不应"、"不与"也。伤之者,即击之也。安也,易也,定也,皆立心之恒,故曰立心勿恒,凶。

来子考定:此节在于"天地绌缊"句下。

上第五章。

子曰:乾坤,其《易》之门邪?乾,阳物也;坤,阴物也。阴阳合德而刚柔有体,以体天地之撰,以通神明之德。

"门"者,物之所从出者也。阴阳二卦、六十四卦、三百八十四爻皆其所从出,故为《易》之门。有形质曰"物",一奇象阳,一偶象阴,则有形质矣。以二物之德言,则阴与阳合,阳与阴合,而其情相得;以二物之体言,则刚自刚,柔自柔,而其质不同。以者用也,撰者述也。天地之撰,天地雷风之类也,可得见者也。"德"者理也。神明之德,健顺动止之类也,不可测者也。可得见者,《易》则以此二物体之;不可测者,《易》则以此二物通之。形容曰"体",发越曰"通"。

其称名也杂而不越。于稽其类,其衰世之意邪?

一卦有一卦之称名,一爻有一爻之称名。或言物象,或言事变,可谓至杂矣。然不过体天地之撰,通神明之德而已。二者之外,未尝有逾越也。但稽考其体之通之之类,如言龙战于野、人于左腹、获明夷之心，如此之类，似非上古民淳俗朴不识不知之语也，"意"者衰世民伪日滋，所以圣人说此许多名物事类出者，亦不得已也。

夫《易》，彰往而察来，而微显阐幽，开而当名辨物，正言断辞，则备矣。

"彰往"者，明天道之已然也。阴阳消息，卦爻之变象有以彰之。"察来"者，察人事之未然也。吉凶、悔吝，卦爻之占辞有以察之。日用所为者显也。《易》则推其根于理数之幽以微之，使人敬慎而不敢慢。百姓不知者幽也，《易》则就其事为之显以阐之，使人洞晓而无所疑。开而当名辨物者，各开六十四卦所当之名，以辨其物，如乾马、坤牛、乾首、坤足之类，不使之至于混淆也。正言断辞者，所断之辞吉则正言其吉，凶则正言其凶，无委曲无回避也。如是则精及无形、粗及有象无不备矣。曰"备"者，皆二物有以体其撰、通其德也。此其所以备也。

其称名也小，其取类也大。其旨远，其辞文。其言曲而中，其事肆而隐。因贰以济民行，以明失得之报。

牝马、遗音之类，卦之称名者小也。负乘、丧茀之类，爻之称名小者也。"肆"，陈也。"贰"者，副也，有正有副，犹两也。言既小又大，既远又文，既曲又中，既肆又隐，不滞于一边，故名为贰。"失得"者，吉凶也。"报"者，应也。

《易》辞纤细无遗，其称名小矣，然无非阴阳之理，默寓乎中，而取类又大，天地、阴阳、道德、性命散见于诸卦爻之中，其旨远矣。然其辞昭然有文，明白显然以示人，而未常远也。卦爻之言，委曲婉转谓之曲，曲则若昧正理矣，然曲而中乎典礼，正直而不私焉。叙事大小本末，极其详备谓之肆，肆则若无所隐矣，然理贯于大小本末之中，显而未必不隐焉。因此贰则两在莫测，无方无体矣，宜乎济斯民日用之所行，以明其吉凶之应也。曰"济"者，皆二物有以体其撰，通其德，此其所以济也。夫《易》皆二物体其撰、通其德，则乾坤不其《易》之门耶？

上第六章。此章言乾坤为《易》之门。

《易》之兴也，其于中古乎？作《易》者，其有忧患乎？

"《易》之兴"指周《易》所系之辞。《易》乃伏羲所作，然无其辞。文王以前不过为占卜之书而已，至文王始有《彖辞》，教人以反身修德之道，则《易》书之著明而兴起者，自文王始也。因受羑里之难，身经乎患难，故所作之《易》，无非处患难之道。下文九卦，则人所用以免忧患之道也。

是故履，德之基也。谦，德之柄也。复，德之本也。恒，德之固也。损，德之修也。益，德之裕也。困，德之辨也。井，德之地也。巽，德之制也。

"德"者，行道而有得于身也。"履"者，礼也，吾性之所固有。德为虚位而礼有实体，修德以礼，则躬行实践之间，有所依据，亦犹室之有基址矣，故为德之基。"柄"者，人之所执持者也。人之盈满者必丧厥德，惟卑己尊人、小心畏义，则其德日积，亦犹物之有柄而为人所执持矣，故为德之柄。人性本善，其不善者蔽于物欲也。今知自反不善而复于善，则善端萌蘖之生，自火燃泉达，万善从此充广，亦犹木之有根本而枝叶自畅茂矣，故为德之本。然有德在我，使不常久，则虽得之必失之，故所守恒久则长久而坚固，故恒者德之固也。君子修德必去其所以害德者，如或忿欲方动则当惩窒，损而又损以至于无，此乃修身之事，故曰损者德之修也。君子之进德必取其有益于德者，若见善而觉己之有过，则迁善改过以自益，故曰益者德之裕也，裕者充裕也。人处平常，不足以见德，惟处困穷出处、语默之间、辞受取与之际，最可观德，困而亨则君子，穷斯滥则小人，故为德之辨。井静深有本，而后泽及于物，人涵养所畜之德必如井，而后可施及于人也，故为德之地。巽既顺于理，又其巽入细微，事至则随宜断制，故为德之制。此九卦无功夫，无次第。

　　此言九卦为修德之具也。圣人作《易》固有忧患矣，然圣人之忧患，惟修其德而已。圣人修德，虽不因忧患而修，然卦中自有修德之具，如履、谦、复、恒、损、益、困、井、巽，乃德之基、之柄、之本、之固、之修、之裕、之辨、之地、之制，盖不必六十四卦，而九卦即为修德之具矣。

履和而至，谦尊而光，复小而辨于物，恒杂而不厌，损先难而后易，益长裕而不设，困穷而通，井居其所而迁，巽称而隐。

　　称，去声。

　　礼顺人情故和，和无森严之分，则不至矣，然节文仪则，皆天理精微之极至也。和而至，此履之才德，所以极其善也。谦以自卑则不尊矣，谦以自晦则不光矣。今谦自卑而愈尊，自晦而愈光。尊而光，此谦之才德所以极其善也。暗昧而小者，则必不能辨物矣，今复一阳居于群阴暗昧之下，虽阴盛阳微，以一阳之小，而能知辨其五阴皆为物欲，所以反其不善以复其善。小而辨物，此复之才德，所以极其善也。事至而杂来者，则必至于厌矣。恒则虽处缪骢之地，而常德如一日。杂而不厌，此恒之才德所以极其善也。凡事之难者则必不易矣，损则惩忿窒欲，虽克己之最难，然习熟之久，私意渐消，其后则易。先难后易，此损之才德所以极其善也。凡事之长裕者，则必至于设施造作矣，益则日知其所亡，月无忘其所能，可谓长裕矣，然非助长也。长裕而不设，此益之才德，所以极其善也。身之穷者，则必不通矣，困则身穷而道通。穷而又通，此困之才德，所以极其善也。人居其所者，则必不能迁矣，井虽居其所而不动，然泉脉流通，日迁徙而常新。居其所而迁，此井之才德所以极其善也。轻重适均之谓称。称则高下之势，人皆得而见之，则必不能隐矣。巽则能顺其理，因时以称其宜，然其性入而伏，则又形迹之不露。称而隐，此巽之才德所以极其善也。此正言九卦才德之善，以见其能为修德之具也。言履和而至，所以为德之基，若和而不至，不可以为德之基矣。下八卦仿此。此一节"而"字与《书经》九德"而"字同。

履以和行，谦以制礼，复以自知，恒以一德，损以远害，益以兴利，困以寡怨，井以辨义，巽以行权。

　　和行之行，下孟反。远，袁万反。

　　"以"者，用也。"行"者，日用所行之行迹也。人有礼则安，无礼则危。礼以和之，使之揆之理而顺，即之心而安，无乖忤也。"制"者，制服之意。礼太严，截然不可犯，谦以制之，则和而至矣。履即礼，非有别礼也。但上天下泽，乃生定之礼，生定之礼本有自然之和，人之行礼若依其太严之体，不免失之亢，故用谦以制之则和矣。自知者，善端之复独知之地也。德不常则二三，常则始终惟一，时乃日新矣。兴利者，迁善改过，则日益高明，驯至于美大圣神矣，何利如之！困以寡怨、井以辨义者，井泉流通，日新不已，迁徙于义，非能辨义，安能迁徙？所以用井以辨之。巽以行权者，如汤武之放伐，乃行权也，然顺乎天即巽顺乎理也，又应乎人，皆同心同德，东征西怨，南征北怨，是即巽之能相入也。若离心离德，安得谓之相入？所以巽顺乎理，又能相入方能行权。

上一节言九卦为修德之基，以"之"字发明之；中一节言九卦之才德，以"而"字发明之；此一节言圣人用九卦以修德，以"以"字发明之。是故行者，吾德所行之行迹也，恐其失于乖，则用履以和之。礼者，吾德之品节也，恐其失于严，则用谦以制之。择善者，吾身修德之始事也，则用复以自知而择之。固执者，吾身修德之终事也，则用恒以一德而守之。人欲者，吾德之害也，则用损以远之。天理者，吾德之利也，则用益以兴之。不知其命之当安，未免怨天，非所以修德也，则用困以寡之。不知性之当尽，不能徙义，非所以修德也，则用井以辨之。然此皆言修德之常经也，若有权变不可通常经者，则用巽以行之。能和行，能制礼，能自知，能一德，能远害，能兴利，能寡怨，能辨义，能行权，则知行并进，动静交修，经事知宜变事知权，此九卦所以为德之基、之柄、之本、之固、之修、之裕、之辨、之地、之制也。以此修德，天下有何忧患不可处哉！

上第七章。此章论圣人以九卦修德。

《易》之为书也不可远，为道也屡迁，变动不居，周流六虚，上下无常，刚柔相易，不可为典要，惟变所适。

"书"者，卦爻之辞也。"不可远"，不可离也。以之崇德广业，以之居安乐玩，皆不可离之意。为道者，《易》之为道也。一阴一阳之谓道，故曰道。"变动"者，卦爻之变动也。"不居"者，不居于一定也。"六虚"者，六位也，虚对实言。卦虽六位，然刚柔往来如寄，非实有也，故曰六虚。外三爻为上，内三爻为下。典犹册之有典，要犹体之有要，典要拘于迹者也。下文既有典常，则以辞言之耳。

"《易》之为书不可远"，以其为道也屡迁，所以不可远也。何也？《易》不过九、六，是九、六也，变动不居，周流于六虚之间，或自下而上，或自上而下，或刚易乎柔，或柔易乎刚，皆不可以为一定之典要，惟其变之所趋而已。道之屡迁如此，则广大悉备，无所不该，此所以不可远也。

其出入以度外，内使知惧，又明于忧患与故。无有师保，如临父母。

出入以卦言，即下文外内也。"出"者，自内而之外，往也。"入"者，自外而之内，来也。"度"者，法度也，言所系之辞，其出入外内，当吉则吉，当凶则凶，当悔则悔，当吝则吝，各有一定之法度，不可毫厘移易。明于忧患者，于出入以度之中又能明之也。故者，所以然之故也。明其可忧，又明其可忧之故。明其可患，又明其可患之故，如"勿用取女"，明其忧患也，见"金夫不有躬"，明其故也。

《易》不可以为典要，若无一定之法度，而人不知惧矣。殊不知上下虽无常，刚柔虽相易，然其所系之辞或出或入，皆有一定之法度，立于内外爻辞之间，使人皆知，如朝廷之法度，惧之而不敢犯也。然岂特使民知惧哉？又明于忧患与故，虽无师保之教训，而常若在家庭父母之侧，爱之而不忍违也。既惧之而不敢犯，又爱之而不忍违，《易》道有益于人如此，人岂可远乎？！

初率其辞，而揆其方。既有典常，苟非其人，道不虚行。

"初"对既言，初者始也。"既"者，终也。"率"，由也。"揆"，度也。"方"，道也，或出或入，或忧或患之方道也。

《易》之为书上下无常，刚柔相易，不可为典要，若不可揆其方矣。然幸而有圣人之辞在也，故始而由其辞以揆出入以度，使民惧之方，由其辞以揆忧患与故，使民爱之方，始见《易》之为书，有典可循，有常可蹈。而何之不可为典要者，于此有典要矣。故神而明之，惟存乎其人，率辞揆方何如耳？苟非默而成之，不言而信之人，则不能率辞揆方，屡变之道不可虚行矣，岂能知《易》哉！《易》之为书不可远如此。

上第八章。此章言《易》不可远，率辞揆方存乎其人。

《易》之为书也，原始要终以为质也。六爻相杂，惟其时物也。

"质"为卦体。"初"者卦之始，原其始则二三在其中矣。"上"者卦之终，要其终则四五在其中矣。卦必原始要终以为体，故文王之《彖辞》，亦必原始要终以为辞。如屯曰"元亨利贞"，蒙曰"童蒙求我"，皆合其始终二体言之也。若六爻之刚柔相杂，则惟取其时物而已。故周公之爻辞，亦惟取诸时物以为辞。如乾之龙物也，而有潜见跃飞之不同者，时也。渐之鸿物也，而有于磐陆木之不同者，时也。

《易》之为书也，不过卦与爻而已。一卦分而为六爻，六爻合而为一卦。卦则举其始终以为体。爻之刚柔虽相杂而不一，然占者之决吉凶，惟观其所值之时、所值之物而已，虽相杂而实不杂也。《易》之为书盖如此。

其初难知，其上易知，本末也。初辞拟之，卒成之终。

此言初上二爻。"初爻难知"者，以初爻为爻之本。方有初爻，而一卦之形体未成，是其质未明，所以难知。"易知"者，上爻为卦之末卦，至上爻则其质已著，其义毕露，所以易知。惟难知，故圣人系初爻之辞则必拟之而议之，当拟何象何占，不敢轻率。惟易知，故圣人系上爻之辞，不过因下文以成其终，如乾初九曰"潜龙"，上爻即曰"亢龙"是也。

若夫杂物撰德，辨是与非，则非其中爻不备。

"物"者，爻之阴阳。"杂"者，两相杂而互之也。"德"者，卦之德。"撰"者，述也。内外二卦固各有其德。如风山渐，外卦有入之德，内卦有止之德。又自其中爻二五、三四之阴阳杂而互之，则二四有坎陷之德，三五有离丽之德，又撰成两卦之德矣。辨是与非者，辨其物与德之是非也。是者当于理也，非者悖于理也。盖爻有中有不中，有正有不正，有应与无应与，则必有是非矣。故辨是与非，非中爻不备。

初与上，固知之有难易矣，然卦理无穷，内外有正卦之体，中爻又有合卦之体，然后其义方无遗缺。若夫错陈阴阳，撰述其德，以辨别其是非，使徒以正卦观之，而遗其合卦所互之体，则其义必有不备者矣。

噫！亦要。存亡吉凶则居可知矣。知者观其《象辞》，则思过半矣。

要，平声。知，音智。

"噫"者，叹中爻之妙也。"亦要"作句。《易经》有一字作句者，如萃卦六二引吉无咎，则一字作句也。"要"者，中也，即中爻也。《说文》："身中曰要。"猪身中肉曰要"勒"，今作腰。言此亦不过六爻之要耳，非六爻之全，即知存亡吉凶也。存亡者，天道之消息；"吉凶"者，人事之得失。"居"者，本卦之不动也，居则观其象之居，言不待六爻之动而知也。《彖辞》，文王卦下所系之辞也。

言此不过六爻中之要耳，而存亡吉凶不待动爻而可知，故学《易》者宜观玩也。若观玩所思之精专，不必观周公，分而为六之爻辞。但观文王一卦未分之《彖辞》，则此心之所思者，亦可以得存亡吉凶于过半，况中爻之合两卦者乎？中爻成两卦，宜乎知存亡吉凶也。

玩"噫"字，亦字应如此解，不然疑添设矣。

二与四同功而异位，其善不同：二多誉，四多惧近也。柔之为道不利远者，其要无咎，其用柔中也。三与五同功而异位，三多凶，五多功，贵贱之等也。其柔危，其刚胜邪？

胜，音升。

"同功"者，二与四互成一卦，三与五互成一卦，皆知存亡吉凶，其功同也。"善不同"者，二中而四不中，故不同也。"不利远者"，既柔不能自立，又远于君，则孤臣矣，所以不利。"要"者，约也。"用"者，发之于事也。"柔中"者，柔而得中也。三多凶者，六十四卦惟谦卦劳谦一爻许之以吉，所以三多凶。五为君，君则贵有独运之权，故多功。三为臣，贱不能专成，故多凶。"邪"者，疑辞也。言柔居阳位，则不当位而凶，阳当阳位，则当位而吉，此六十四卦之自定也。今三多凶者，岂以柔居而凶，五多功者，岂以刚居之则能胜其位而不凶耶？六十四卦中，亦有柔居阳位而吉，刚居阳位而凶者。

二与四同功而异位，二多誉，四多惧。四之多惧者，以其近于君，有僭逼之嫌，故惧也。二之多誉者，以柔之为位居中，利远于君，但《易》不论远近大细，欲其无咎而已。今柔居中位，发之于外，莫非柔中之事，则无咎矣。此所以多誉也。三与五同功而异位，三多凶，五多功。所以然者，以君贵臣贱，故凶功不同也。岂三乃阴居阳位则凶，五乃阳居阳位则胜耶？非也，乃贵贱之等使然耳。夫以中之四爻同功矣。而有誉、有惧、有凶、有功，可见六爻相杂，惟其时物，正体与互体皆然也。圣人设卦立象、系辞不遗中爻者以此。

上第九章。此章专论中爻。

《易》之为书也，广大悉备。有天道焉，有人道焉，有地道焉。兼三才而两之，故六。六者非他也，三才之道也。

"广大"者，体统浑沦也。"悉备"者，条理详密也。"兼三才"者，三才本各立，因重为六，故两其天、两其人、两其地。天不两则独阳无阴矣，地不两则独阴无阳矣，人不两则不生不成矣，此其所以两也。"才"者，能也。天能覆，地能载，人能参天地，故曰"才"。"三才之道"者，立天之道曰"阴与阳"，五为阳，上为阴也；立人之道曰"仁与义"，三为仁，四为义也；立地之道曰"柔与刚"，初为刚，二为柔也。

《易》之为书广大悉备，何也？以《易》三画之卦言之，上画有天道焉，中画有人道焉，下画有地道焉，此之谓三才也。然此三才，使一而不两，则独而无对，非三才也。于是兼三才而两之，故六。六者岂有他哉？三才之道，本如是其两也。天道两则阴阳成象矣，人道两则仁义成德矣，地道两则刚柔成质矣。道本如是，故兼而两之，非圣人之安排也。《易》之为书，此其所以广大悉备也。

道有变动，故曰爻。爻有等，故曰物。物相杂，故曰文。文不当，故吉凶生焉。

当，都浪反。

"变动"者，潜见跃飞之类也。"等"者，刚柔大小远近贵贱之类也。"物"者，阳物阴物也。爻不可以言物，有等则谓之物矣。"相杂"者，相间也。一不独立，阴阳两物交相错杂，犹青黄之相兼，故曰文。"不当"者，非专指阳居阴位，阴居阳位也。卦情若淑，或以不当为吉，剥之上九、豫之九四是也；卦情若慝，反以当位为凶，大壮初九、同人六二是也。要在随时变易，得其当而已。一变动之间即有物、有文、有吉凶，非有先后也。卦必举始终而成体，故上章以质言，曰兼三才，犹上章之所谓质也。爻必杂刚柔而为用，故此章以文言，曰"变动"者，犹上章之所谓时物也。

三才之道变动不居，故曰"爻"。爻也者，言乎其变效天下之动者也。爻有等，故曰"物"。物相杂，故曰"文"。文不当位，故吉凶生焉。夫一道也，为爻、为物、为文、为吉凶，而皆出于《易》，此其书所以广大悉备也。

上第十章。此章言《易》广大悉备。

《易》之兴也，其当殷之末世，周之盛德邪？当文王与纣之事邪？是故其辞危。危者使平，易者使倾，其道甚大，百物不废。惧以终始，其要无咎，此之谓《易》之道也。

"易"者之易，以鼓反。

"危者使平，易者使倾"，此圣人传心之言。如以小而一身论，一饮一食易而不谨，必至终身之疾；一言一语易而不谨，必至终身之玷。此一身易者之倾也。以大而国家论，越王卧薪尝胆，卒擒吴王，此危者之平也；玄宗天宝以前，海内富庶，遂深居禁中，以声色自娱，任李林甫，以致安禄山之变，此易者之倾也。其道甚大，百物不废，于此可见。"物"者，事也。"废"字即"倾"字。若依旧注，万物之理无所不具，则全非本章危平易倾之易矣。惧以终始者，危惧自始至终，惟恐其始危而终易也。

"《易》之兴也，其当殷之末世，周之盛德耶？当文王与纣之事耶？"惟当文王与纣之事，是故玩其辞，往往有危惧警戒之意。盖危惧则得平安，慢易必至倾覆，《易》之道也。此道甚大，盖天下国家，凡平者皆生于危，凡倾者皆生于《易》。若常以危惧为心，则凡天下之事物，虽百有不齐，然生全成于忧患，未有倾覆而废者矣。故圣人系《易》之辞，惧以终始，不敢始危而终易者，大约欲人恐惧修省，至于无咎而已。此则《易》之道也。

上第十一章。

夫乾，天下之至健也，德行恒易以知险。夫坤，天下之至顺也，德行恒简以知阻。

行，去声。易，以鼓反。阻，庄吕反。

"健顺"者，乾坤之性。"德"者，乾坤蕴畜之德，得诸心者也，即日新盛德之德也。"行"者，乾坤生成之迹，见诸事者也，即富有大业之事也。"易简"者，乾坤无私之理也。

"险阻"者，乾坤至赜至动之事。"险"者，险难也。"易"，直之反。"阻"者，壅塞也，简静之反。惟易直无私者，可以照天下巇险之情，惟简静无私者，可以察天下烦壅之故。六十四卦，利贞者无非易简无私之理而已。此节止论其理，言知险知阻，乃健顺德行易简之能事也，未说到圣人与《易》。至下文说心研虑，方说圣人；八卦象告，方说到《易》。

能说诸心，能研诸侯之虑，定天下之吉凶，成天下之亹亹者，是故变化云为，吉事有祥。象事知器，占事知来。

说，音悦。侯、之二字衍吉作言。

"能"者，人皆不能，而圣人独能之也。"能"字在前，"者"字在后者，言能悦心研虑，定天下吉凶，成天下亹亹者惟圣人也。险阻之吉，如大过过涉灭顶，蛊之利涉大川是也。"云为"即言行二字。变化即欲动者尚其变"变"字。"吉"字刘绩读作言，今从之。

圣人事未至，则能以易简无私之理悦诸心；事既至，则能以易简无私之理研诸虑，是即乾坤之易简矣。是以险阻之吉者，知其为吉，险阻之凶者，知其为凶，而定天下之吉凶。险阻之吉者，则教人趋之，险阻之凶者，则教人避之，而成天下之亹亹。是故《易》必以动者尚其变也，圣人则即其易简之理，不必尚其变，而凡有所云为，自变化而莫测。《易》必以言者尚其辞也，圣人则即其易简之理，不必尚其辞，而凡事必有兆，自前知而如神。事之有形迹而为器者，《易》必以制器者尚其象也，圣人则知以藏往，即其易简之理而知其一定之器。事之无形迹而为来者，《易》必以卜筮者尚其占也。圣人则神以知来，即其易简之理而知其未然之来。此则圣人未卜筮，而知险知阻也。

分贴圣人与易极透极确。

天地设位，圣人成能。人谋鬼谋，百姓与能。八卦以象告爻象以情言，刚柔杂居，而吉凶可见矣。

凡人有事，人谋在先，及事之吉凶未决，方决于卜筮，所以说人谋鬼谋，百姓与能也。故《书》曰："谋及乃心，谋及卿士，谋及庶人，谋及卜筮。"先心而后人，先人而后鬼，轻重可知矣。"象"者，像也，八卦成列，象在其中矣，凡卦中之画，及天地、雷风、乾马、坤牛之类也。"爻"者，效天下之动者也。"彖"者，材也。皆有辞也。情即象之情，阳有阳之情，阴有阴之情，乾马有健之情，坤牛有顺之情。刚柔即九、六也，相杂则吉凶之理自判然可见。"告"者，告此险阻也；"言"者，言此险阻也；"见"者，见此险阻也。

天地设位，有易简之理，而知险知阻，此天地之能也。圣人则以易简之理悦心研虑，未卜筮而知险知阻矣。然百姓不皆圣人也，于是圣人作《易》，以成天地之能，所以天下之事虽至险至阻，其来无穷，然明而既谋于人，幽而又谋于鬼，不惟贤者可与其能，虽百姓亦可以与能矣。然百姓亦可以与能者，岂百姓于易简之理亦能悦心研虑哉？盖八卦以象告险阻，爻象以情言险阻，刚柔相杂以吉凶见险阻，是以百姓虽至愚，然因圣人作《易》之书，其所告所言所见，自能知险知阻矣。所以圣人能成天地之能，而百姓亦与能也。

变动以利言，吉凶以情迁。是故爱恶相攻，而吉凶生，远近相取，而悔吝生，情伪相感，而利害生。凡《易》之情，近而不相得，则凶，或害之，悔且吝。

卦以变为主，故以利言。其言吉者，利人也；其言凶者，人则避之，亦利也。"爱相攻",家人九五是也;"恶相攻",同人九三是也。"远相取",恒之初六是也;"近相取",豫之六三是也。"情相感",中孚九二是也,"情"者,情实也;对伪而言"伪相感",渐之九三是也。曰相攻、曰相取、曰相感,即情也。感者情之始动,利害之开端也;取则情已露而悔吝著矣;攻则情至极而吉凶分矣。卦爻中其居皆有远近,其行皆有情伪,其情皆有爱恶也。凡《易》之情者,圣人作《易》之情也。近者,近乎相攻、相取、相感之情也,与上文远近之近不同。不相得者,不相得其易简之理,而与之违背也。情兼八卦刚柔,故此节言卦爻之情,下节言人之情。

《易》之为书,以象告,以情言,见吉凶,百姓固可以与能矣。而人之占卜者,卦中之变动本教占者趋吉避凶无不利者也,然变动中有吉有凶,其故何也?以其卦爻之情而趋避也。是故情之险阻不同:有爱恶相攻险阻之情,则吉凶生矣;有远近相取险阻之情,则悔吝生矣;有情伪相感险阻之情,则利害生矣。凡《易》之情以贞为主,贞即易简之理也。情虽险阻不同,若合乎易简之理,则吉矣、利矣、无悔吝矣;若近乎相攻、相取、相感之情,而违背乎易简之理,则凶矣、害矣、悔且吝矣。小而悔吝,中而利害,大而吉凶,皆由此险阻之情而出。此《易》所以以象告,以情言,见吉凶,使人知所趋避者,此也。

将叛者其辞惭,中心疑者其辞枝,吉人之辞寡,躁人之辞多,诬善之人其辞游,失其守者其辞屈。

"叛"者,背理。"惭"者,羞愧。"疑"者,可否未决。"枝"者,两歧不一。"躁"者,急迫无涵养。诬善之人或援正人邪,或推邪人正,故游荡无实。失守者无操持,屈者抑而不伸。

相攻、相取、相感,卦爻险阻之情固不同矣,至于人之情则未易见也。然人心之动因言以宣,试以人险阻之情,发于言辞者观之,盖人情之险阻不同,而所发之辞亦异,是故"将叛者其辞必惭,中心疑者其辞必枝,吉人之辞必寡,躁人之辞必多,诬善之人其辞必游,失其守者其辞必屈"。夫吉者,得易简之理者也。叛疑躁诬失守者,失易简之理者也。人情险阻不同,而其辞既异如此,又何独于圣人卦爻之辞而疑之?可见易知险简知阻,本圣人成天地之能,而使百姓与能者,亦不过以易简之理,知其险阻而已。

上第十二章。此章反复论《易》知险简知阻。盖天尊地卑,首章言圣人以易简之德成位乎天地,见圣人作《易》之原;此章言圣人以易简之德,知险知阻,作《易》而使百姓与能,见圣人作《易》之实事也。

来瞿唐先生易注卷之十五

说 卦 传

昔者，圣人之作《易》也，幽赞于神明而生蓍，参天两地而倚数，观变于阴阳而立卦，发挥于刚柔而生爻，和顺于道德而理于义，穷理尽性以至于命。

言蓍草，乃神明幽助方生，周公之爻定阳九阴六者，非老变而少不变之说也，乃参天两地而倚数也。参两之说，非阳之象圆，圆者径一而围三，阴之象方，方者径一而围四之说也。盖河图，天一地二、天三地四、天五地六、天七地八、天九地十。一二三四五者，五行之生数也，六七八九十者，五行之成数也。生数居河图之内，乃五行之发端，故可以起数；成数居河图之外，则五行之结果，故不可以起数。

参之者三之也，天一、天三、天五之三位也。两之者，二之也，地二、地四之二位也。"倚"者，依也，天一依天三、天三依天五，而为九，地二依地四，而为六也。若以画数论之，均之为三，参之则三个三，两之则两个三矣。圣人用蓍以起数，九变皆三画之阳，则三共三而为九，此九之母也；则过揲之策，四九三十六，此九之子也。参之是三个十二矣。九变皆二画之阴，则二其三而为六，此六之母也；则过揲之策四六二十四，此六之子也。两之是两个十二矣，均之为十二，参之则三个，两之则两个也。以至乾六爻之策，二百一十有六，乃三个七十二合之也，均之为七十二，参之则三个，两之则两个矣。总之乾策六千九百十二，乃三个二千三百四合之也。坤策四千六百八，乃两个二千三百四合之也。均之二千三百四，参之则三个，两之则两个矣。此皆河图生数自然之妙，非圣人之安排也。

若夫七八，亦乾坤之策，但二、五为七，三、四为七，是一地一天，不得谓参两；一、三、四为八，一、二、五为八，是一地二天，亦不得谓之参两。以至过揲之策，六爻之策，万物之数，皆此参两。故周公三百八十四爻，皆用九、六者，以生数可以起数，成数不可以起数也。

"观变"者，六十四卦皆八卦之变，阳变阴，阴变阳也。如乾初爻变则为姤，二爻变则为遁；坤初爻变则为复，二爻变则为临是也。详见图像《八卦变六十四卦图》。"发挥于刚柔"者，布散刚柔于六十四卦而生三百八十四爻也。《易》中所言之理，一而已矣。自其共由而言，谓之道。自其蕴畜而言，谓之德。自其散布而不可移易，谓之理。自其各得其所赋之理，谓之性。道、德、理、性四者，自其在人而言，谓之义。自其在天而言，谓之命。和顺于道德者，谓《易》中形上之道、神明之德，皆有以贯彻之，不相悖戾拂逆也。理于义者，六十四卦皆利于贞。其要无咎者义也，今与道德不相违背，则能理料其义。凡吉凶、悔吝、无咎，皆合乎心之制、事之宜矣。"穷理"者，谓《易》中幽明之理，以至万事万物之变，皆有以研穷之也。"尽性"者，谓《易》中健顺之性，以至大而纲常，小而细微，皆有以处分之也。"至于命"者，凡人之进退、存亡、得丧，皆命也。今既穷理尽性，则知进知退，知存知亡，知得知丧，与天合矣，故至于命也。

惟圣人和顺于道德，穷理尽性，是以文王发明六十四卦之《彖辞》，周公发明三百八十四爻之爻辞，有吉有凶，有悔有吝，有无咎者，皆理于义，至于命也。使非理义立命，安能弥纶天地？观象玩辞，观变玩占，自天祐之，吉无不利也哉？幽赞二句，言蓍数也。蓍与河图皆天所生，故先言此二句。立卦者伏羲也，生爻者周公也，理义至命者，文王、周公之辞也。上理字料理之理，下理字义理之理。自"圣人之作《易》"至下六句，皆一意幽赞于神明。参天两地，观变于阴阳，发挥于刚柔，和顺于道德，穷理尽性一意也。"立"，立教也。立也，生也，理也，至也，一意也。圣人作《易》不过此六者而已。言蓍数卦爻，而必曰义命者，道器无二致，理数不相离。圣人作《易》，惟教人安于义命而已，故兼天人而言之。此方谓之易，非旧注极功之谓也。故下文言顺性命之理，以阴阳、刚柔、仁义并言之。

言《易》有蓍，乃圣人幽赞于神明而生之；《易》有数，乃圣人参天两地而倚之；《易》有卦，乃圣人观变于阴阳而立之；《易》有爻，乃圣人发挥于刚柔而生之。《易》、《彖辞》、《爻辞》中有义，乃圣人和顺于道德而理之；《易》、《彖辞》、《爻辞》中有命，乃圣人穷理尽性而至之。

上第一章。

昔者圣人之作《易》也，将以顺性命之理。是以立天之道，曰阴与阳，立地之道，曰柔与刚；立人之道，曰仁与义。兼三才而两之，故《易》六画而成卦，分阴分阳，迭用柔刚，故《易》六位而成章。

"性"，人之理；"命"，天地之理也。阴阳以气言，寒暑往来之类是也。刚柔以质言，山崎川流之类是也。仁义以德言，事亲从兄之类是也。三者虽若不同，然仁者阳刚之理，义者阴柔之理，其实一而已矣。盖天地间不外"形、气、神"三字，如以人论，骨肉者刚柔之体也，呼吸者阴阳之气也，与形气不相离者五性之神也、理也。特因分三才，故如此分尔。天无阴阳则气机息，地无刚柔则地维坠，人无仁义则禽兽矣，故曰立天、立地、立人。兼三才而两之者，总分三才，为上、中、下三段，而各得其两。初刚而二柔，三仁而四义，五阳而上阴也。分阴分阳，以爻位言。分初三五为阳位，二四上为阴位也。既分阴分阳，乃迭用刚柔之爻以居之。或以柔居阴，以刚居阳，为当位；以柔居阳，以刚居阴，为不当位。亦有以刚柔之爻，互居阴阳之位，为刚柔得中者，故六位杂而成文章也。

昔者圣人之作《易》也，将以顺性命之理而已，非有所勉强安排也。以性命之理言之，立天之道，曰阴与阳；立地之道，曰柔与刚；立人之道，曰仁与义。而性命之理，则根于天地、具于人心者也。故圣人作《易》，将此三才兼而两之，六画而成卦；又将此三才分阴分阳，迭用而成章者，无非顺此性命之理而已。

上第二章。

天地定位，山泽通气，雷风相薄，水火不相射。八卦相错，数往者顺，知来者逆，是故《易》逆数也。

射，音石。数，上声。

"相薄"者，薄激而助，其云雨也。"不相射"者，不相射害也。"相错"者，阳与阴相对待，一阴对一阳，二阴对二阳，三阴对三阳也。故一与八错，二与七错，三与六错，四与五错。八卦不相错，则阴阳不相对待，非《易》矣。宋儒不知错综二字，故以为相交而成六十四卦，殊不知此专说八卦逆数，方得相错，非言六十四卦也。乾一、兑二、离三、震四，前四卦为往；巽五、坎六、艮七、坤八，后四卦为来。数往者顺数，图前四卦乾一至震四，往者之顺也。知来者逆知，图后四卦巽五至坤八，来者之逆也。是故《易》逆数者，言因错卦之故，所以《易》逆数，巽五不次于震四，而次于乾一也。

惟八卦既相错，故圣人立圆图之卦。数往者之既顺，知来者之当逆。使不逆数，安得巽五即次于震四之后，则八卦不相错矣。是故四卦逆数巽五，复回次于乾一者以此。

上第三章。此章言伏羲八卦逆数方得相错。

雷以动之，风以散之，雨以润之，日以晅之，艮以止之，兑以说之，乾以君之，坤以藏之。

晅，况晚反，又呼渊。切，音宣。说，音脱。

天地定位，上章言八卦之对待，故首之以乾坤；此章言八卦对待生物之功，故终之以乾坤。乾坤始交而为震巽，震巽相错，动则物萌，散则物解，此言生物之功也。中交而为坎离，坎离相错，润则物滋，晅则物舒，此言长物之功也。"晅"者，明也。终交而为艮兑，艮兑相错，止则物成，说则物遂，此言成物之功也。若乾则为造物之主，而于物无所不统，坤则为养物之府，而于物无所不容。六子不过各分一职，以听命耳。

上第四章。此章言伏羲八卦相错生物成物之功。

帝出乎震，齐乎巽，相见乎离，致役乎坤，说言乎兑，战乎乾，劳乎坎，成言乎艮。

说，音悦。劳，去声。

此文王圆图。帝者阳也，阳为君，故称帝。乾以君之，乃其证也。且言帝则有主宰之意，故不言阳而言帝。孔子下文不言帝，止言万物者，亦恐人疑之也。出也，齐也，相见也，致役也，说也，战也，劳也，成也，皆帝也。二言字助语辞。震方三阳开泰，故曰出。致者委也，坤乃顺承天，故为阳所委役。至戌亥之方阳剥矣，故与阴战。曰"战乎乾"者，非与乾战也。阳与阴战于乾之方也。伏羲圆图之乾，以天地之乾言。文王圆图之乾，以五行乾金之乾言，至坎则以肃杀相战之后，适值乎慰劳休息之期，阳生于子，故曰劳。至艮方阳已生矣，所以既成其终，又成其始。

万物出乎震，震，东方也。齐乎巽，巽，东南也。齐也者，言万物之洁齐也。离也者，明也，万物皆相见，南方之卦也。圣人南面而听天下，向明而治，盖取诸此也。坤也者，地也，万物皆致养焉，故曰致役乎坤。兑，正秋也，万物之所说也，故曰说言乎兑。战乎乾，乾，西北之卦也，言阴阳相薄也。坎者，水也，正北方之卦也，劳卦也，万物之所归也，故曰劳乎坎。艮，东北之卦也，万物之所成终，而所成始也，故曰成言乎艮。

洁齐即如洗之意。春三月，物尚有不出土者，或有未开花叶者，彼此不得相见。至五月，物皆畅茂，彼此皆相见，故曰万物皆相见。夏秋之交，物养之于土，皆得向实，然皆阳以委役之，故曰致役乎坤。至正秋，阳所生之物皆成实矣。故说，至戍亥之月，阳剥矣，故与阴相战于乾之方。至子月，万物已归矣，休息慰劳于子之中，故劳。至冬春之交，万物已终矣，然一阳复生，故又成其始。此因文王圆图"帝出乎震"八句，孔子解之。虽八卦震、巽、离、坤、兑、乾、坎、艮之序，实春、夏、秋、冬五行循环流行之序也。

盖震、巽属木，木生火，故离次之。离火生土，故坤次之。坤土生金，故兑乾次之。金生水，故坎次之。水非土，亦不能生木，故艮次之。水土又生木火，此自然之序也。若以四正四隅论，离火居南；坎水居北；震动也，物生之初，故居东；兑说也，物成之后，故居西。此各居正位者也。震阳木，巽阴木，故巽居东南巳方。兑阴金，乾阳金，故乾居西北亥方。坤阴土，故居西南。艮阳土，故居东北。此各居四隅者也。

上第五章。此章言文王圆图。"帝出乎震"一节，言八卦之流行，后一节，言八卦流行生成物之功。

神也者，妙万物而为言者也。动万物者莫疾乎雷，挠万物者莫疾乎风，燥万物者莫熯乎火，说万物者莫说乎泽，润万物者莫润乎水，终万物始万物者莫盛乎艮。故水火相逮，雷风不相悖，山泽通气，然后能变化，既成万物也。

"神"，即雷风之类。"妙"，即动挠之类，以其不可测，故谓之神，亦如以其主宰而言谓之"帝"也。"动"，鼓也。"挠"，散也。"燥"，乾也。"泽"，地土中之水气皆是也。"水"者冬之水，天降雨露之属皆是也。"逮"，及也，谓相济也。"既"，尽也。"成"，生成也。前节言伏羲之对待。曰雷动、风散者，雷风相对也。曰雨润、曰晅者，水火相对也。曰艮止、兑说者，山泽相对也。此节言文王之流行。曰动万物者春也，曰挠万物者春夏之交也，曰燥万物者夏也，曰说万物者秋也，曰润万物者冬也，曰终始万物者，冬春之交也。所以火不与水对，山不与泽对。先儒不知对待流行，而倡为先天后天之说，所以《本义》于此二节，皆云未详。殊不知二图分不得先后。譬如天之与地，对待也，二气交感、生成万物者，流行也，天地有先后哉？男之与女，对待也，二气交感、生成男女者，流行也，男女有先后哉？所以伏羲、文王之图不可废一，孔子所以发二圣千载之秘者此也。此节乃总括上四节，二图不可废一之意，所以先儒未详其义。

神也者，妙万物而为言者也。以文王流行之卦图言之，雷之动，风之挠，火之燥，泽之说，水之润，艮之终始，其流行万物，固极其盛矣，然必有伏羲之对待，水火相济，雷风不相悖，山泽通气，然后阳变阴化有以运其神，妙万物而生成之也。若止于言流行而无对待，则男女不相配，刚柔不相摩，独阴不生，独阳不成，安能行鬼神，成变化，而动之、挠之、燥之、说之、润之以终始万物哉！

上第六章。第三章天地定位。第四章雷以动之，言伏羲圆图之对待。第五章"帝出乎震"二节，言文王圆图之流行。此则总二圣之图而言，文王之流行必有伏羲之对待，而后可流行也。

乾，健也。坤，顺也。震，动也。巽，入也。坎，陷也。离，丽也。艮，止也。兑，说也。

此言八卦之情性。乾纯阳，故健。坤纯阴，故顺。震、坎、艮，阳卦也，故皆从健。

巽、离、兑，阴卦也，故皆从顺。健则能动，顺则能入，此震、巽所以为动为入也。健遇上下皆顺，则必溺而陷。顺遇上下皆健，则必附而丽，此坎、离所以为陷为丽也。健极于上，前无所往，必止。顺见于外，情有所发，必悦。

上第七章。

乾为马，坤为牛，震为龙，巽为鸡，坎为豕，离为雉，艮为狗，兑为羊。

马性健，其蹄圆，乾象。牛性顺，其蹄坼，坤象。龙蛰物，遇阳则奋，震之一阳动于二阴之下者也。鸡羽物，遇阴则入，巽之一阴伏于二阳之下者也。豕性刚躁，阳刚在内也。雉羽文明，阳明在外也。狗，止人之物，羊，悦群之物。此远取诸物如此。

上第八章。

乾为首，坤为腹，震为足，巽为股，坎为耳，离为目，艮为手，兑为口。

首尊而在上，故为乾。腹纳而有容，故为坤。阳动阴静，动而在下者足也。阳连阴坼，坼而在下者，股也。坎阳在内，犹耳之聪在内也。离阳在外，犹目之明于外也。动而在上者手也，坼而在上者口也。此近取诸身如此。

上第九章。

乾，天也，故称乎父。坤，地也，故称乎母。震一索而得男，故谓之长男。巽一索而得女，故谓之长女。坎再索而得男，故谓之中男。离再索而得女，故谓之中女。艮三索而得男，故谓之少男。兑三索而得女，故谓之少女。

六子皆自乾坤而生，故称父母。"索"者，阴阳之相求也。阳先求阴，则阳入阴中而为男。阴先求阳，则阴入阳中而为女。震、坎、艮皆坤体，乾之阳来交于坤之初而得震，则谓之长男；交于坤之中而得坎，则谓之中男；交于坤之末而得艮，则谓之少男。巽、离、兑皆乾体，坤之阴来交于乾之初而得巽，则谓之长女；交于乾之中而得离，则谓之中女；交于乾之末而得兑，则谓之少女。三男本坤体，各得乾之一阳而成男，阳根于阴也。三女本乾体，各得坤之一阴而成女，阴根于阳也。此文王有父母六子之说，故孔子发明之，亦犹帝出于震，孔子解之也。

上第十章。

乾为天，为圜，为君，为父，为玉，为金，为寒，为冰，为大赤，为良马，为老马，为瘠马，为驳马，为木果。

纯阳而至健为天，故为天。天体圆，运动不息，故为圜。乾之主乎万物，犹君之主万民也，故为君。乾知大始，有父道焉，故为父。纯粹为玉，纯刚为金。为寒为冰者，冰则寒之凝也，乾居亥位，阳生于子也。大赤，盛阳之色也。寒冰在子，以阳之始言之；大赤在午，以阳之终言之。良马，马之健而纯，健之不变者也。老马，健之时变者也。瘠马，健之身变者也。驳马，健之色变者也。乾道变化，故又以变言之。木果，圆之在上者也。

汉，荀爽集《九名家易传》有"为龙，为直，为衣，为言"。

来子补定：有"为郊，为带，为旋，为知，为富，为大，为顶，为戎，为武"。

坤为地，为母，为布，为釜，为吝啬，为均，为子母牛，为大舆，为文，为众，为柄，其于地也为黑。

纯阴为地。资生为母。为布者，阴柔也，且地南北经而东西纬，亦布象也。为釜者，阴虚也，且六十四升为釜，亦如坤包六十四卦也。其静也翕，凝聚不施，故为吝啬。其动也辟，不择善恶之物皆生，故为均。性顺而生物，生生相继，故为子母牛。能载物为舆，曰大舆者，乃顺承天之大也。三画成章，故为文。偶画成群，故为众。柄者持成物之权。黑者，为极阴之色。

《荀九家》有"为牝，为迷，为方，为囊，为裳，为黄，为帛，为浆"。

来子补定：有"为末，为能，为小，为朋，为户，为敦"。

震为雷，为龙，为玄黄，为旉，为大涂，为长子，为决躁，为苍筤竹，为萑苇。其于马也为善鸣，为馵足，为作足，为的颡。其于稼也为反生。其究为健，为蕃鲜。

旉作车。筤，音郎。萑，音丸。旉，主树反。

"震"者，动也。"为雷"者，气之动于下也。"为龙"者，物之动于下也。乾坤始交而成震，兼天地之色，故为玄黄。"旉"当作车字。"震"，动也，"车"，动物也，此震之性当作车也。上空虚，一阳横于下，有舟车之象。故剥卦君子得舆，小人剥庐，阳剥于上，有剥庐之象；阳生于下，则为震矣，有得舆之象。此震之象当作车也。且从大涂，从作足马，则车误作旉也明矣。一奇动于内，而二偶开张，四通八达，故为大涂。乾一索而得男，故为长子。一阳动于下，其进也锐，故为决躁。"苍"者东方之色，故为苍筤竹。"萑苇"，荻与芦也，与竹皆下本实而上干虚，阳下阴上之象也。凡声阳也，上偶开口，故为善鸣。《尔雅》：马左足白曰馵，震居左，故曰馵。"作"者，两足皆动也，一阳动于下，故为作足。"颡"者，额也。"的颡者"，白额之马也，震错巽，巽为白，故为头足皆白之马。刚反在下，故稼为反生。反生者，根在上也。"究"者，究其前之所进也，阳刚震动，势必前进，故究其极而言之。究其健者，震进则为临为泰，为三画之纯阳矣，故为健。"究蕃"者，究其阳所生之物也。帝出乎震，则齐乎巽，相见乎离，品物咸亨，而蕃盛矣，故为蕃。"究鲜"者，鲜谓鱼，震错巽，故为鱼也。《书》"奏庶鲜食"，谓鱼肉之类，《老子》"治大国如烹小鲜"，则专言鱼也。究健、究蕃者，究一阳之前进也。究鲜者，究一阳之对待也。

《荀九家》有"为玉，为鹄，为鼓"。

来子补定：有"为青，为升跻，为奋，为官，为园，为春耕，为东，为老，为竹筐"。

巽为木，为风，为长女，为绳直，为工，为白，为长，为高，为进退，为不果，为臭。其于人也为寡发，为广颡，为多白眼，为近利市三倍。其究为躁卦。

"巽"，入也。物之善入者莫如木，故无土不穿。气之善入者莫如风，故无物不被。坤一索乾而得巽，故为长女。木曰曲直。"绳直"者，从绳以取直，而工则引绳之直，以制木之曲者也。巽德之制，故能制器为工。伏羲圆图震错巽，震居东北为青，巽居西南为白，盖木方青而金方白也。阳长阴短，阳高阴卑，二阳一阴，又阳居其上，阴居其下，故为长，为高。风行无常，故进退。风或东或西，故不果。臭以风而传，阴伏于重阳之下，郁积不散，故为臭。姤卦，包鱼不利宾者，以臭故也。"为寡发"者，发属血，阴血不上行也。"广颡"者，阔额也，阳气独上盛也。眼之白者为阳，黑者为阴，所以离为目，巽二白在上，一黑沉于下，故为白眼。巽本乾体，为金为玉，利莫利于乾也，坤一索而为巽，巽性入，则乾之所有皆入于巽矣，故"近市利三倍"。曰近者，亦如市之交易有三倍之利也。震为决躁，巽错震，故其究为躁卦，亦如震之其究为健也。震巽以究言者，刚柔之始也。

《荀九家》有"为杨，为鹳"。

来子补定：有"为浚，为鱼，为草茅，为宫人，为老妇"。

坎为水，为沟渎，为隐伏，为矫輮，为弓轮。其于人也为加忧，为心病，为耳痛，为血卦，为赤。其于马也为美脊，为亟心，为下首，为薄蹄，为曳。其于舆也为多眚，为通，为月，为盗。其于木也为坚多心。

水内明，坎之阳在内，故为水。阳画为水，二阴夹之，故为沟渎。阳匿阴中，为柔所掩，故为隐伏。矫者直而使曲，輮者曲而使直，水流有曲直，故为矫輮。因为矫輮，弓与轮皆矫輮所成，故为弓轮。阳陷阴中，心危虑深，故为加忧。心耳皆以虚为体，坎中实，故为病为痛，盖有孚则心亨，加忧则心病矣。水在天地为水，在人身为血。为赤者，得乾之一画，与乾色同，但不大耳。乾为马，坎得乾之中爻而刚在中，故为马之美脊；刚在内而躁，故亟心；柔在上，故首垂而不昂；柔在下，故蹄薄而不厚，因下柔，故又为曳。盖陷则失健，足行无力也。"多眚"者，险陷而多阻，阴柔在下，不能任重也。上下皆虚，水流而不滞，故通。"月"者，水之精，从其类也。盗能伏而害人，刚强伏匿于阴中，故为盗。中实，故木多心坚。

《荀九家》有"为宫，为律，为可，为栋，为丛棘，为狐，为蒺藜，为桎梏"。

来子补定：有"为沫，为泥涂，为孕，为酒，为臀，为淫，为北，为幽，为孚，为河"。

离为火，为日，为电，为中女，为甲胄，为戈兵。其于人也，为大腹，为乾卦。为鳖，为蟹，为蠃，为蚌，为龟。其于木也，为科上槁。

蠃，音螺。

离者，丽也。火丽木而生，故为火。"日"者火之精，"电"者火之光，故为日为电。甲胄外坚象，离之画，戈兵上锐象，离之性。中虚故为大腹。"乾"音干，水流湿，故称血，火就燥，故称乾。外刚内柔，故为介物。中虚，故为木之科。"科"者，科巢之象也。炎上，故木上槁。

《荀九家》有"为牝牛"。

来子补定：有"为苦，为朱，为三，为焚，为泣，为歌，为号，为墉，为城，为南，为不育，为害"。

艮为山，为径路，为小石，为门阙，为果蓏，为阍寺，为指，为狗，为鼠，为黔喙之属。其于木也为坚多节。

蓏，音裸。喙，况废反。

山止于地，故为山。一阳塞于外，不通大涂，与震相反，故为径路。刚在坤土之上，故为小石。上画相连，下画双峙而虚，故为门阙。木实植生曰果，草实蔓生曰蓏，实皆在上，故为果蓏。阍人掌王宫中门之禁，止物之不应人者，寺人掌王之内人，及宫女之戒令，止物之不得出者，艮刚止内柔，故为阍寺。人能止于物者在指，物能止于物者在狗。鼠之为物其刚在齿，鸟之为物其刚在喙。黔者黑色，鸟喙多黑。曰属者，不可枚举也。狗、鼠、黔、喙，皆谓前刚也。坎阳在内，故木坚在心，艮阳在上，故木坚多节。木枝在上方有节。

《荀九家》有"为鼻，为虎，为狐"。

来子补定：有"为床，为握，为终，为宅，为庐，为丘，为笃，为童，为尾"。

兑为泽，为少女，为巫，为口舌，为毁折，为附决，其于地也为刚卤，为妾，为羊。

泽乃潴水之地，物之润而见于外者，亦为泽。兑之阴见乎外，故为泽。坤三索于乾而得女，故为少女。女巫击鼓婆娑，乃歌舞悦神者也。通乎幽者，以言悦乎神为巫；通乎显者，以言悦乎人为口舌。正秋，万物条枯实落，故为毁折，此以其时言也。柔附于刚，刚乃决柔，故为附决。震阳动，故决躁；兑阴悦，故附决。兑非能自决，乃附于刚而决也。此以其势言也。兑金乃坚刚之物，故为刚。《说文》云："卤，西方咸地。"兑正西，故为卤。少女从姊为娣，故为妾。内狠外说，故为羊。

《荀九家》有"为常，为辅颊"。

来子补定：有"为笑，为五，为食，为跛，为眇，为西"。

上第十一章。此章广八卦之象。

序卦传

序卦者，孔子因文王之《序卦》，就此一端之理，以序之也。一端之理在所略，孔子分明，恐后儒杂乱文王之《序卦》，故借此一端之理以序之，其实本意专恐为杂乱其卦也。如大过以下，使非孔子序卦可证，则后儒又聚讼矣。蔡氏改正，丘氏犹以为不当僭改经文，岂不聚讼？所以《序卦》有功于《易》。宋儒不知象，就说《序卦》非圣人之书，又说非圣人之蕴，非圣人之精，殊不知《序卦》非为理设，乃为象设也。如井、蹇、解、无妄等卦辞，使非《序卦》、《杂卦》，则不知文王之言，何自而来也。自孔子没，历秦汉至今日，叛经者皆因不知《序卦》、《杂卦》也。以此观之，谓《序卦》为圣人之至精可也。

有天地，然后万物生焉。盈天地之间者，唯万物，故受之以屯。屯者，盈也。屯者，物之始生也。物生必蒙，故受之以蒙。蒙者，蒙也，物之稚也。物稚不可不养也，故受之以需。需者，饮食之道也。饮食必有讼，故受之以讼。

"盈"者，言乾坤之气盈，充塞于两间也，如有欠缺，岂能生物？屯不训盈，言万物初生之时，如此郁结未通，必如此盈也。物之始生，精神未发，若蒙冒然，故屯后继蒙。蒙者，蒙也。上蒙字卦名，下蒙字物之象也。稚者，小也。小者必养而后长。需水有天以养万物，乃万物之所需者。需不训饮食，谓人所需于饮食者，在养之以中正，乃饮食之道也。饮食，人之所大欲也，所需不知所欲，则必争，乾餱以愆，豕酒生祸，故讼。

讼必有众起，故受之以师。师者，众也。众必有所比，故受之以比。比者，比也。比必有所畜，故受之以小畜。物畜然后有礼，故受之以履。履而泰，然后安，故受之以泰。泰者，通也。物不可终通，故受之以否。

争起而党类必众，故继之以师。比者比也，上比卦名，下比相亲附之谓也。众必有所亲附依归，则听其约束，故受之以比。人来相比，必有以畜养之者，无以养之何以成比？故受之以小畜。礼义生于富足，物畜然后有礼，故受之以履。礼盖人之所履，非以礼训履也。人有礼则安，无礼则危，故受之以泰。治乱相仍，如环无端，无久通泰之理，故受之以否。

物不可以终否，故受之以同人。与人同者物必归焉，故受之以大有。有大者，不可以盈，故受之以谦。有大而能谦，必豫，故受之以豫。豫必有随，故受之以随。以喜随人者，必有事，故受之以蛊。

上下不交所以成否，今同人于野，利涉大川，畴昔俭德辟难之君子，皆相与出而济否矣，故继之以同人。能一视同人，则近悦远来，而所有者大矣，故大者皆为吾所有。所有既大，不可以有自满也，故受之以谦。有大不盈而能谦，则永保其所有之大，而中心和乐矣，故受之以豫。和乐而不拒绝乎人，则人皆欣然愿随之矣，故受之以随。以喜随人者，非无故也，必有其事，如臣之随君，必以官守言责为事，弟子之随师，必以传道解惑为事，故受之以蛊。

蛊者，事也。有事而后可大，故受之以临。临者，大也。物大然后可观，故受之以观。可观而后有所合，故受之以噬嗑。嗑者，合也。物不可以苟合而已，故受之以贲。贲者，饰也。致饰然后亨则尽矣，故受之以剥。

蛊者坏也，物坏则万事生矣。事因坏而起，故以蛊为事。可大之业，每因事以生，故受以临。临者，二阳进而逼四阴。骎，骎乎向于大矣。临不训大，临者以上临下，以大临小。凡称临者，皆大者之事也，故以大释之。凡物之小者，不足以动人之观，大方可观。德之大，则光辉之著，自足以起人之瞻仰；业之大，则勋绩之伟，自足以耀人之耳目，故临次以观。既大而可观，则信从者众，自有来合之者，故受之噬嗑。物不可以苟合，又在乎贲以饰之。不执贽则不足以成宾主之合，不受币则不可成男女之合，贲所以次合也。"贲"者，文饰也。"致"者，专事文饰之谓也。文饰太过则为亨之极，亨极则仪文盛而实行衰，故曰致饰亨则尽矣，故继之以剥。

剥者，剥也。物不可以终尽，剥穷上反下，故受之以复。复则不妄矣，故受之以无妄。有无妄，然后可畜，故受之以大畜。物畜然后可养，故受之以颐。颐者，养也。不养则不可动，故受之以大过。物不可以终过，故受之以坎。坎者，陷也。陷必有所丽，故受之以离。离者，丽也。

所谓"剥"者，以其剥落而尽也。然物不可以终尽，既剥尽于上，则必复生于下，故继之复。复者，反本而复于善也。善端既复则妄念不生、妄动不萌，而不妄矣。无妄则诚矣，诚则好善如好好色，恶恶如恶恶臭，然后可以畜德而至于大，故受之以大畜。物必畜然后可养，况我之德乎？德既畜于己，则可以优游涵泳，而充养之，以至于化矣，是可养也，故受之以颐。颐者，养之义也。有大涵养而后有大施设，养则可动，不养则不可动矣。动者施设而见于用也，故受之以大过。大过者，以大过人之才，为大过人之事，非有养者不能也。然天下之事，中焉止矣，理无大过而不已，过极则陷溺于过矣，故受之以坎。坎者，一阳陷于二阴之间，陷之义也。陷于险难之中，则必有所附丽，庶资其才力，而陷可免矣，故受之以离。离者，一阴丽于二阳之间，附丽之义也。物不可以终通、终否、终尽、终过，以理之自然言也。造化乃如此也。有大者不可以盈，不养则不可动，以理之当然言也。人事乃如此也。

上上篇。

有天地，然后有万物。有万物，然后有男女。有男女，然后有夫妇。有夫妇，然后有父子。有父子，然后有君臣。有君臣，然后有上下。有上下，然后礼义有所错。

有夫妇，则生育之功成，而后有父子；有父子，则尊卑之分起，而后有君臣；有君臣则贵贱之等立，而后有上下。上下既立则有拜趋坐立之节，有宫室车马之等，小而繁缨之微，大而衣裳之垂，其制之必有文，故谓之礼，其处之必得宜，故谓之义。"错"者，交错也，即八卦之相错也。礼义尚往来，故谓之错。

夫妇之道，不可以不久也，故受之以恒。恒者，久也。物不可以久居其所，故受之以遁。遁者，退也。物不可以终遁，故受之以大壮。物不可以终壮，故受之以晋。晋者，进也。进必有所伤，故受之以明夷。

物不可以久居其所泛论物理也，如人臣居宠位之久者是也。岂有夫妇不久居其所之理？《序卦》止有一端之理者，正在于此。遁者，退也。物不可以终退，故受之以大壮。既壮盛则必进，故受之以晋。进而不已则知进不知退，必有所伤矣，亦物不可久居其所之意。《易》之消息盈虚不过如此，时止、时行则存乎其人也。

夷者，伤也。伤于外者，必反其家，故受之以家人。家道穷必乖，故受之以睽。睽者，乖也。乖必有难，故受之以蹇。蹇者，难也。物不可以终难，故受之以解。解者，缓也。缓必有所失，故受之以损。

伤于外者，其祸必及于家，故受之以家人。祸及于家则家道穷困矣。家道穷困则父子兄弟岂不相怨，故受之以睽。一家乖睽则内难作矣，故受之以蹇。凡人患难必有解散之时，故受之以解。缓则怠惰偷安，废时失事，故受之以损。

损而不已必益，故受之以益。益而不已必决，故受之以夬。夬者，决也。决必有所遇，故受之以姤。姤者，遇也。物相遇而后聚，故受之以萃。萃者，聚也。聚而上者谓之升，故受之以升。升而不已必困，故受之以困。

损而不已必益，益而不已必决，决去即损去之意。盛、衰、损、益如循环然。损不已必益，益不已必损，造化如此，在《易》亦如此。故曰损益，盛、衰之始也。损者盛之始，益者衰之始，所以决字即损字也。夬与姤相综，夬柔在上，刚决柔也；姤柔在下，柔遇刚也。故决去小人即遇君子，所以夬受之以姤。君子相遇则合志同方，故受之以萃。同志既萃，则乘时遘会以类而进，故受之以升。升自下而上不能不用其力，升而不已则力竭而困惫矣，故受之以困。

困乎上者必反下，故受之以井。井道不可不革，故受之以革。革物者莫若鼎，故受之以鼎。主器者莫若长子，故受之以震。震者，动也。物不可以终动，止之，故受之以艮。艮者，止也。物不可以终止，故受之以渐。渐者，进也。进必有所归，故受之以归妹。得其所归者必大，故受之以丰。丰者，大也。穷大者必失其居，故受之以旅。

不能进而困于上，则必反于下，至下者莫若井也，井养而不穷，可以舒困矣，故受之以井。井久则秽浊不可食，必当革去其故，故受之以革。革物之器，去故而取新者，莫若鼎，故受之以鼎。鼎，重器也，庙祭用之，而震为长子，则继父而主祭者也，故受之以震。震者，动也，物不可以终动，动则主之以静，故受之以艮。艮者，止也。物不可以终止，静极而复动也，故受之以渐。渐者，进也。进以渐而不骤者，惟女子之归，六礼以渐而行，故受之以归妹。得其所归者必大，细流归于江海则江海大，万民归于帝王则帝王大，至善归于圣贤则圣贤大，故受之以丰。穷大而骄奢无度，则必亡国败家，而失其所居之位矣，唐明皇宋徽宗是也，故受之以旅。

旅而无所容？故受之以巽。巽者，入也。入而后说之，故受之以兑。兑者，说也。说而后散之，故受之以涣。涣者，离也。物不可以终离，故受之以节。节而信之，故受之以中孚。有其信者必行之，故受之以小过。有过物者必济，故受之以既济。物不可穷也，故受之以未济。终焉。

旅者，亲寡之时，非巽顺何所容，苟能巽顺，虽旅困之中，何往而不能入，故受之以巽。巽者，入也。人情相拒则怒，相入则悦，入而后悦之，故继之以兑。兑者，悦也。人之气，忧则郁结，悦则舒散，悦而后散之，故受之以涣。涣者，离也，离披解散之意。物不可以终离，离则散漫远去而不止矣，故受之以节。节所以止离也。"节"者制之于外，"孚"者信之于中。节得其道，而上能信守之，则下亦以信从之矣。所谓节而信之也，故受之以中孚。有者自恃其信，而居其有也，必者不加详审，而必于其行也。事当随时制宜，若自有其信而必行之，则小有过矣，故受之以小过。有过人之才者，必有过人之事，而事无不济矣，故受之以既济。物至于既济，物之穷矣，然物无终穷之理，故受之以未济终焉。物不可穷，乃一部《易经》之本旨，故曰物不可以终通以至终离，言物不可者十一，皆此意也。

下下篇。

杂卦传

杂卦者，杂乱文王之《序卦》也。孔子将《序卦》一连者，特借其一端之理以序之，其实恐后学颠倒文王所序之卦也。一端之理在所缓也，又恐后学以《序卦》为定理，不知其中有错有综，有此二体，故杂乱其卦，前者居于后，后者居于前，止将二体两卦有错有综者下释其意，如乾刚坤柔，比乐师忧是也。使非有此《杂卦》，象必失其传矣。

乾刚，坤柔。

此以错言。言乾坤之情性也。文王《序卦》六十四卦止乾、坤、坎、离、大过、颐、小过、中孚八卦相错，盖伏羲圆图，乾、坤、坎、离四正之卦本相错，四隅之卦兑错艮，震错巽，故大过、颐、小过、中孚所以相错也。

比乐，师忧。

此以综言。因二卦同体，文王相综为一卦，后言综者仿此。顺在内故乐，险在内故忧。凡综卦，有四正综四正者，比乐师忧，大有众同人亲之类也。四隅之卦，艮与震综，皆一阳二阴之卦，艮可以言震，震可以言艮；兑与巽综，皆二阳一阴之卦，兑可以言巽，巽可以言兑，如随、蛊、咸、恒之类是也。有以正综隅、隅综正者，临、观、屯、蒙之类是也。前儒不知乎此，所以言象，失其传，而不知象即藏于错综之中，因不细玩《杂卦》故也。

临观之义，或与或求。

此以综言。君子之临小人也，有发政施仁之意，故与下民之观君上也，有仰止观光之心，故求。曰或者，二卦皆可言与求也。盖求则必与，与则必求。

屯见而不失其居，蒙杂而著。

此以综言。见者，居九五之位也。"居"者，以阳居阳也。八卦正位，坎在五，言九五杂于二阴之间，然居九五之位，刚健中正，故见而不失其居。蒙九二亦杂于二阴之间，然为发蒙之主，故杂而著见。皆以坎之上下言。言蒙之坎上而为屯矣，见而不失其居；屯之坎下而为蒙矣，杂而又著。

震起也，艮止也。

此以综言。震阳起于下，艮阳止于上。

损、益，盛衰之始也。

此以综言。损上卦之艮，下而为益，下卦之震，帝出乎震，故为盛之始。益上卦之巽，下而为损，下卦之兑，说言乎兑，故为衰之始。震东兑西，春生秋杀，故为盛衰之始。

大畜时也，无妄灾也。

此以综言。大畜上卦之艮，下而为无妄下卦之震，故孔子曰：刚自外来，而为主于内。无妄下卦之震，上而为大畜之艮，故孔子曰：刚上而尚贤。止其不能止者，非理之常，乃适然之时；得其不当得者，非理之常，乃偶然之祸。

萃，聚而升，不来也。

此以综言。升上卦之三阴，下而为萃之下卦，三阴同聚，故曰萃。萃下卦之三阴，上而为升之上卦，三阴齐升，故曰升。惟升，故不降下而来。

谦，轻而豫怠也。

此以综言。谦之上六，即豫之初六，故二爻皆言鸣。谦心虚故自轻，豫志满故自怠。

噬嗑食也，贲无色也。

此以综言。贲下卦之离上而为噬嗑之上卦，故孔子曰：柔得中而上行。噬嗑上卦之离下而为贲之下卦，故孔子曰：柔来而文刚。颐中有物，食其所有；白贲无色，文其所无。

兑，见而巽伏也。

此以综言，与震、艮同。震、艮以阳起，止于上下，此则以阴见，伏于上下。

随无故也，蛊则饬也。

此以综言。随则以蛊上卦艮之刚，下而为震，故孔子曰：刚来而下柔。蛊则以随上卦兑之柔下而为巽，故孔子曰：刚上而柔下。随无大故，故能相随；蛊有大故，故当整饬。

剥，烂也；复，反也。

此以综言。剥则生意渐尽而归于无，复则生意复萌而反于有。

晋，昼也；明夷，诛也。

此以综言。明夷下卦之离，进而为晋之上卦，故孔子曰：柔进而上行。明在上而明著，明在下而明伤。

井，通，而困，相遇也。

此以综言。困上卦之兑，下而为井下卦之巽，井下卦之巽，上而为困上卦之兑。养而不穷，通也。即不困，则遇其捭，遇也，即不通。

咸，速也；恒，久也。

此以综言。故孔子曰：柔上而刚下，刚上而柔下。有感则速，速则婚姻及时；有恒则久，久则夫妇偕老。

涣，离也；节，止也。

此以综言。节上卦坎之刚。来居涣之下卦，涣上卦巽之柔来居节之下卦。风散水，故涣，涣则离而不止。泽防水，故节，节则止而不离。

解，缓也；蹇，难也。

此以综言。蹇下卦之艮往而为解上卦之震。出险之外，安舒宽缓之时；居险之下，大难切身之际。

睽，外也；家人，内也。

此以综言。睽下卦之兑，即家人上卦之巽。睽于外而不相亲，亲于内而不相睽。

否，泰反其类也。

此以综言。大往小来，小往大来，致反其类。

大壮则止，遁则退也。

止，当作上。

此以综言。止字乃上字之误。二卦相综，遁之三爻即大壮之四爻。上字指大壮之四爻而言，退字指遁之三爻而言，皆相比于阴之爻也。孔子因周公三爻四爻之辞，故发此"上、退"二字。言大壮则壮于大舆之輹，上往而进，遁则退而畜止臣妾，使制于阳，不使之浸而长也。故大壮则上，遁则退。

大有，众也；同人，亲也。

此以综言。同人下卦之离，进居大有之上卦；大有上卦之离，来居同人之下卦。势统于一，所爱者众；情通于同，所与者亲。

革，去故也；鼎，取新也。

此以综言。鼎下卦之巽进而为革上卦之兑。水火相息，有去故之义；水火相烹，有从新之理。

小过，过也；中孚，信也。

此以错言。过者逾其常，信者存其诚。

丰多故，亲寡旅也。

此以综言。旅下卦之艮，即丰上卦之震。人处丰盛故多故旧，人在穷途故寡亲识。

离上，而坎下也。

此以错言。炎上润下。

小畜寡也，履不处也。

此以综言。二卦皆以柔为主。小畜柔得位，但寡不能胜众阳，所以不能畜，故曰"寡"也。履柔不得位，惟以悦体履虎尾，故曰不处也。"不处"者，非所居也，故六三《小象》曰位不当。

需，不进也；讼，不亲也。

此以综言。天水相上下。安分待时，故不进；越理求胜，故不亲。

大过，颠也；颐，养正也。

依蔡氏改正。

此以错言。弱其本末故颠，择其大小故正。《序卦》曰："颐者，养也。不养则不可动，故受之以大过。"有此作证，蔡氏方改正，所以《序卦》有功于《易》。

既济，定也；未济，男之穷也。

依蔡氏改正。

此以综言。水火相为上下。六位皆当，故定；三阳失位，故穷。

归妹，女之终也；渐，女归待男行也。

依蔡氏改正。

此以综言。归妹下卦之兑进而为渐上卦之巽，渐下卦之艮，进而为归妹上卦之震。归妹者，女事之终；待男者，女嫁之礼。

姤，遇也，柔遇刚也。夬，决也，刚决柔也。君子道长，小人道消也。

依蔡氏改正。

此以综言。君子小人迭为盛衰，犹阴阳迭相消长，一柔在五阳之下，曰柔遇刚者，小人之遭遇，君子之所忧也。一柔在五阳之上，曰刚决柔者，君子之道长，小人之所忧也。《易》之为书，吉凶、消长、进退、存亡不过此理此数而已，故以是终之。

周易今注今译

任宪宝 注译

䷀ 乾卦

【题解】

乾卦通过"天"、"龙"之形象，揭示出"阳刚"、"强健"之本质和事物发展变化的规律。乾为纯阳，坤为纯阴。阴阳相对，相生相克，生生不息。

乾卦的精神实质，在于勉励人们效法"天"的刚健努力，奋发向上。正所谓"天行健，君子以自强不息"。

【原文】

乾①：元亨，利贞。②

初九：潜龙，勿用。③

九二：见龙在田，利见大人。④

九三：君子终日乾乾，夕惕若，厉无咎。⑤

九四：或跃在渊，无咎。⑥

九五：飞龙在天，利见大人。⑦

上九：亢龙有悔。⑧

用九：见群龙无首，吉。⑨

【注释】

①乾：象征天，具有强健、阳刚之特性。

②元亨：大吉。元，大，始。亨，亨通，顺利。利，合宜。万物变迁对一切都有利。贞，正固，此卦象展现的万物可坚持自身的途径，进而恒久不息。

③初九：《易经》六十四卦各由六爻构成，它的顺序自下而上，名曰初、二、三、四、五、上；初即一，上即六。《易经》占筮，用九、六之数，九表阳，六表阴，所以凡阳爻均称九，凡阴爻均称六。本爻位居卦中第一位，所以称初；为阳爻所以称九。

④见：出现，发现。

⑤君子：指道德高尚的人。

⑥或：无指代词，指代对象不是确定的，仅表明"有"之意，或者有人或者有时；这里是有时的意思。

⑦见：发现。

⑧亢：极，甚。

⑨用九：凡筮得阳爻，其数或为七或为九，而九可变，七不变，所以筮法用九不用七；而若筮得六爻均为九时，便用"用九"爻辞占断。群龙：指六个阳爻。此爻即所谓"有象无位"之爻。

【译文】

乾卦：占得此卦大吉大利，利于占卜。

初九：潜藏的龙，无法施展，需要等待时机。

九二：巨龙出现在大地上，利于出现贵人。

九三：有才德的君子始终是勤奋努力的，晚上戒惧反省；如此，即便碰到危险也能免于灾难。

九四：巨龙待机而动，即使跳进深潭，也不会有灾祸。

九五：巨龙可以飞在空中，意味着大有所为。

上九：巨龙飞得太高，就会有灾祸之困。

用九：群龙出现在天空，看不见首领，这样则大吉大利。

【解析】

《象》曰：天行健，君子以自强不息。潜龙勿用，阳在下也。见龙在田，德施普也。终日乾乾，反复道也。或跃在渊，进无咎也。飞龙在天，大人造也。亢龙有悔，盈不可久也。用九，天德不可为首也。

乾：元亨，利贞。

［解读］：乾卦象征天、龙，比喻有才德的君子。后人将其延伸，用以表示阳刚、刚健的事物。

［象释］：古人说："有天地，然后万物生焉。"因而将代表"天"的乾列为六十四卦之首。

［义理］：天体的运行刚健不挠，强者应该效法那种日复一日、自强不息的精神风貌。

初九：潜龙，勿用。

［解读］：龙潜藏于水中，耐心地等待时机。

［象释］："初九"阳爻处在"一"卦的下位，处于最底层，所以压抑难伸，象征阳气在地下发生，尚未形成气候。

［义理］：德才兼备的强者，在自己的力量还不够强盛的时候，不宜过早地施展自己的才华。

九二：见龙在田，利见大人。

［解读］：潜龙出现在田野上，有利于会见王公贵族。

［象释］："九二"爻辞以龙出潜在田，表示"初九"阳爻升进一步，居于下卦中位，象征潜龙已经跃出地面，阳爻处阴位，刚中有柔，所以有"利"之说。

［义理］：德才兼备的人物走出了压抑的低谷，开始步入社会生活，正开始谋取能够广泛施予德泽的社会地位。

九三：君子终日乾乾，夕惕若，厉无咎。

［解读］：德才兼备之士、有才德的君子始终是白天勤奋努力，夜晚戒惧反省，即使遇到什么灾难也能化险为夷，转危为安。

［象释］：本爻为阳位，居下卦之极，象征社会地位的上升，所以有"君子"之称。阳爻居阳位，阳刚气盛，所以有"终日乾乾，夕惕"的告诫。

［义理］：有才德的君子处于既可大有作为而又充满凶险的处境之中，如能倍加勤勉戒惧，可以没有灾难。

九四：或跃在渊，无咎。

［解读］：身处高位，仍保持如临深渊的心态，就不会有过失。

［象释］："九四"之爻象征"位极人臣"。紧傍"九五至尊"，故有"伴君如伴虎"之虑，然而阳爻居阴位，外刚而内柔，所以可保"无咎"。

［义理］：德才兼备之士，虽位高名显，却能始终保持如临深渊、如履薄冰之心，使得上级放心，民众欢心。

九五：飞龙在天，利见大人。

［解读］：龙腾飞在天际，宜于君子大展宏图。

［象释］："九五"之爻，居阳位，又处于上卦中位，是本卦中最理想的地位，象征着刚健中正的伟大人物；历称君王为"九五至尊"，盖源于此。同为"利见大人"，"九二"与"九五"地位不同，所"利"亦不同："九二"为君子于民之"利"；"九五"为君王于民之"利"。

［义理］：君子处世得意，其事业如日中天，应当选贤与能，使得人尽其才，贤能之士也应该积极支持拥护君子的事业。

上九：亢龙有悔。

［解读］：龙腾飞在太空极处，就会遭到灾难。

［象释］："上九"之爻，居全卦之尽头，在本卦系统中，乃是孤立无援之象。"上九"是乾卦中位置最高的一爻，达到了阳刚的极限，于是物极必反，象征飞腾到极限的龙，必然要处于升降两难的境地。

［义理］：警戒人们尚高、盈满是不可能长久保持的。

用九：见群龙无首，吉。

［解读］：一群龙都不争强好胜，吉祥。

［象释］：六爻全阳，充满着阳刚之气，纯阳纯刚正是天道之性，至高无上，不可能再有别的首领。

［义理］：才德之士，始终保持自强而不逞强的面貌；居于领导地位之后，仍与部属平等相处，这样，任何事情都会吉祥如意。

䷁ 坤卦

【题解】

坤为地，是孕育万物的始母。负载着生命的生长发育。地的法则是安详与纯正，柔顺地遵循天的法则。

"阴"与"阳"，并不单纯地只是构成宇宙万物的两大要素，主要是用以说明宇宙万物一切变化现象的刚柔动静的性质与作用。阳刚与阴柔的变化作用永远反复不已，无穷无尽。而这一阴柔阳刚、动静变化不息的法则，正是宇宙的法则，人生的真谛。

【原文】

坤①：元亨，利牝马之贞。君子有攸往，先迷后得主，利。西南得朋，东北丧朋。安贞吉。②

初六：履霜，坚冰至。③

六二：直、方、大，不习，无不利。④

六三：含章，可贞。或从王事，无成有终。⑤

六四：括囊，无咎无誉。⑥

六五：黄裳，元吉。⑦

上六：龙战于野，其血玄黄。⑧

用六：利永贞。⑨

【注释】

①坤：卦名。下卦上卦均为坤，象征地，其性柔顺，具有阴柔、宽厚之德。

②元亨，利牝马之贞：元亨，前途非常亨通、顺利。牝马，与雄马相对。《说卦传》有"乾为马"，而马代表天，为阳性；坤卦言"牝马"则属阴性，故称地类。贞：这里是征兆的意思。君子有攸往，先迷后得主：攸，所。往：前进，即有所作为或有所举动。迷：茫然。主：所要寻求的对象或所要达到的目标。西南得朋，东北丧朋：从文王后天八卦方位看，西方是坤卦和兑卦的卦位，南方是巽卦和离卦的卦位，此四卦同属阴卦，所以说坤在"西南得朋"。朋，同道，同志。而东方是艮卦和震卦的卦位，北方是乾卦和坎卦的卦位，此四卦同属阳卦，因此说坤在"东北丧朋"。

③履：踏。霜：这里是用薄霜象征阴气初起，预示严寒将至。

④直、方、大：直，纵向无边；方，横向无涯；大，幅员辽阔。此句是说地之德宽厚、博大。习：修习，见习。

⑤含章：指六三爻虽然为阴爻，但是由于居在阳位，所以内含阳刚之美而不轻易显露。章，文采绚丽，色彩彰美。或从王事，无成有终：此句展示"含章可贞"的具体情状，体现了坤顺乾的本质特征。王：指乾，指天。

⑥括囊：束紧袋子口。括，束，扎。囊，口袋。

⑦黄裳：黄色裙裤。黄，黄色，黄色居"五色"之中，象征中道。裳，下服。古时服装上称衣，下称裳，裳居下，象征谦下。六五爻以柔居上卦之中，其德谦下，处尊而谦和，能以中和之道居臣职，所以说"黄裳，元吉"。

⑧龙战：指阴阳交合。龙，比喻阳刚之气。战，接。上六阴气至盛，阴极阳来而阴气未消。所以有阴阳二气交合的"龙战"之象。玄黄：玄为天色，黄为地色，所谓玄黄是天地。色混杂不清阴阳互渗难别。

⑨用六：《易经》占筮，凡得阴爻，其数或为六或为八，而六可变，八不变，所以用六不用八，而若筮得六爻均为六时，便以"用六"爻辞占断。永贞：占问长期之吉凶。永，长久。

【译文】

坤卦：坤像大地一样柔顺。卜得此卦大吉大利。占问雌马得到吉兆。君子出行，筮得此卦，开始则迷失方向，继而则可寻得所在追求的目标，吉利。宜往西南方向，不要往东北方向，因为往西南能够遇到朋友，而往东北则遇不到志同道合的人。如果占问是否平安，卜得此卦就会得到吉兆。

初六：走在薄霜的上面，可以推断坚厚的冰层快要冻结成了。

六二：平直、方正、辽阔是大地的特点。即使前往陌生的地方，也没有什么不利的。

六三：具备着美好品德，占问之事均可实行。有人服役于战争，没有取得战绩，但结局还是好的。

六四：扎紧了口袋，不随便说话，可以免遭灾祸，但是不能获得美誉。

六五：穿着黄色裙裳，大吉大利。

上六：巨龙在田野里厮杀，血流遍野。

用六：通观此卦六条阴爻，占问得长久的吉利。

【解析】

坤：元亨，利牝马之贞。君子有攸往，先迷后得主，利。西南得朋，东北丧朋。安贞吉。

《象》曰：地势坤。君子以厚德载物。

[解读]：坤卦象征地，万物依赖它获得生命的基础。它顺承着天道的变化。大地厚实，承载万物，大地美德，广大无垠。它蕴藏深厚，地面辽阔，各种物类皆得其所。

[象释]：本卦是同卦相叠（坤下坤上）六画都是阴爻，用以象地，代表纯阴柔顺之事物。

[义理]：君子应该效法大地那种虽然与天共创万物，然而不居傲自负的美德，效法大地那种能包容万物的宽厚情怀，效法大地那种执著追随正道（天道）的德行。

初六：履霜，坚冰至。

《象》曰：履霜坚冰，阴始凝也，驯致其道，至坚冰也。

[解读]：当脚踩到秋霜时，可以推断坚厚的冰层快要冻结成了。

[象释]：坤卦的初爻，象征阴寒之气开始升起，这表明阴冷之气开始凝聚了，遵循自然规律的推进，坚厚的冰层快要冻结而成了。

[义理]：事物的生长消亡有其必然的规律可循。此爻辞以霜、冰的发展规律说明"见微知著"的道理。

六二：直、方、大，不习无不利。

《象》曰：六二之动，直以方也。不习无不利，地道光也。

[解读]：柔顺之德，纵向无边，横向无涯，宽厚而博大，只要具备了这样的美德，即使不加修习，有所举动时也无所不利。

[象释]：爻位属"地爻"的上方，故以大地的向前延伸出辞"直"；阴爻居阴位，又是内卦的中位，故又有"方"之辞，并以大地的宽阔广大（大）比拟。

[义理]：直率、方正、宽容是为人的基本素质，具有这些素质的人，做任何事情都能顺畅无难。

六三：含章可贞，或从王事，无成有终。

《象》曰：含章可贞，以时发也。或从王事，知光大也。

[解读]：不显露才华，固守柔顺之德，即或辅佐君王，亦会因为不居功而能善终。

[象释]：第三爻为"人爻"，因而有"含章可贞"之戒，且有"或从王事"的机遇。

[义理]：有才华而不锋芒毕露，尤其处于辅佐位置时，更需避"功高盖主"之嫌。

六四：括囊，无咎，无誉。

《象》曰：括囊无咎，慎不害也。

[解读]：扎紧了口袋，如缄口不言，没有指责，也没有赞誉。

[象释]："六四"之爻象征地位很高，此时更需明哲保身，故有"括囊"之语，阴爻处阴位，位正，故有"无咎"之语，且因"括囊"而"无誉"。

[义理]：人只有小心谨慎才没有祸害。

六五：黄裳，元吉。

《象》曰：黄裳元吉，文在中也。

[解读]：穿着黄色的衣裳，大吉大利。

[象释]：按五行说，黄色居中位；六五爻处上卦的中位，但五爻乃阳位，阴爻居阳位，不正，如同装饰性的下衣，因而有"黄裳"之辞。

[义理]：黄色的裙裤大吉大利，因为"黄裳"象征着人内在的美德。

上六：龙战于野，其血玄黄。

《象》曰：龙战于野，其道穷也。

［解读］：两龙相战于野外，血流遍野。

［象释］："上六"已达到最高位，阴盛极，阳必升，因而出现阴阳相争的局面，有血战一说；阴阳相争，亦即天地相争，结果是两败俱伤。

［义理］：阴柔发展到极端，结果凶险万分，比喻人走到了穷困的绝境。

用六：利永贞。

《象》曰：用六永贞，以大终也。

［解读］：占问得长久的吉利。

［象释］：坤卦六爻皆阴，透露出始终处于从属于阳刚的地位，因而有"永贞"之辞。

［义理］：始终坚持追随正道，必然有好的结果。

䷂ 屯卦

【题解】

坎上，屯，难也，物始生而未通之意。其卦以震遇坎，乃乾坤始。震下，交而难生，故曰屯，杂乱之象也。

这一卦喻示事物初生之际的情状，必须奋发图治，开拓前进。所谓"国屯难而思抚"，正是这种积极意义。所谓"君子以经纶"，悟知当局势初创多艰之际，需奋发治理天下，日夜不遑宁处，乃可成拨乱反正之功也。

《屯》卦，阐释天地草创，接着来到的，是秩序尚未建立，混乱不安的苦难时期，但是亦即英雄豪杰建功立业的大好时机，必须坚定纯正的信念，明辨果断，不可轻举妄动，应当积极进取，先求安全，再求发展。

【原文】

屯^①：元亨，利贞。勿用有攸往，利建侯。^②

初九：磐桓，利居贞。利建侯。^③

六二：屯如，邅如，乘马班如，匪寇婚媾；女子贞不字，十年乃字。^④

六三：即鹿无虞，惟入林中；君子几，不如舍，往吝。^⑤

六四：乘马班如，求婚媾，往吉，无不利。

九五：屯其膏。小贞吉；大贞凶。^⑥

上六：乘马班如，泣血涟如。^⑦

【注释】

①屯：卦名。下震上坎，以为产难之卦。《序卦传》："屯者，物之始生也。"《象》曰："屯，刚柔始交而难生动乎险中，大亨贞。雷雨之动满盈，天造草昧。宜健侯而不宁。"

②勿用：不宜。用，宜，应。建侯：授爵封侯。

③磐桓：即"盘桓"，徘徊慎行。居：守住。

④屯如，邅如：乘马欲进，但又班师而还。邅，转移。如，样子。班：众多。匪：通"非"。不字：不嫁人。字，古时礼仪，女子订婚后即用簪子插住发髻；这里引申为许嫁。

⑤即鹿无虞：追鹿而无虞人作向导。即，追逐。虞，虞人，古时管理山林之官。几：察知几微。舍：舍弃。吝：艰难。

⑥屯：积聚。膏：恩泽。小、大：指少量和大量。

⑦泣血：指无声地痛哭。涟如：泪水不断的样子。

【译文】

屯卦：象征初生。筮得此卦会大吉大利，和谐坚实。不宜冒昧前进，但有利于授爵封侯。

初九：徘徊流连，难于前行，就像女子宁可十年不嫁，亦不苟且。应持以退为进以后取先策略。

六二：首次出行，徘徊难进，乘马的人纷纷而来，但来者不是贼寇而是求婚的；女子占问嫁不嫁之事，筮得此爻，得知十年才宜嫁人。应恪守晚婚无嫁的正道。

六三：追捕山鹿没有虞人帮助，结果误入茫茫林海中；在这种情况下，君子与其继续追逐，不如舍弃而回返；如果一意前往追逐，必将遭遇艰难。

六四：乘马的人纷纷而来，欲求婚配，前往必获吉祥，无所不利。

九五：把钱财聚集起来。少量屯积，则吉祥；大量屯积起来，则有凶险。

上六：乘马的人纷纷而来，女方竟无感应，求婚者落得泪水涟涟，伤心不已。

【解析】

屯：元、亨、利、贞，勿用，有攸往，利建侯。

《象》曰：云雷，屯。君子以经纶。

[解读]：屯卦也具有创始、亨通、祥和、正固四德。不宜冒昧前进，但不断积聚力量，奋发进取，终能建立公侯基业。

[象释]：屯卦象征天地相交创造万物时，会遇到艰难险阻。因此，必须积聚实力，坚毅行动，才能有所作为。

[义理]：开创事业，有希望也有风险，有作为的人应以天下为己任，努力积聚力量，在艰险之中求发展，做一番轰轰烈烈的伟业。

初九：磐桓，利居贞，利建侯。

《象》曰：虽磐桓，志行正也。以贵下贱，大得民也。

[解读]：事业初创时，举步维艰，但只要志坚不变，定能获民拥戴，建功立业。

[象释]："初九"爻在众阴爻之下，象征阳刚正气从地下萌生，如同一棵幼芽，正奋力突破地表的种种压抑，因而有"磐桓"之辞。

[义理]：事业草创的艰难初期，虽然使人踌躇，但只要坚持正道，前途自不可限量。

六二：屯如，邅如，乘马班如，匪寇婚媾；女子贞不字，十年乃字。

《象》曰：六二之难，乘刚也。十年乃字，反常也。

[解读]：遇事三思而行，如同乘马赶路者徘徊选择方向；又如追求婚姻美满的女子，宁可十年不嫁，决不愿眼前苟且。

[象释]："六二"阴爻阴位，又是下卦的中位，因而中正，但是初九强横，胁逼六二下嫁，因而有"女子贞不字"之说，经长期挣脱，终与相应的"九五"结合，故有"十年乃字"之辞。

[义理]：在艰难的困境中，必须意志坚定。

六三：即鹿无虞，惟入于林中，君子几，不如舍，往吝。

《象》曰：即鹿无虞，以从禽也。君子舍之，往吝，穷也。

[解读]：去森林里猎取野鹿，若无熟悉路径的人带路，只能在森林里跟着野鹿乱跑；因而君子在这种情况下应停止追逐野鹿，如果追赶下去，不但徒劳，而且有危险。

[象释]："六三"阴爻阳位，又与"上六"同是阴爻而不相应，因而轻率冒进必陷困境。

[义理]：君子应该明辨取舍，不可盲目行动。

六四：乘马班如，求婚媾，往吉，无不利。

《象》曰：求而往，明也。

[解读]：抓住时机，勇往直前，就像乘马去求婚，一路之上不必徘徊，因为在他前面的只有吉祥之事，并无不利的因素。

[象释]："六四"与"初九"相应，然而与"九五"又最接近，因而意志有些动摇，故有"班如"即行动惶惑、举止不定之说。然距"九五"毕竟最近，只要向前追求，必能相合，故又有"往吉"之辞。

[义理]：在面临困惑、进退维谷的时候，应当采取积极进取的态度，前途才会光明。

九五：屯其膏，小贞吉，大贞凶。

《象》曰：屯其膏，施未光也。

[解读]：积聚钱财，如果是备用于日常生活中的不时之需，就是好事；如果用于发动战争的准备，就是坏事。

[象释]："九五"在最尊贵的"五"位，然而上卦为坎，"九五"处于坎即险陷的中央，稍有不慎，难免凶险，因而有"凶"之征兆。

[义理]：积聚力量必须用于正道，否则，积聚的力量愈大，结果便愈凶险。

上六：乘马班如，泣血涟如。

《象》曰：泣血涟如，何可长也？

[解读]：艰难险阻，进退维谷；忧惧而悲，血泪如注。

[象释]："上六"阴柔，并且到了极点；与下卦的"六三"同阴而无应援，以致进退皆难，穷途末路，故有"乘马班如"之辞。

[义理]：一旦选择了错误的方向，便会走向反面，以致陷入绝境而不能自拔。

䷃ 蒙卦

【题解】

蒙，指蒙昧，象征启蒙、启蒙教育。《尚书·太甲》："先王昧爽丕显，坐以待旦，旁求俊彦，启迪后人。"《礼记·学记》："玉不琢，不成器，人不学，不知道。是故古之王者，建国君民，教学为先。"全卦主旨均在"教"与"学"两者，阐发我国古代教育理论的哲学思想。

【原文】

蒙①：亨。匪我求童蒙，童蒙求我。初筮告，再三渎，渎则不告。利贞②。

初六：发蒙，利用刑人，用说桎梏，以往吝。③

九二：包蒙，吉。纳妇，吉，子克家。④

六三：勿用取女，见金夫，不有躬，无攸利。⑤

六四：困蒙，吝。⑥

六五：童蒙，吉。

上九：击蒙，不利为寇，利御寇。⑦

【注释】

①蒙：卦名。下坎上艮，象征童蒙。《序卦传》："物生必蒙，故受之以蒙。蒙者，蒙也，物之稚也。"

②童蒙：年幼无知之人。蒙，蒙昧。初筮：第一次占筮。告：告诉，此指告诉吉凶。再三：这里承前省略了一个"筮"字，所以"再三"即"再三筮"，意为接二连三地占筮。再，第二次。渎：亵渎。

③发蒙：启发蒙昧之人。刑人：树立榜样教育人。刑通"型"，这里用作动词，指以典型、范例教人。说通"脱"。桎梏：古代刑具名。铐在足上称桎，铐在手上称梏，说桎梏，意为免于犯下罪恶。以：而。

④包蒙：即"包于蒙"，意为被蒙昧者所包围、环绕。包，包围。纳妇：迎娶媳妇。子克家：子有家室。

⑤取：通"娶"。金夫：美称，指美貌郎君。不有躬：不顾自身体统，即自失其身。

⑥困：困扰。

⑦击：攻击，引申为惊醒，开化。不利：不适宜。为寇：以之为贼寇。御：防御，抵御。此指和缓的方式。

【译文】

蒙卦：象征童蒙。不是我有求于孩童，而是孩童有求于我，初次前来请教，告诉他吉凶；接二连三地请教同一个问题，便是对老师的轻侮和亵渎，这样，则不再告诉其答案。此卦，做什么都有利。

初六：启发蒙昧无知的人，以增进其智慧，宜严厉执教甚至施罚；如果智慧初开就急于施罚，行动将困难重重。

九二：被各种资质的孩子所包围、环绕，有时未必不是好事。迎娶贤淑女子为妻，吉祥；其成果像是生下一个儿子能够持家一样。

六三：不宜娶这个女子为妻，因为她眼中所见的只是美貌郎君，遇到这样的男人她就自失其身，这种婚姻有害无益。因为女子行为不合理。

六四：被蒙昧无知的人所困扰，终究要遭遇艰难。

六五：蒙昧无知的人正受启发，必获吉祥。

上九：惊醒愚昧无知的人，不宜采用过激行动，而宜采取防御贼寇的和缓方式，这样才是吉利的。

【解析】

蒙：亨。匪我求童蒙，童蒙求我。初筮告，再三渎，渎则不告。利贞。

《象》曰：山下出泉，蒙。君子以果行育德。

［解读］：启蒙就像占筮，初次诚心请教，老师理应回答；若纠缠不休再三发问同一问题，即可证明儿童思想不专一，求教之心不诚，理当不再回答。这样做，有利于儿童求教之心的规正。

［象释］：下卦"坎"，象征水、险；上卦"艮"象征山，亦有正的意思。整个卦形为山下有险，当须谨慎。下卦中爻"九二"与上卦中爻"六五"阴阳相应，故整卦为"亨"，即教育工作畅行无阻。

［义理］：教育在于开启人的思想，使之走上正道。需要树立一定的教育原则，如摆正求学者与教育者之间的关系，树立尊师、好学的观念等。

初六：发蒙，利用刑人，用说桎梏，以往吝。

《象》曰：利用刑人，以正法也。

［解读］：启蒙教育的开始阶段应该严厉，不惜使用刑罚使那些不守纪律者走上正道，以根除今后桎梏加诸其身的后果。但是，对童蒙的刑罚不可过分，超出限度，引起反抗情绪就适得其反。

［象释］：既是初爻又是阴爻，是最幼稚蒙昧的时期，所以必须"发蒙"，即进行启蒙教育。因阴爻居阳位而不正，故需"利用刑人"加以纠正。

［义理］：用"刑"有法，教育童蒙有如"用刑"，刑虽重要，然须有"法"，法当则刑免，法不当则虽刑亦无用。

九二：包蒙，吉。纳妇，吉，子克家。

《象》曰：子克家，刚柔接也。

［解读］：能包容资质不一的学生，所以吉祥；有雅量，所以娶妻吉利，生子也能继承父志兴家立业。

［象释］："九二"虽阳爻，然居于下卦的中位（阴位），性格中庸能包容，故"吉"；"九二"又与"六五"阴阳相感，阳为夫阴为妻，故有"纳妇吉"之辞；"九二"为子，"六五"为父，父孺子健，故又有"子克家"之言。

［义理］：教育应该有包容精神，不论资质如何都应施教。

六三：勿用取女，见金夫，不有躬，无攸利。

《象》曰：勿用取女，行不顺也。

［解读］：不收录没有信念的学生，就像不娶见异思迁的女人为妻一样，一见到有财势的款爷便不顾礼仪失身投靠。娶她没有任何好处。

［象释］："六三"阴爻居阳位，不正，虽与"上九"阴阳相应，但离"九二"更近，颇有难舍"九二"又向往"上九"的形势，故以女人比拟。

［义理］：见异思迁者，必然一事无成。

六四：困蒙，吝。

《象》曰：困蒙之吝，独远实也。

［解读］：脱离实际的启蒙教育，是不足取的。

［象释］："六四"夹在阴爻之间，又与初爻同阴，全无阴阳相感的活动气象，犹如困顿独处一样，故有"吝"即不足的结语。

［义理］：束缚受教育者的思想，便与启蒙之愿背道而驰。

六五：童蒙，吉。

《象》曰：童蒙之吉，顺以巽也。

［解读］：从儿童开始便进行启蒙教育，结果必然吉祥。

［象释］：上卦中位，阴爻阳位，主外柔内刚、禀性中正；又与"九二"阴阳相感，与"上九"阳爻相比，如同从小受到良好教育终于居于高位的人一样，结果必然吉祥。

［义理］：从小接受良好教育的人，成人以后才堪负重任。

上九：击蒙，不利为寇，利御寇。

《象》曰：利用御寇，上下顺也。

［解读］：杖击蛮横无理的蒙昧之人，不宜过激，采用和缓方式才于己有利。

［象释］："上九"阳而位高，为过于刚强之象，因而有"击蒙"之辞。"上九"又处于本卦的最外层，所以既有"为寇"之便利，又有"御寇"之责任。

［义理］：启蒙的责任，不仅使人增加学问，也要使人懂得社会的一般准则，以保持良好的社会秩序。

䷄ 需卦

【题解】

下乾上坎，乾健遇坎险，不遽进以陷于险，需待之义也。阐明事物在发展过程中应当耐心等待时机与事物的发展。

《需》卦卦辞，认为大获，大亨。以刚遇险，等待时机再行动，不陷于险所以是有获，大亨。能看到险在前而不陷，处于险而能脱，难能可贵也。所谓顺从，即指顺从天道也。

【原文】

> 需①：有孚，光亨，贞吉。利涉大川。②
> 初九：需于郊，利用恒，无咎。③
> 九二：需于沙，小有言，终吉。④
> 九三：需于泥，致寇至。⑤
> 六四：需于血，出自穴。⑥
> 九五：需于酒食，贞吉。⑦
> 上六：入于穴，有不速之客三人来，敬之，终吉。⑧

【注释】

①需：卦名。下乾上坎，象征等待。需即须，"待也"之意。

②孚：诚信。光：光明。涉：涉越。大川：大江大河。

③郊：城邑之外。恒：守常不动。

④沙：沙滩。小：少。言：指口舌是非。

⑤致：招来。

⑥血：血泊。出：离开。穴：山洞。这里比喻险境。

⑦酒食：此指酒宴。

⑧入：落入。不速之客：未经邀请而来的客人。速，邀请。三人：三人谓下卦三个阳爻（三人）而言。按卦当位应得一人，但处于亟需变动之时，不按三人则不能成"讼卦"即下一卦，所以才说，贤不当位，未大失也。

【译文】

需卦：象征等待，是由于前面有险阻。心怀诚信，光明亨通，占得此卦则必将获得吉祥。有利于涉越大江大河。

初九：在郊野中等待，宜于持之以恒，这样，必无灾祸。

九二：在沙滩上等待，被发现因而引起议论，如果能够减少口舌是非，最终能吉利。

九三：在河边泥泞中等待，如果冒进，会招致贼寇到来。

六四：在血泊中等待，能脱离险境。

九五：在酒食宴席中等待，必获吉祥。

上六：陷入险境，三位不速之客来访，但只要以礼待之，最终必将获得吉祥。

【解析】

需：有孚，光亨，贞吉。利涉大川。

《象》曰：云上于天，需。君子以饮食宴乐。

[解读]：虽然遇到了险阻，但是却有信心去努力，故前途畅通；坚持正道，自可化险为夷。

[象释]：天上有雨，一旦时机成熟便会下降。上卦坎为水，象征前方有涉渡之险；然而下卦为乾，乃刚强有力者，只要耐心等待，有信心，"坎"之险终能克服，故有"利涉大川"之辞。

[义理]：克服困难的最好办法，是自信地直面困难，在等待中积聚力量，把握解决困难的良机。

初九：需于郊，利用恒，无咎。

《象》曰：需于郊，不犯难行也。利用恒，无咎，未失常也。

[解读]：耐心等待涉险的时机，恒守正道，所以不会有过失灾难。

[象释]："初九"离上卦坎之险陷最远，故有"郊外"之辞；又"初九"为阳爻，刚毅且富有正气，故有"恒"之说。

[义理]：发现危险宜早而不宜晚，头脑保持冷静则不急躁。

九二：需于沙，小有言，终吉。

《象》曰：需于沙，衍在中也。虽小有言，以终吉也。

[解读]：耐心等待，虽然被议论，但能保持清醒的头脑，结局还是吉祥的。

[象释]："九二"离坎渐近，犹如涉水者已走到了沙滩上，头脑依然很清醒，等待着涉水的最佳时机，故有"需于沙"之辞。

[义理]：面临危险往往踌躇，只有在等待中抓住最佳的涉险机会，才能获得理想的结果。

九三：需于泥，致寇至。

《象》曰：需于泥，灾在外也。自我致寇，敬慎不败也。

[解读]：在泥涂中等待，更需谨慎，稍或冒进，便会引祸上身，有如遭强盗袭击那样的不幸发生。

[象释]："九三"爻更接近上卦"坎"的水，因而将其位置比喻为最靠近水面的泥涂，面临的灾难程度，也相当于面临打家劫舍的盗寇。

[义理]：愈是危险之境，愈要谨慎；如果轻举妄动，可能引祸上身。

六四：需于血，出自穴。

《象》曰：需于血，顺以听也。

[解读]：身陷险境受了伤，顺应变化得脱险。

[象释]："六四"为坎中之爻，象征已入险境，蒙受创伤；但因为阴爻居阴位（得位），以柔应变，终能脱险，故有出"穴"之辞。

[义理]：处在险境之中，老老实实地等待脱险的时机，切不可忿然冲动。

九五：需于酒食，贞吉。

《象》曰：酒食贞吉，以中正也。

[解读]：美酒佳肴，取之有道，所以吉祥。

[象释]："九五"阳爻阳位，既得中，又居于至尊地位，所以有"酒食"之喻，且作"贞吉"断语。

[义理]：即便处在险境中，只要品行端正，仍然可以获得很好的结果。

上六：入于穴，有不速之客三人来，敬之，终吉。

《象》曰：不速之客来，敬之终吉，虽不当位，未大失也。

[解读]：陷入险境，有三位不速之客光临，以恭敬相待，终于逢凶化吉。

[象释]："上六"阴爻柔弱，又处于"需"卦的极点，只得冒险而进，不料坠入陷穴之中；"上六"与"九三"相应，"上六"既入穴，等待已久的"九三"遂率领下卦的另二个阳爻勇往直前，故有"不速之客三人"之说。因"九三"本与"上六"阴阳相应，"上六"只要仍保持其柔顺本色，自是阴阳感应，故有"终吉"之断语。

[义理]：柔顺是制伏刚强的利器。

䷅ 讼卦

【题解】

讼，争辩也，下坎上乾，上刚以制下，下险以伺上，皆讼道也。需卦与讼卦的主题是在阐明治乱安危之道。

讼阐释在事业的进行中，难免发生争讼，但告诫不可争讼。争讼不会有结果，宜于化解。不可拖延过久，以致不可收拾。应当退让，自我反省，于争讼之前就当谨慎，不可轻启争端，惹祸上身。知足常乐，韬光养晦，不可逞强争胜。隐思顺其自然，安于正理，必然心安理得。裁判争讼，以至中至正为根本。

《讼卦》乃诫人止讼免争也。

【原文】

讼①：有孚，窒惕，中吉，终凶。利见大人，不利涉大川。②

初六：不永所事，小有言，终吉。③

九二：不克讼，归而逋；其邑人三百户，无眚。④

六三：食旧德，贞厉，终吉。或从王事，无成。⑤

九四：不克讼，复即命渝。安贞吉。⑥

九五：讼，元吉。⑦

上九：或锡之鞶带，终朝三褫之。⑧

【注释】

①讼：卦名。下坎上乾，象征争讼。《说文解字》："讼，争也……"

②窒惕：追悔警惧。窒，悔。中：持中不偏。终：指一直争讼不止。大人：指九五。九五则以爻居正位而得中，是刚健中正的大人。不利涉大川：因为争讼不已，各持己见，无法同舟共济，遇大江河必覆舟。

③不永所事：不长久困于争讼之事。永，久长。

④不克讼：争讼失利。克，胜。归而逋：逃亡，逃避。邑：封地，即古代所谓的"国"。三百户之邑是小国。眚：灾祸。

⑤食：享用。旧德：指祖先的余荫。厉：危险。

⑥复即命：回心归于正理，复，返，返回。命：天命。渝：变，此指改变初衷。

⑦讼：这里指"决讼"，即审断讼案。

⑧或：偶或。锡：通"赐"。鞶：大带。古代根据官阶颁赐的腰带。终朝：终日，整天。褫：剥夺。

【译文】

讼卦：象征争讼。只要心怀诚信，引起警惕，改正错误，持守中和之道而不偏不倚，则可获吉祥；如果始终强争不息，则有凶险。有利于大德大才之人过河，否则不宜于涉越大江大河。

初六：不长久困于争讼之事，应当减少口舌是非，最终可获吉祥。

九二：争讼失利，返回之后就应当逃避；可使其采邑内的三百户人口躲过灾难。

六三：安享祖先余荫，占筮虽有危险，但最终可获吉祥。有时辅佐君王大业，必然碰壁。

九四：争讼失利，改变争讼初衷，则平安无事，占筮可获吉祥。

九五：审断争讼，判明是非曲直，可获大吉大利。

上九：有时由于决讼清明而荣获颁赐的显贵华服，但由于连犯小错一天之内会多次被剥夺。

【解析】

讼：有孚，窒惕，中吉，终凶。利见大人，不利涉大川中。

《象》曰：天与水违行，讼。君子以作事谋始。

［解读］：有凭证可信，却窒塞而须警惕；中间吉祥，最后有凶祸，是因为争讼不可能成就任何事。适且见到公正廉明的大人，是因为崇高守中而端正的品德；不适宜渡过大河，是因为本身陷于深渊之中。

［象释］：内卦（下卦）"坎"象征阴险，外卦（上卦）"乾"象征刚硬有才干，双方格格不入，必有争讼之事发生；以个体而言，内心阴险而外表刚强，亦容易与人争讼，因而卦名为"讼"。内、外卦的中爻均为阳，缺乏阴阳感应流通，故有窒碍发生；"上九"过于刚强（到了上端极点），有逞强之象，所以"终凶"；"九五"中正刚健，象征居于领导地位的法官大人，然而刚强中正的上卦之下是充满凶险的"坎"卦，因而又有"不利涉大川"的警示。

［义理］：处理任何事情，不可轻启争端；如果纠纷出现了，又应当以调解为上，大事化小，小事化了。

初六：不永所事，小有言，终吉。

《象》曰：不永所事，讼不可长也。虽小有言，其辩明也。

［解读］：不要无休止地争讼，即便旁人有些议论，稍稍辨明是非即可见好收场。

［象释］："初六"阴爻阳位，不正；又处最下方，柔弱；与相应的"九四"爻虽然阴阳相感，中间却有"九二"阻碍，在排解纠纷时小有磨难；幸上面的"九四"刚健，有所增援，只要争讼不拖得太久，总会吉祥如意。

［义理］：诉讼的目的在于辨明是非，因此争讼不宜过久。

九二：不克讼，归而逋；其邑人三百户，无眚。

《象》曰：不克讼，归逋窜也。自下讼上，患至掇也。

［解读］：争讼失利，回来逃避，他采邑的三百户人口便无灾殃。

［象释］："九二"居坎险中央，本来就喜欢争讼，又与相应的"九五"无阴阳相

感之利，故有了落荒而逃的下场。

[义理]：凡事皆不可逞强争胜，发生争执时应退让，多作自我反省，有什么解决不了的呢？

六三：食旧德，贞厉，终吉。或从王事，无成。

《象》曰：食旧德，从上吉也。

[解读]：隐居在祖先遗德所及的地方，坚守正道，自励图强，终能转危为安；倘入仕途，必然碰壁。

[象释]："六三"阴柔，无力与人争讼，只得"食旧德"。

[义理]：自知不力，与人无争；如果不自量力，必然劳而无功。

九四：不克讼，复即命渝。安贞吉。

《象》曰：复即命渝，安贞不失也。

[解读]：估计争讼不会获胜，便自动撤诉，安于正道，必然吉祥。

[象释]："九四"阳爻居阴位，有争讼之心而所处地位弱势，有不能获胜之象；由于自知弱势，能改变初衷，退守自保。

[义理]：当止则止，吃亏即是得便宜。

九五：讼，元吉。

《象》曰：讼，元吉，以中正也。

[解读]：裁决公正，大吉。

[象释]："九五"在至尊的位置，阳刚中正，象征秉公执法的法官，卦辞中的"利见大人"即指此。

[义理]：诉讼的成败关键，往往在于法官能否秉公办事。

上九：或锡之鞶带，终朝三褫之。

《象》曰：以讼受服，亦不足敬也。

[解读]：即便逞强胜诉，甚至会赏赐到"鞶带"，但在一天之内被连续剥夺了三次。

[象释]："上九"阳刚至极，可逞强而获胜诉，但既至极处，不可能持久，故随时有失去所获之象。

[义理]：依靠争讼达到目的，虽荣犹败。

䷆ 师卦

【题解】

师，兵众也。下坎上坤，"九二"一阳中正，上下五阴皆顺之，率师之象。阐释由争讼终于演变成战争的用兵原则。

战争是凶恶的工具，关系着人民的生死，国家的存亡，所以用兵必须慎重。军队必须是正义之师，统帅必须中庸、公正、老成持重，不可好战喜功。战争必须得到人民的支持，才能战无不胜。这一卦的占断，凶多吉少，强调兵者凶器，告诫用兵必须慎重。本卦可视为《易》中战争思想的提要；蕴涵古代早期军事思想的核心。

【原文】

师①：贞，丈人吉，无咎。②

初六：师出以律，否臧凶。③

九二：在师中，吉，无咎；王三锡命。④

六三：师或舆尸，凶。⑤

六四：师左次，无咎。⑥

六五：田有禽，利执言，无咎。长子帅师，弟子舆尸，贞凶。⑦

上六：大君有命，开国承家，小人勿用。⑧

【注释】

①师：卦名。下坎上坤，象征兵众或军旅。唐·李鼎祚《周易集解》："何晏曰：师者，军旅之名……"

②丈人：贤明长者，此指军事统帅。

③律：军乐，有号令作用。否：恶逆。臧：善顺。

④在：统率。中：中正。王三锡命：君王多次颁赐奖赏其功。锡，通"赐"。命，诏书。

⑤舆尸：以车载运尸体，比喻兵败。舆，大车。此用作状语，表示工具、手段。

⑥左次：驻扎在左方。次，驻扎。古人军中尚右，居左有撤退之势。

⑦禽：泛指禽兽。执：捕捉。言：通"焉"。弟子：次子。

⑧大君：君王，天子。有命：降下诏命，论功封爵。开国：封诸侯，开创千乘之国。国，诸侯封地。承家：授大夫，承袭百乘之家。承，承袭。家，大夫封地。小人勿用：意为要用君子，不要用小人。

【译文】

师卦：象征军旅。筮得此卦，老将率师出征非常吉利，必无灾祸。

初六：军队出征，必须遵循号令行事；如果军纪败坏，必有凶险。

九二：统率军队出征打仗，只要持守中道，不偏不倚，则可获吉祥，必无灾祸；君王多次颁布诏命，奖赏其功。

六三：士卒时而用大车载运尸体归来。必有凶险。

六四：军队驻扎在左方，准备随时撤退。如此可免遭灾祸。

六五：两军打仗，应先晓以大义；军队只能交付一人统帅；如果让一些庸才分掌兵权，则难逃厄运。

上六：天子颁布诏命，论功封爵，封诸侯于千乘之国，授大夫以百乘之家；要重用君子，不要重用德才都差的小人。

【解析】

师：贞，丈人吉，无咎。

《象》曰：地中有水，师。君子以容民畜众。

[解读]：军队是用来讨伐邪恶、维护正义的；统帅由经验丰富的老将担任才会吉祥，无差错。

[象释]：下卦"坎"象征水、凶险；上卦"坤"，象征地、柔顺。古代兵农合一，和平时耕田，战争时应征参战。农民的性格柔顺，像大地一般寂然不动；但又是战争时的主力军，此卦意味着在农民中间隐藏着兵，柔顺之中隐藏着凶险。此卦只有"九二"为阳爻，在下卦中央，被上下五个阴爻围护，是此卦总的"统帅"，"六五"居至尊之位，与"九二"阴阳相应，象征君臣和洽，君王将一切军权委诸统帅。

[义理]：为正义而用兵才是正确的，让老将军带兵才是吉祥的。

初六：师出以律，否臧凶。

《象》曰：师出以律，失律凶也。

[解读]：军队首先要申明纪律；纪律不好的军队，前途必然凶险。

[象释]："初六"是第一爻，象征军队出发征战的初期阶段。

[义理]：战争伊始，严明纪律至关重要。

九二：在师中，吉，无咎；王三锡命。

《象》曰：在师中吉，承天宠也。王三锡命，怀万邦也。

[解读]：统帅指挥有度，赏罚公正，所以连连获胜，无差错，屡受君王嘉奖勉励。

[象释]："九二"是本卦中唯一阳爻，得到众多阴爻的信赖，又在下卦的中位，阳爻居阴位，外刚而内柔；为帅如此，必能治军而服众；况与至尊"六五"阴阳相应，深得君王宠信，故有"王三锡命"之荣。

[义理]：刚毅中庸，是军队统帅的必具素质。

六三：师或舆尸，凶。

《象》曰：师或舆尸，大无功也。

［解读］：统帅轻举妄动，载尸败阵，其凶无比。

［象释］："六三"居阳位不正，象征统帅缺乏御军才能而又刚愎自用，有必败之象。

［义理］：统帅不中不正，后果不堪设想。

六四：师左次，无咎。

《象》曰：左次无咎，未失常也。

［解读］：统帅依兵法布阵于高地左前方，便不会出差错。

［象释］："六四"阴柔，又不在中位，本无胜算；然阴爻阴位得正，又与"坎"险比邻，因而遇事小心谨慎、循规蹈距，故有"无咎"之象。

［义理］：统帅军队务须小心谨慎，以安全为首务，万不可违反常规一意孤行。

六五：田有禽，利执言，无咎。长子帅师，弟子舆尸，贞凶。

《象》曰：长子帅师，以中行也。弟子舆尸，使不当也。

［解读］：两军对仗时应先向对方晓以大义，军队只能交付一人统帅，如果让一些志大才疏的人分权干扰，必然难逃厄运。

［象释］："六五"是这一卦的主体，阴爻、至尊位，象征君王的中庸、仁慈，不会主动发起侵略战争。只有在不得已情况下才应战，因而是正义之战。

［义理］：这一爻阐述了君王任用统帅的原则，强调统帅必须由老成持重、有一定威信的人担任，必须保持军队中的"一元化"领导。

上六：大君有命，开国承家，小人勿用。

《象》曰：大君有命，以正功也。小人勿用，必乱邦也。

［解读］：君王论功行赏，让有功之人得到正当奖赏；但对于那些居功自傲、有才无德的人，只赏赐金帛之物，不封官任用。

［象释］："上六"是本卦的终极，象征着战争的结束，因而本爻所阐述的是君王论功行赏的原则。

［义理］：论功行赏也有原则可循。对于有功未必有德者，必须谨慎行赏，不可让这一类人拥有政治权力。

䷇ 比卦

【题解】

比，亲比也。"九五"阳刚居于天位，上下五阴皆比而从之，有一人抚万邦，四海仰一人之象。

《师》、《比》者，治世中之治法也。盖《师》、《比》之兴也，必于天下大治。治极生乱，圣人不得已而用兵，必用长子率师以治乱也。至乱治之后，必有善后的办法，即亲比之教之。是故曰："《师》以逼正也，《比》以亲辅也。"

《比》卦，阐释亲爱精诚的道理。物以类聚，形成群体，必须相亲相辅，在刚毅中正的领袖领导下和平相处，才能精诚团结，这是创造共同幸福的根本，永恒的真理，不可迟疑。

相亲相辅的原则，应以诚信为本，发自内心，采取积极主动的态度，但动机必须纯正，亲近的对象，必须择善固执，远恶亲贤。而且应当宽宏无私，包容而不可强求，更应当一本初衷，贯彻始终，才能够精诚团结，一片祥和。

【原文】

比①：吉。原筮，元永贞，无咎。不宁方来，后夫凶。②
初六：有孚比之，无咎。有孚盈缶，终来有它，吉。③
六二：比之自内，贞吉。④
六三：比之匪人。⑤
六四：外比之，贞吉。⑥
九五：显比。王用三驱，失前禽，邑人不诫，吉。⑦
上六：比之无首，凶。⑧

【注释】

①比：卦名。下坤上坎，象征亲辅。《说文解字》："比，密也……"

②原筮：旧筮。原，追寻之辞。元：下脱一"亨"字，所以"元"即"元亨"，意为大吉大利。永贞：占问长期之吉凶。不宁方来：不安宁的事可并行而至。方，邦国。不宁方，意即不愿臣服的邦国。后：迟来者。夫，语气词，无义。

③有孚比之：有诚信之心者前来亲辅。盈缶：美酒装满酒坛。盈，满，缶，大肚小口，用来盛酒的瓦器。终来有它：最终会发生意外情况。

④自内：来自内部。

⑤匪：通"非"。

⑥外比之：向外亲辅。

⑦显比：光明正大的亲辅。显，显明。王用三驱：君王用三驱之礼狩猎。三驱，三面驱围，网开一面，这是天子田猎之礼。失：逃走。禽：泛指禽兽。诫：惧怕。

⑧无首：没有首领，即没用对象。

【译文】

比卦：象征亲辅。筮得此卦吉祥。古人当年筮遇此卦，大吉大利，宜于占问长久之事，没有灾祸。不愿臣服的邦国来朝，迟缓而来者必有凶险。

初六：胸怀诚信之心前来辅佐，没有灾祸。如果诚信之意如美酒满坛，最后即使发生意外情况，也会吉祥。

六二：亲近辅佐来自内部，筮得此爻可获吉祥。

六三：所亲辅的人并不是应当亲辅者。

六四：向外亲辅，筮得此爻可获吉祥。

九五：光明正大地亲辅。君王狩猎，三方驱围，网开一面，任凭前方的禽兽逃逸。这样仁义宽宏，使人们都不会产生惧怕之心，当然也会吉祥。

上六：希望亲辅而找不到首领，必有凶险。

【解析】

比：吉。原筮，元永贞，无咎。不宁方来，后夫凶。

《象》曰：地上有水，比。先王以建万国，亲诸侯。

［解读］：相亲相助必然大吉，即便占筮问讯也是大吉大利，不会有灾难。违心地附和者，迟来必然凶险。

［象释］：下卦"坤"为地，上卦"坎"为水，地因水而柔，水因地而流，以两者关系比喻相亲相助。本卦主爻"九五"，阳爻阳位，至尊刚健，五阴爻相随，相亲相助。

［义理］：此卦与"师"相反，阐述人际相亲相助、国与国之间宽容共处的原则。

初六：有孚比之，无咎。有孚盈缶，终来有它，吉。

《象》曰：比之初六，有它吉也。

［解读］：建立在诚信基础上的相亲相助，不会有错。诚信的基础如同满罐的酒一样充实，最终会有意料不到的好结果。

［象释］："初六"是本卦的开始，说明人与人的相亲相助应从诚信（"孚"）开始。

［义理］：相亲相助的基础，是诚信。基础越充实，亲、助关系也越牢靠。

六二：比之自内，贞吉。

《象》曰：比之自内，不自失也。

［解读］：亲近辅佐发自内心，吉祥。

［象释］：阴爻阴位，居下卦之中，又与"九五"阴阳相应，因而柔顺、中正，象征相亲相助发自内心而纯正。

［义理］：相亲相助是外在的表现，须以发自内心的纯正的动机为其内涵。

六三：比之匪人。

《象》曰：比之匪人，不亦伤乎？

[解读]：不能与心怀叵测的人相亲相助。

[象释]："六三"阴柔，不中不正，相应的"上六"亦阴爻，以致格格不合，不是应当相亲相助的人。

[义理]：相亲相助的对象，必须有所选择。

六四：外比之，贞吉。

《象》曰：外比于贤，以从上也。

[解读]：向外亲近比自己贤明高尚的人，只要动机纯正必然吉祥。

[象释]：阴爻阴位，得正，且与阳刚、中正的"九五"比邻相亲，故有"外比"之论。

[义理]："六四"从另一方面说明相亲相助对象的选择问题，即应该积极主动地向贤明高尚的人靠拢，与之相亲；当然，这样的"高攀"与趋炎附势截然不同，因为有着纯正的动机。

九五：显比。王用三驱，失前禽，邑人不诫，吉。

《象》曰：显比之吉，位正中也。舍逆取顺，失前禽也。邑人不诫，上使中也。

[解读]：相亲相助的原则是宽宏，就像天子狩猎，网开一面，凡不愿投入网中一味前逃的猎物一概不追。有这样的仁义宽宏，父老乡亲不会产生戒惧惶恐之心，因而吉祥。

[象释]："九五"至尊，故以天子狩猎作比喻。作为本卦中唯一阳爻的"九五"，理应以宽宏的姿态对待追随亲近他的其他五个阴爻。

[义理]：人心不可强求，应以自己的宽宏、仁义之心加以感化，令其自动地发乎内心。

上六：比之无首，凶。

《象》曰：比之无首，无所终也。

[解读]：相亲相助，没有好的首领，必然凶险。

[象释]："上六"阴柔到达极点，又无阳爻相应，得不到属下的亲近与相助，故"凶"。

[义理]：做事情得有人牵头。

䷈ 小畜卦

【题解】

小者，阴也，畜者，止也。阴阳贵乎得位，此卦"六四"一阴得位，上下五阳皆顺之，是为《小畜》。

风行天上，雨比恩泽，恩泽未下；风比德教，德教在上未及下，故皆为《小畜》之象。本卦的卦旨在于说明，事物发展过程中"小畜大"与"阴畜阳"的道理。

同时又着重阐明因应一时困顿的尚不足以大行于天下原则，在成长的过程中，往往因力量不足，发生停滞不前的现象，但并不足以阻止行动，而是在蓄积整顿，为下一步行动做准备。因而，应坚定信念，一本初衷，为实现自己的理想，全力以赴；应本中庸的原则，刚柔并济，精诚团结，共同奋斗。应断然解除一切羁绊，应以诚信为感召，自助助人，才能结合所有力量，获得一切支援，达到实现理想的目的。

最后再以盈满告诫，不可贪得无厌，必须适可而止，蓄积过度丰盛，因满招损，反而凶险。

本卦虽以阴为主爻，但是，仍以"扶阳"为根本归宿。

【原文】

小畜：①亨。密云不雨，自我西郊。②
初九：复自道，何其咎？吉。③
九二：牵复，吉。④
九三：舆说辐，夫妻反目。⑤
六四：有孚，血去惕出，无咎。⑥
九五：有孚挛如，富以其邻。⑦
上九：既雨既处，尚德载，妇贞厉。月几望，君子征凶。⑧

【注释】

①小畜：卦名。下乾上巽，象征小有积聚。小，少。畜，通"蓄"。
②自我西郊：浓云从我邑西郊而起。
③复自道：即自复其道，自己归返本身的道行。复，返。道，性质。
④牵：牵连。
⑤舆：大车。说：通"脱"。辐：古代车子上连接车身与车轴的部件。反目：怒目相视，形容关系失和。
⑥孚，古俘字。血去惕出：抛弃忧虑，排除惊恐。血，通"恤"，忧虑。惕，警惕。
⑦挛：拘系，捆绑。如：样子。富以其邻：与邻人同富。以，与。
⑧既雨既处：天已降雨，雨已停息。处，止。尚德载：还可以运载。德，通"得"。几望：即既望，古代历法，每月十六日为"既望"。征：出征。

小畜卦：象征小有积聚，筮得此卦亨通顺利。浓云密布却不降雨，云气从我邑西郊升起，终归会下起大雨。

初九：回归自身的道行，就不会有什么灾祸。卜得此爻吉祥。

九二：被外界牵连而复归自身道行，也能获得吉祥。

九三：象车身与车辐相脱离那样，夫妻反目为仇而离异。

六四：捕获了俘虏，排除了忧患，但仍须保持警惕，如此必无灾祸。

九五：有携手共进的诚信，与邻人共同殷实富有。

上九：天上已经降下大雨，大雨也已经停息，功德圆满当适可而止，妇人卜得此爻必有危险。在月内既望之日，君子如果出征，必有凶险。

【解析】

小畜：亨。密云不雨，自我西郊。

《象》曰：风行天上，小畜。君子以懿文德。

[解读]：小有积聚，亨通顺利。天空布满了乌云，却不下雨，云是从城的西郊方向升起来的。

[象释]：下卦"乾"是天，上卦"巽"是风，天上生风，表示正处于为普降甘霖的积聚酝酿之中。然而整个卦只有"六四"是阴爻，一阴畜养五阳，力所不逮，在前进过程中，有时不得不稍作停顿，所以用"密云不雨"作为比喻。西为阴，力量还不足以下雨的云从西而来，即象征阴的力量尚不足以随心所欲地施展其抱负。

[义理]：在事业的发展过程中，有时难免需要稍事停顿，积聚力量以利再进。

初九：复自道，何其咎？吉。

《象》曰：复自道，其义吉也。

[解读]：返回本来应走的道路上去不是过失，而是吉祥。

[象释]："初九"阳爻阳位，又与"六四"阴阳相应，所以前进的道路上不会发生差错，而吉祥无比。

[义理]：出发点正，前进道路上能得到别人的帮助，这是事业发展的必要条件。即使目前尚处于初始阶段，其锦绣前程亦不难预测。

九二：牵复，吉。

《象》曰：牵复在中，亦不自失也。

[解读]：被外界牵连而复归于正道，吉祥。

[象释]："九二"阳爻居阴位，刚中有柔，又处于下卦的中位，谨守"中庸"原则，因而能团结同志，一起前进。

[义理]：团结就是力量，在遇到阻碍的时候，如果能够把握"中庸"的原则，团

结同志，一起去冲破阻碍，便能达到理想的效果。

九三：舆说辐，夫妻反目。

《象》曰：夫妻反目，不能正室也。

[解读]：轮轴可以分脱，夫妻亦有反目。

[象释]："九三"阳爻居阳位，刚强过甚；相对应的"上九"亦为阳爻，无阴阳感应之象。虽然与"六四"阴阳相接，然而"九三"志不在"四"之位，因而貌似相近，有如舆与辐、夫与妻之亲近，神则不合，必有"脱"、"反目"之举。

[义理]：在前进途中，必然有一些暂时的、貌合神离的所谓"朋友"，然而心志不同，到了一定的时候，必然成为陌路人。

六四：有孚，血去惕出，无咎。

《象》曰：有孚惕出，上合志也。

[解读]：远离血光之灾和忧患恐惧，仍须保持警惕，才能平安地生活。

[象释]："六四"处身于阳爻的重重包围之中，似乎很危险；然而阴爻居阴位，怀柔以待人，因而能避免伤害，消除忧患。

[义理]：在排除阻碍的前进过程中，只要心怀诚信，以柔顺待人，便能得到别人的谅解援助。

九五：有孚挛如，富以其邻。

《象》曰：有孚挛如，不独富也。

[解读]：有携手共进的诚信，不但自己富有，还帮助邻居一起富有。

[象释]："九五"至尊中正，有实力，可以帮助相邻的上下两爻。

[义理]：本爻说明自助助人不独富的道理。只要去除私欲，乐以助人，不但能自己富有，也可以使别人富有，从而得到别人的尊敬与协助。

上九：既雨既处，尚德载，妇贞厉。月几望，君子征凶。

《象》曰：既雨既处，德积载也。君子征凶，有所疑也。

[解读]：积云终于成雨，阴阳终于和顺；功德圆满，当适可而止；妇人过于贞烈，反而危险；月亮近圆时，正是缺的开始；君子的行动稍有不慎，便会遭致凶险。

[象释]："上九"是蓄积的极点，因而充满向反面转化的态势。雨、德、妇贞、月等，都是借物取譬。

[义理]：物极则反是事物发展的基本规律。

䷉ 履卦

【题解】

本卦阐释实践理想，履行责任的原则，以"履虎尾"象征，充满危机感，不可不戒惧。应该坚定平素的志向，不被世俗诱惑，独立特行；又宜心胸坦荡，择善固执，甘于寂寞。应知量力守分。不可逞强冒进。

【原文】

履：虎尾，不咥人，亨。①
初九：素履往，无咎。②
九二：履道坦坦，幽人贞吉。③
六三：眇能视，跛能履，履虎尾，咥人，凶；武人为于大君。④
九四：履虎尾，愬愬，终吉。⑤
九五：夬履，贞厉。⑥
上九：视履考祥，其旋元吉。⑦

【注释】

①履：这里有二义：一为卦名，下兑上乾，象征谨慎行走。但未以卦名形式出现，而是出现在卦辞里。二为卦辞的一部分之意，意为践或踏。咥，咬。
②素：质朴无华。履：此为谨慎行走的意思。
③幽人：安适恬淡之人。
④眇：目盲即眼不能视。武人：勇武之人。为：作为。大君：君王，天子。
⑤愬愬：恐惧的样子。
⑥夬：果决。
⑦视：回顾。考：考察。祥：此指吉凶祸福的征兆。旋，返。

【译文】

履卦：象征谨慎行走。行走时不慎而踩住了老虎尾巴，老虎却不咬人，亨通顺利。
初九：衣着质朴无华，谨慎行走，无论做什么事都没有灾祸。
九二：在宽阔平坦的大道上谨慎行走，安适恬淡之人占问此爻可获吉祥。
六三：目盲却偏要观察，足跛却偏要行走，结果踩住了老虎尾巴，老虎就咬起人来，占问此爻必有凶险；勇武之人治理政事。
九四：行走时不慎踩了老虎尾巴，内心要保持警惕谨慎，最后总能获得吉祥。
九五：贸然前行，不顾一切，占问有危险。
上九：回顾自己谨慎行事的经历，从中考察吉凶祸福的征兆，然后转身返回，大吉大利。

【解析】

履：虎尾，不咥人，亨。

《象》曰：上天下泽，履。君子以辨上下，定民志。

[解读]：踩到了老虎尾巴，也不被咬，安然通行。

[象释]：本卦的下卦是"兑"，上卦是"乾"。"兑"象征和悦，"乾"象征刚强，"兑"在"乾"后面，故有"履虎尾"之说；然"兑"之和悦，有礼貌，使刚强的"乾"并未生气，故有"不咥人"之说。又，"兑"为泽，"乾"为天，泽在天下，符合自然法则，即"礼"的规范，故有"履"（礼节）之卦名。《说文》："礼，履也。"

[义理]：践履以礼，无往而不行。

初九：素履往，无咎。

《象》曰：素履之往，独行愿也。

[解读]：衣着质朴无华，我行我素，前进途中才不会有过失。

[象释]："初九"在最下位，象征有才能者甘居底层不为非分之利、非分之位所动。

[义理]：实践理想，履行责任，应该从一开始便确立特立独处、不随世俗的心志，这样，可以确保前进时的不迷茫。

九二：履道坦坦，幽人贞吉。

《象》曰：幽人贞吉，中不自乱也。

[解读]：心胸坦荡，不求闻达，执著于正道，必然吉祥。

[象释]："九二"以阳爻处于下卦之中位，故有"坦坦"之称；然而阳爻刚健，易躁进，故又以"幽人"戒喻之。

[义理]：君子坦荡荡，小人常戚戚。同时，君子循礼而行，保持心态的幽静安恬，这样，才会有好的结果。

六三：眇能视，跛能履，履虎尾，咥人，凶；武人为于大君。

《象》曰：眇能视，不足以有明也。跛能履，不足以与行也。咥人之凶，位不当也。武人为于大君，志刚也。

[解读]：独眼虽能观物，难免偏颇；跛子虽能行走，终不安稳；这就好比踩住虎尾，而被咬伤，又像武夫治政一样不正常。

[象释]：阴爻居阳位不正，况又偏离下卦的中位，所以用"眇"、"跛"以及"武人"为君作比喻。

[义理]：践履应当以礼为本，否则，就会像眇目视物、跛子走路一样不合正常的行为规范。这样的行为，不可能得到别人的谅解，就像武夫治政一样不合正道，不可能使天下安宁。

九四：履虎尾，愬愬，终吉。

《象》曰：愬愬终吉。志行也。

[解读]：踩住老虎尾巴时，只要处置谨慎，小心翼翼，终能吉祥。

[象释]："九四"阳爻居阴位，亦不在上卦的中位，不中不正，处境危险，有如踩上了虎尾一般。但它又不同于"六三"的柔弱者逞强，而是刚强者态度柔顺，故能避免凶险，转危为安。

[义理]：在处境危险的情况下，以柔制刚符合履礼的原则是一个可行的脱险方法。

九五：夬履，贞厉。

《象》曰：夬履贞厉，位正当也。

[解读]：刚愎自用，一意孤行，必有危险。

[象释]："九五"阳爻阳位，又处至尊地位，象征刚强果决；下卦"兑"为和悦顺从，造成"九五"独断专行，故有"履"之辞，夬，同"决"，果断，用强之义。

[义理]：有才能有地位本为好事，然而在一定的环境下，又往往滋长出恃才傲物、刚愎自负的性格。本卦的辞义，正在于对一意孤行必然危险的告诫。

上九：视履考祥，其旋元吉。

《象》曰：元吉在上，大有庆也。

[解读]：行为审慎，思虑成熟圆满，则能大吉。

[象释]："上九"为本卦的最后阶段，是福是祸，须看实践的结果。

[义理]：在实践的过程中，必须检点行为，周密思虑，则难免前功尽弃。

䷊ 泰卦

【题解】

本卦阐释持盈保泰的原则。创业固然艰难，守成更加不易，不可以既有成就为满足，唯有精诚团结，力求发展，始可不断开创新局面。应知物极必反，唯有坚持理想，才能突破。居安应当思危，不可轻举妄动，应以促进团结为本，态度光明磊落，把握"中庸"原则，兼容并蓄，刚柔相济，选贤用能，修明政治，于安定中要求进步。当盛极而衰，颓势不可抗拒时，唯有因势利导，使损失减少到最低限度。

【原文】

泰①：小往大来，吉，亨。②

初九：拔茅茹以其汇，征吉。③

九二：包荒，用冯河，不遐遗；朋亡，得尚于中行。④

九三：无平不陂，无往不复，艰贞，无咎。勿恤其孚，于食有福。⑤

六四：翩翩，不富以其邻，不戒以孚。⑥

六五：帝乙归妹，以祉，元吉。⑦

上六：城复于隍，勿用师。自邑告命，贞吝。⑧

【注释】

①泰：通也。

②小往大来：小的往外，大的来内。

③茹以其汇：意为草根牵连其同类。茹，草根。以，与。汇，类。

④包：包容。荒：大川。冯：涉越。不遐遗：不因偏远而遗弃。遐，远。朋，同道，同党。

⑤陂：山边、水旁倾斜之处。艰贞：占问患难之事。勿恤其孚：不必忧虑返还。恤，忧。孚，返回。于食有福：有口福之吉。

⑥翩翩：鸟疾飞的样子，比喻人举止轻浮。戒：戒备。孚：同俘。

⑦帝乙归妹：帝乙嫁女。帝乙，商代帝王，一说为成汤，一说为纣王之称。归，女子嫁人。妹，少女。以祉：以之祉，意为因此而得福。以，因。之，代"帝乙归妹"。祉，福。

⑧城复于隍：城墙倾倒在城壕之中。复，覆。隍，城下沟壕。勿用师：不可出兵征战。师，军队。告命：祷告天命。

【译文】

泰卦：象征通泰。弱小者往外发展，刚大者主持内部，筮得此卦必获吉祥，亨通顺利。

初九：拔除茅草而牵连其同类，茅草被拔起离开地面向上是吉利的，兴兵征战可获吉祥。

　　九二：如果有包容大川的胸怀，则可以涉越江河，对患难的朋友也无所遗忘，互帮互助一路前行。

　　九三：没有只平直而不倾斜之地，也没有只出行而不再次返还的人；此爻占问患难之事，没有灾祸。不为复返而忧虑，如此，则吉。

　　六四：往来翩翩，举止轻浮，因不与其邻人共同富有，因不加戒备而被俘。

　　六五：帝乙嫁女，因此而获得福泽，非常吉利。

　　上六：城墙倾倒在城壕之中，不必动用很多人去修城征战。在城邑中祷告天命，占问必有艰难之兆。

【解析】

　　泰：小往大来，吉，亨。

　　《象》曰：天地交，泰。后以财成天地之道，辅相天地之宜，以左右民。

　　［解读］：弱者往外发展，强者主内，顺应了自然规律，所以吉祥亨通。

　　［象释］："乾"为天，本应在上，现却在下；"坤"为地，本应在下，现却在上。故"泰"卦之象表示：天因轻而上升，地因重而下沉，于是形成天地密切交合，阴阳沟通和畅的局面。阴小阳大，地小天大，"坤"跑到了外卦，故曰"小往"；"乾"来到了内卦，故曰"大来"。

　　［义理］：人们应该效法大自然的这一法则。以人事而论，上下级之间应沟通意见，同心协力干事业；以个人的品性而论，应外柔内刚，具有君子风度。

　　初九：拔茅茹以其汇，征吉。

　　《象》曰：拔茅征吉，志在外也。

　　［解读］：拔起一把茅草，发现它们的根系紧紧缠连在一起，这正是茅草茂盛的原因所在，利于出兵。

　　［象释］："初九"为地爻的下位，故以茅草的根（"茹"）作比喻。内卦的三个阳爻只有紧密团结在一起，才有力量上升到应去的位置。

　　［义理］：如果能像茅草的根系那样紧密团结，前途一定会灿烂。

　　九二：包荒，用冯河，不遐遗；朋亡，得尚于中行。

　　《象》曰：包荒，得尚于中行，以光大也。

　　［解读］：有宽广的胸怀，可涉越江河，还冒险携同伴共泅；两人死里逃生，互帮互助一路前行。

　　［象释］："九二"阳爻居阴位，以处于下卦中位，象征外表刚强，内心柔和，富有正气，所以有与朋共生死的举动，能携带着上、下两阳爻一起上升。

　　［义理］："同舟共济"，才有可能无往不利。

　　九三：无平不陂，无往不复，艰贞，无咎。勿恤其孚，于食有福。

《象》曰：无往不复，天地际也。

[解读]：没有平地哪有坡，没有往何谓来？这是大自然不变的法则；无须忧虑而应坚信这一法则，准能过上好日子。

[象释]："九三"是下卦的最上端，象征处于下卦的"乾"，在三阳合力奋斗之下，终究会升上去；而处于上卦的"坤"之三阴爻，很快便要降下来。"无往不复"，正是对卦辞"小往大来"的进一步阐解。

[义理]：本爻以平与陂、往与来明白地揭示了对立统一是自然界的普遍规律。任何事物，都是相对立而存在，又通过相互转化而推进事物的发展。

六四：翩翩，不富以其邻，不戒以孚。

《象》曰：翩翩，不富，皆失实也。不戒以孚，中心愿也。

[解读]：巧言欺人，不与邻人共富有，不加戒备而被俘。

[象释]："六四"为阴爻阴位，过于柔顺反为媚态，因而有"翩翩"之辞；"六五"、"上六"均为阴爻，与之共同组成上卦，因而有"其邻"、"不戒"之说。

[义理]：这是对"无平不陂、无往不复"的深入，柔顺本为好事，但是一旦到了极端，便会走向反面，成为无人信赖的虚伪，令人作呕的媚态。

六五：帝乙归妹，以祉，元吉。

《象》曰：以祉元吉，中以行愿也。

[解读]：帝乙将妹妹下嫁给贤能之士，这是件值得庆贺、大吉大利的事情。

[象释]："六五"阴爻居至尊位，象征天子之妹；与之相应的"九二"阳爻居阴位，外刚而内柔，又居于下卦中位，是一位贤能正直之士，"六五"与之联姻，必然"元吉"。

[义理]：在安泰时期，统治者同样要注意与贤德有才能的人保持密切的联系，要真心实意地亲近他们，信赖他们。

上六：城复于隍，勿用师。自邑告命，贞吝。

《象》曰：城复于隍，其命乱也。

[解读]：城墙倾倒于旱池中，百姓向君王请命，不要派兵出征；战争虽属正义，亦恐难免取辱。

[象释]："上六"为本卦极处，阴爻阴位，已经弱不禁风，故有墙倒之喻。然而物极则反，上卦三阴爻上升到达极点后必然要"复"归于下，其势必然，故又有"吝"之断语。

[义理]：盛极而衰，泰极否来，这是不以人的意志为转移的客观规律。即使人们意识到了转化的趋势，亦不可能将其逆转。此时，顺应自然是最聪明的做法。

否卦

【题解】

《泰》、《否》二卦者，即《乾》、《坤》二卦也。夫《乾》、《坤》、《泰》、《否》四卦，乃六十四卦之准则也。

《序卦传》说："《泰》者通也，物不可终通，故受之以《否》。"物极必反，通畅之后，接着就是闭塞了。

《否》卦，阐释由安泰到混乱，由通畅到闭塞，小人势长，君子势消的黑暗时期终于到来的应对原则。当此反常时期，君子应当提高警觉，巩固团结，坚定立场，伸张正义，以防患于未然；但也应当觉悟，泰极而否，为必然现象，人力难以挽回，坦然接受，先求自保。小人恬不知耻，一旦得势，无所不用其极，尤其应当时刻警惕，避免遭受伤害，造成无谓牺牲。当小人势力显露衰败迹象时，也不可轻举妄动，必须谨慎，集中力量，把握时机，给以致命的一击。更应当特别防范小人穷凶极恶的反击，否极必然泰来，黑暗不会长久，应当坚定信心，不必动摇。

【原文】

否：否之匪人，不利君子贞；大往小来。①

初六：拔茅茹以其汇，贞吉，亨。②

六二：包承，小人吉；大人否，亨。③

六三：包羞。④

九四：有命，无咎，畴离祉。⑤

九五：休否，大人吉。其亡其亡，系于苞桑。⑥

上九：倾否，先否后喜。⑦

【注释】

①否：一义为卦名，下坤上乾，象征闭塞。但未以卦名形式出现，而是出现在卦辞里。二义为卦辞的一部分。匪人：非人，即不当其人。

②茹以其汇：草根牵连其同类。

③包承：被包容并顺承尊者。否：不。

④包羞：被包容而居下，终致羞辱。

⑤命：君命。畴：众人。离：归附。祉：福。

⑥休否：闭塞止息。其亡：行将灭亡。系于苞桑：系在根扎得很深的桑树上。苞，丰。

⑦倾否：开通闭塞。倾，倾履；引申为"开通"。

【译文】

否卦：阻隔的是不应该阻隔之人，筮得此卦对君子不利，因为此时刚大者往外，弱小者来内。

初六：拔除茅草而牵连其同类，占问此爻必获吉祥，亨通顺利。

六二：被包容并顺承尊者，小人可以获得吉祥；大德大才之人则须反其道而行之，这样才会亨通顺利。

六三：被包容而居下，终将招致羞辱。

九四：君王颁布诏命，必无灾祸，而且众人还会前来归附同享福禄。

九五：闭塞结束，大德大才之人筮得此爻可获得吉祥。经常说：将要灭亡啊，将要灭亡！但是如果把自己拴在扎根很深的桑树上就会安然无恙。

上九：开通闭塞之路；只要闭塞过去，吉庆就会到来。

【解析】

否：否之匪人，不利君子贞；大往小来。

《象》曰：天地不交，否。君子以俭德辟难，不可荣以禄。

[解读]：贤路闭塞时期，君子的正直行为必然受到打击，于是强者离去，弱者到来。

[象释]：此卦与《泰》正相反。"乾"由下卦升到了上卦，"坤"则由上卦来到了下卦，形成上天下地的局面，因而有"大往小来"之说。

[义理]：在阴阳不畅、贤路闭塞的情况下，君子应当收敛自己的才华，以避免小人的陷害；不可追求荣华富贵，以避免小人的嫉妒。

初六：拔茅茹以其汇，贞吉，亨。

《象》曰：拔茅贞吉，志在君也。

[解读]：拔起一把茅草，发现它们的根系紧密地缠连在一起，这正是茅草健壮生长、繁茂昌盛的原因。

[象释]：上、下卦既隔断，处于最底层的"初六"，自然更是寂然不能动了。幸亏整个下卦都是同类的阴爻，如同茅草根系一样紧密团结在一起，扎根于下盘，只要坚持下去，便能吉祥，有所发展。

[义理]：君子在贤路闭塞的情况下，应该相互团结，宜静不宜动。

六二：包承，小人吉；大人否，亨。

《象》曰：大人否亨，不乱群也。

[解读]：当政的庸人尚能包容有德贤人，屑小之辈很得势，德贤之士便须反其道而行之，才会吉祥。

[象释]："六二"虽极阴柔，但处在下卦的中位，又阴位得正，虽属小人，尚有包容和承受君子的雅量。由于上、下爻均为同类阴爻，因此此时小人势盛。

[义理]：在小人当道并且势盛的情况下，君子应该因时度势，灵活机动，学会变通，等待时机，切不可逞一时之气，意气用事。

六三：包羞。

《象》曰：包羞，位不当也。

[解读]：被包容而居下，招致羞耻。

[象释]："六三"既无"六二"的处中，又无"六二"的得位，象征不中不正的小人得势，再无"六二"那种能包容君子的雅量。

[义理]：在小人势盛的情况下，不但要懂得变通，还要能够忍受耻辱。

九四：有命，无咎，畴离祉。

《象》曰：有命无咎，志行也。

[解读]：时机成熟，顺势而起不会有错；联合同志，更可以一起享福。

[象释]："九四"已属上卦，闭塞时期即将结束，虽然处身阴位，缺乏刚毅果断的精神，但只要与"九五"、"上九"同心协力，前途一定光明。

[义理]：转机来临时，须及时奋起，并注意团结一切可以团结的力量，只有这样，打破最后的闭塞局面，才会万无一失。

九五：休否，大人吉。其亡其亡，系于苞桑。

《象》曰：大人之吉，位正当也。

[解读]：闭塞的局面终于结束，德才兼备的君子吉祥如意。居安思危，经常说"我将亡，我将亡"，开明的局面才能像根深叶茂的桑树一样坚固。

[象释]："九五"阳爻阳位，又处中，象征强健、中正的大人物已经主宰局面；与"六二"阴阳相感，闭塞的局面已经结束。

[义理]：居安思危，是先人在大量的治、乱实践中总结出来的一条经验教训。

上九：倾否，先否后喜。

《象》曰：否终则倾，何可长也。

[解读]：闭塞的局面已经彻底结束，随着否运的消亡，随之而来的是喜庆。

[象释]："上九"是本卦的终极，象征否运到了极处，必须要向反面转化。

[义理]：物极必反，否极必然泰来。

䷌ 同人卦

【题解】

同人，人性同也。乾上离下，火性上同于天，本卦一阴得位而中正，五阳同与之，故曰《同人》。

《序卦传》说："物不可以终否，故受之以《同人》。""同"，是会同、和同，突破闭塞的世界，需要人和人之间的和谐。

《同人》卦，阐释和同的原则，否极终于泰来。然而，安和乐利的大同世界并不会凭空到来，仍然需要积极追求，首先应当破除一家一族的私见，重视大同，不计较小异，以道义为基础，于异中求同。

《礼记·礼运》："大道之行也，天下为公……是谓大同"。这显然是古人的一种美好理想。本卦所追求的广泛"和同于人"的理想，在我国上古时代的思想史上，无疑具有一定的进步意义。

【原文】

同人：同人于野，亨。利涉大川，利君子贞。①
初九：同人于门，无咎。②
六二：同人于宗，吝。③
九三：伏戎于莽，升其高陵，三岁不兴。④
九四：乘其墉，弗克攻，吉。⑤
九五：同人，先号咷而后笑，大师克相遇。⑥
上九：同人于郊，无悔。⑦

【注释】

①同人：一义为卦名，下离上乾，象征人事和同。但未以卦名形式出现，而是出现在卦辞里。二义为卦辞的一部分。同，和。野：原野，此特指郊外的旷野。

②于门：在门外。

③宗：宗族之人。

④伏戎于莽：预设伏兵于树丛之中。伏，埋伏。戎：军队。莽：树丛。升：登上。岁：年。兴：指兴兵征战。

⑤乘其墉：攻占城墙，乘，登上即攻占。墉，城墙。弗克攻：不能进攻。克，能。

⑥号咷：大声痛哭。大师：大军。克：取胜。

⑦悔：困厄。

【译文】

同人卦：象征人事和同。在旷野之中与人和同亲近，亨通顺利。有利于涉越大川巨流，有利于君子。

初九：打破门户之见，与人亲近和同，必无灾祸。

六二：与宗族内部的人亲近和同，行事必然艰难。

九三：在树丛之中预设伏兵，并登上高地观察瞭望，三年不能兴兵。

九四：先高据城头之上，再自行退兵而不去进攻，也可获得吉祥。

九五：与人和睦亲近，起先失声痛哭，尔后又放声大笑，原来是大军出征告捷，各路军马相遇会合，同庆胜利。

上九：在城邑郊外与人亲善和睦，不会遭困厄。

【解析】

同人：同人于野，亨。利涉大川，利君子贞。

《象》曰：天与火，同人。君子以类族辨物。

［解读］：广泛沟通思想，结交志同道合者，遇事总会亨通顺畅，任何艰难险阻都安然度过，对于君子的正义事业有益无害。

［象释］：本卦的下卦"离"为火，象征光明；上卦"乾"为天。火上升，与天相交，一片光明景象。又象征人的内心光明而外向刚健的性格。"六二"与"九五"阴阳相感，亦具有沟通思想的"同人"形象。

［义理］：冲破闭塞局面的最好办法是广泛结交志同道合的朋友。

初九：同人于门，无咎。

《象》曰：出门同人，又谁咎也。

［解读］：打破门户之见与人交往，不会有什么过失。

［象释］："初九"是"同人"的开始阶段，阳刚而又处于最下方位置，与"九四"同性不相应，因而与门外之人广泛联系。

［义理］："门"作"门外"不作"门内"的解释。打破门户之见而走到门外与人沟通思想，结交志同道合者，虽然不如"同人于野"那么广泛，但作为初期阶段能做到这样的程度也算是很不错的了。

六二：同人于宗，吝。

《象》曰：同人于宗，吝道也。

［解读］：只局限于宗族之内相互交往的做法，不值得提倡。

［象释］："六二"与"九五"阴阳相应，是为好兆。然而本卦旨在阐述天下大同的思想，阴阳相应在这里反而成了"六二"的束缚，因而变为"吝"。

［义理］：偏于一隅，热衷于宗党门派内的交往，显然会使人心胸狭窄，眼光短浅，遇事寡助。

九三：伏戎于莽，升其高陵，三岁不兴。

《象》曰：伏戎于莽，敌刚也。三岁不兴，安行也。

［解读］：伏兵于草丛中，却又登高观察形势，以致被对方发觉击溃，三年之内不能重振军威。

［象释］："九三"阳爻居阳位，十分刚烈，"上九"亦为阳爻，不能相应，于是只能与相邻的"六二"交往。然而，"六二"与"九五"关系密切，"九三"夺走"六二"，必遭至尊"九五"的攻击，争端不可避免地要发生。"九三"既想与"六二"交往，又害怕"九五"的攻击，不免畏首畏尾，犯了兵家大忌。

［义理］：人与人之间的沟通与结交，必须是发自内心的道义的结合，不能有丝毫的勉强或单方面的强行要求。

九四：乘其墉，弗克攻，吉。

《象》曰：乘其墉，义弗克也。其吉，则困而反则也。

［解读］：已经登上敌人城头，忽然省悟到掠人城池的行为不好，便停止攻击，其结果必定吉祥。

［象释］："九四"刚强，然而处于阴位而又非中位，故不中不正，有侵人之象；然而"九四"与"九三"不同，因为居于阴位而有悔悟之心，故有"弗克攻"之举。

［义理］：知过则止，是一种美德；化敌为友，更与"大同"思想一致。

九五：同人，先号咷而后笑，大师克相遇。

《象》曰：同人之先，以中直也。大师相遇，言相克也。

［解读］：志同道合者先是呼号悲哭，后来破涕为笑，因为终于战胜了敌人。

［象释］："九五"与"六二"是同人，但"九三"、"九四"或埋伏，或登城，诸般阻挠，一时之间难以相合，所以有"号咷"之状；然而阴阳相感乃天地之正道，以道义为基础的结合，最后总是能够如愿的。由于"九五"以其刚强有力的至尊威势的攻击，终于与"六二"相遇。

［义理］：人与人之间思想上的沟通，也会遇到种种外界邪恶势力的干扰和破坏。为了排除实现"大同"的障碍，必要时不惜采取强硬手段，这并不违反"同人于野"的根本原则。

上九：同人于郊，无悔。

《象》曰：同人于郊，志未得也。

［解读］：与郊外的人沟通思想成为同人，不会后悔。

［象释］："上九"在本卦的最外面，又与对应的"九三"同阳而不相应，所以只好谋求对应以外的和同对象；但又未达到卦辞所言"于野"的大同境界，因而不能获吉而只能无悔。

［义理］：能破除门户之见而与较多的人士沟通思想结为同人，这样的胸怀，还是值得赞扬而无须后悔的。

䷍ 大有卦

【题解】

《序卦传》说："与人同者，物必归焉，故受之以《大有》。""大有"是大的所有，亦即伟大事业的意思。

《大有》卦阐释成功后的因应原则。当天下和谐共处之后，就足以领导万民，完成伟大事业。但这一卦，卦名虽然是大有收获，却以满而不可溢的道理，谆谆告诫。当拥有权势与地位，又具备领导才能时，切不可骄傲，得意忘形。应知戒慎恐惧，光明磊落，刚健而不失中正。当礼贤下士，谦虚自制，诚信沟通上下，以威信确保秩序；顺应自然，以善意与人和同。满而不溢，才能使人心悦诚服，获得成功。

杨万里在《诚斋易传》中说："六爻亨一，吉二，无咎三。明主在上，群贤毕集；无一败治之小人，无一害治之匪德。"充分说明《大有》卦象征"盛世明治"的一个重要方面。

【原文】

大有①：元亨。

初九：无交害，匪咎；艰则无咎。②

九二：大车以载，有攸往，无咎。

九三：公用亨于天子，小人弗克。③

九四：匪其彭，无咎。④

六五：厥孚交如，威如，吉。⑤

上九：自天祐之，吉无不利。⑥

【注释】

①大有：卦名。下乾上离，象征富有。

②无交害：没有涉及利害。

③公用亨于天子：公侯向天子进献贡品。亨，通"享"，此指向天子进献的贡品。克：能。

④彭：盛大。

⑤厥孚交如：用其诚信结交上下。厥，其。威：威严。

⑥佑：佑助，保佑。

【译文】

大有卦：象征富有。年丰人富，亨通顺利。

初九：与人交往而不涉及利害，自然不会招致灾祸来临；即使历尽艰辛也能相安无事。

九二：用大车运载财货，无论运往何处，都不会有散失。

九三：公侯按时向天子进献贡品，小人做不到这一点。

九四：十分富有但却不自骄，则无灾祸。

六五：胸怀坦荡诚信交接上下，威严自显，可获吉祥。

上九：佑助从天上降下来，吉祥而无所不利。

【解析】

大有：元亨。

《象》曰：火在天上，大有。君子以遏恶扬善，顺天休命。

[解读]：大有收获，无往不利。

[象释]：本卦唯有至尊位的六五是阴爻，余皆阳爻，表明一阴拥有五阳，因名"大有"。又，下卦"乾"为天，上卦"离"为火、为日，天上有日有光明，亦即阳光普照之象；一阴在尊位，与下卦"天"的"九二"相应，象征应天命，得人心。

[义理]：得人心者得天下，无可以转化为有，乃至大有；反之，失人心者失天下，即便拥有了天下，也会失去，乃至失去一切。

初九：无交害，匪咎；艰则无咎。

《象》曰：大有初九，无交害也。

[解读]：人与人之间不彼此侵害，就不会有什么祸患；即便身处艰难，也能相安无事。

[象释]："初九"虽为阳爻，然而处在最下位又与"九四"不相应，缺少有力者援引，一时之间还不能出人头地而处于"艰"的困境中。因为阳爻居阳位，有才华而处世方正，所以也不会有祸患及身。

[义理]：害人者必害己。不侵害别人，是得人心的最基本要求。因此，将"无交害"列为"大有"的第一要诀。

九二：大车以载，有攸往，无咎。

《象》曰：大车以载，积中不败也。

[解读]：载物于大车之中，即使走远路，也不会有散失。

[象释]："九二"阳爻处中，刚健、中正，如同将东西装载于大车上一样令人放心；又与"六五"阴阳相应，向前与"六五"相合顺乎自然，因而"无咎"。

[义理]：在人民的心目中树立起信任感，就像将东西放在大车上载运一样，使人有所依靠。

九三：公用亨于天子，小人弗克。

《象》曰：公用亨于天子，小人害也。

[解读]：公侯按时向天子敬献贡品，屑小之徒则得不到任何赏赐。

[象释]："九三"阳爻阳位因而得正，且居于人爻之位，有公侯之象；至尊位的

"六五"柔和谦虚，对竭诚报效的"九三"礼遇优渥。

[义理]：得到上级尤其最高统治者的赞赏和爱护，是事业成功的又一要素。那些始终处于下层毫无发展的人，就是因为得不到上级的宠信。

九四：匪其彭，无咎。

《象》曰：匪其彭，无咎。明辨晰也。

[解读]：位高不凌人，灾祸不及身。

[象释]："九四"为"人爻"上部，其位近于至尊，又是阳爻，刚强有力之象；然而处于阴位，为谦逊之象，有自我抑制的能力。

[义理]：社会地位愈高，愈要谦逊待人。对上级，不可居功傲视，给人以"功高盖主"的感觉；对下级，不可盛气凌人，嚣张跋扈，以致丧失人心。收敛锐气，自我抑制，才能完成伟大的事业，拥有一切。

六五：厥孚交如，威如，吉。

《象》曰：厥孚交如，信以发志也。威如之吉，易而无备也。

[解读]：以诚信待人，因而也能得到臣民的诚信回报，建立在这种基础上的威信，才是吉祥的。

[象释]："六五"阴爻，柔顺谦虚，处中位，中正不偏激；又处至尊的君位，与"九二"阴阳相应，象征上位以谦虚诚信待人，下位以恭敬诚信回报。

[义理]：只有上下齐心，才能成就大业。居于君位者礼贤下士，臣民必然涌泉相报。当然，君王也要保持一定的威仪，否则纪律散乱也会危及事业。

上九：自天祐之，吉无不利。

《象》曰：大有上吉，自天佑也。

[解读]：得到天的保佑，吉祥而无不顺利。

[象释]："六五"是大有的主爻，而"上九"是大有的最终结果，象征居最高之位而尚能知道自我抑制、谦虚待人，因此得到天的保佑。

䷎ 谦卦

【题解】

谦者，有而不居之意。艮止于内，坤顺于外，谦之意也。山高地卑，山屈而止于地下，谦之象也。

《序卦传》指出："有大者，不可以盈，故受之以《谦》。"亦即，有伟大成就的人，不可以自满，必须谦虚。

谦虚，并非消极的退让，而是积极的有所作为，重心在"衰多益寡"、"称物平施"。唯有平等，才能获得真正和平。谦虚的动机，必须纯正，才能赢得共鸣与爱戴。只求耕耘，不问收获的态度，居上位而能发挥谦虚的精神，足以骄傲而不骄傲，能够以德服人，才称得上谦虚。

但"谦，尊而光，卑而不可逾"。后者坚持原则，即使上级也不可令他不顾原则办事。这个意义就更进一步了。

【原文】

谦①：亨，君子有终。②
初六：谦谦君子，用涉大川，吉。③
六二：鸣谦，贞吉。④
九三：劳谦，君子有终，吉。⑤
六四：无不利，扐谦。⑥
六五：不富以其邻，利用侵伐，无不利。⑦
上六：鸣谦，利用行师，征邑国。⑧

【注释】

①谦：卦名。下艮上坤，象征谦虚。亨：指谦虚接物待人，必致亨通。
②有终：指保持谦虚之德至终。
③谦谦：谦而又谦，即非常谦虚。
④鸣谦：谦虚之名传扬外界。
⑤劳谦：有功而能谦虚。
⑥谦：发挥谦虚之德。裂，引申为发挥。
⑦利用侵伐：宜用讨伐。
⑧行师：兴兵征伐。

【译文】

谦卦：象征谦虚。只要谦虚地待人接物，做事必然亨通顺利；然而只有君子才能自始至终保持谦虚美德。

初六：凡君子都是谦而又谦，君子凭着这种谦虚退让美德可以涉越大江大河，并获吉祥。

　　六二：有名望仍很谦虚，必获吉祥。

　　九三：有功而不骄，君子保持这种美德到最后，必获吉祥。

　　六四：只要把握好谦让的分寸，行事便无所不利。

　　六五：与邻国同遭侵略，则应共同反击。如此，无往而不利。

　　上六：谦虚美名传扬在外，利于兴兵征伐，抵御来犯之敌。

【解析】

　　谦：亨，君子有终。

　　《象》曰：地中有山，谦。君子以裒多益寡，称物平施。

　　[解读]：谦虚可以百事顺利；只有君子，才能将谦虚的美德保持始终。

　　[象释]：内卦"艮"象征山、止，外卦"坤"象征地、顺。内心知道抑止，外表柔顺，这是谦虚的态度；山高地低，本卦却是山将自己贬低到地的下面，象征卑下中包含着高贵，这也是谦虚的态度。

　　[义理]：君子不但要以谦虚自处终身不易，而且要以效法"谦"这种将高山藏于低地的精神治理国家，"裒多益寡，称物平施"，亦即一方面损有余益不足，另一方面又要使远近亲疏小大长短各当其分。

　　初六：谦谦君子，用涉大川，吉。

　　《象》曰：谦谦君子，卑以自牧也。

　　[解读]：谦而又谦的君子，若用同样的态度去涉大川之险，也会吉祥如意。

　　[象释]："初六"柔顺，甘于最下位，象征谦而又谦的精神。

　　[义理]：真正的谦虚只有君子才能做到，凡事"过犹不及"，只有谦虚不存在这个问题，越谦越好。同时，谦虚是一种美德，甘居人后而不争先，但它不是消极的退让，而是积极的有所作为，任何艰难险阻在它面前都将被克服。

　　六二：鸣谦，贞吉。

　　《象》曰：鸣谦贞吉，中心得也。

　　[解读]：有名望而仍谦虚，是一种发自内心的谦虚，因而吉祥。

　　[象释]："六二"阴爻阴位，又处下卦之中位，象征柔顺中正，谦虚发乎内心。

　　[义理]：有名望便得意忘形，是一种常见病；因此，有名望的人仍保持实际的谦虚，便难能可贵。

　　九三：劳谦，君子有终，吉。

　　《象》曰：劳谦君子，万民服也。

　　[解读]：有功劳而仍谦虚的人，只有君子才能保持始终，令众人都顺服。

　　[象释]："九三"处于"人爻"阶段，相当于具有较高社会地位的人；是本卦中唯一的阳爻，又阳爻阳位得正，为其他五个阴爻所信任和倚重，因而多有建功立业的

机会。

[义理]：有大功劳而不自满，值得骄傲而不骄傲，依然保持谦逊的态度，这是难能可贵的；这种君子风范，勉强一时或许不难，而能保持始终，则只有真正的君子才能做到。

六四：无不利，抚谦。

《象》曰：无不利，抚谦，不违则也。

[解读]：做事情无不利的人，是因为他懂得怎样把握谦让的分寸。

[象释]："六四"阴爻居阴位，象征谦卑。为什么说要把握谦让的分寸呢？因为与"六四"临近的上爻是至尊之位，下爻是本卦唯一的阳刚之爻，处身其间，只有"抚谦"才能无往不利。

[义理]：本爻阐述了谦虚的效用，在于做事情可以无往不利。

六五：不富以其邻，利用侵伐，无不利。

《象》曰：利用侵伐，征不服也。

[解读]：与邻国共同受到侵略干扰；出兵讨伐侵略成性的国家，不会不顺利。

[象释]："六五"阴爻，柔顺谦逊，处至尊位，象征以德服人。

[义理]：谦虚也有原则。投降主义绝不是谦虚。

上六：鸣谦，利用行师，征邑国。

《象》曰：鸣谦，志未得也。可用行师，征邑国也。

[解读]：君王谦让之名远播，有利于用兵征战，尤其是征伐本国属地的叛乱者。

[象释]："上六"是谦卦的极点，表示谦虚之名已经远播四方；然而阳爻阴位，且久居高位柔弱无力，因而在本国属地有分裂、叛乱之象。不过，"上六"与"九三"阴阳相应，所以不会出现凶象。

[义理]：谦的另一效用，是在战争中的战略运用。

䷏ 豫卦

【题解】

本卦通过鸣豫、盱豫、由豫、冥豫等一系列概念，阐述了中国人的快乐原则：真正的快乐是众乐而非独乐。快乐容易丧志沉溺，必须高瞻远瞩，居安思危，不可在快乐中迷途，否则便将乐极生悲，陷于劫难无复之境。

【原文】

豫①：利建侯、行师。②

初六：鸣豫，凶。③

六二：介于石，不终日，贞吉。④

六三：盱豫，悔；迟，有悔。⑤

九四：由豫，大有得；勿疑，朋盍簪。⑥

六五：贞疾，恒不死。⑦

上六：冥豫，成有渝，无咎。⑧

【注释】

①豫：卦名。下坤上震，象征欢乐。

②建侯；授爵封侯。行师：兴兵征伐。

③鸣豫：喜逸豫好欢乐而扬名于外。

④介于石：比磐石还坚贞。介，中正坚定。于，比。不终日：不待终日。

⑤盱：张目，形容媚上之相。迟：迟疑缓慢。

⑥由：从，借助，依赖。盍簪：合拢，合聚。盍，合。簪，古代系绾头发的首饰。

⑦恒：长久。

⑧冥：日暮。这里引申为昏乱、盲目。渝：改变。

【译文】

豫卦：象征欢悦。利于授爵封侯、兴兵征伐。

初六：因喜好欢悦而闻名，将有艰险。

六二：德行坚贞胜过磐石，不等一天终结就悟出过分欢悦之患，占问定获吉祥。

六三：媚眼向上以求取受宠之欢乐，定遭困厄；如果执迷不悟，也会陷入困境。

九四：众人凭依他而得到欢乐，将大有所获；坦诚不疑，朋友会像头发系绾于簪子上一样聚会相从。

六五：占问疫病的吉凶，卜得此爻昭示着长久健康而不会死亡。

上六：尽管已经养成盲目纵情作乐之恶习，如果能及早改正，仍没有灾祸。

【解析】

豫：利建侯、行师。

《象》曰：雷出地奋，豫。先王以作乐崇德，殷荐之上帝，以配祖考。

[解读]：人心和乐，有利于建侯立业，行军征战。

[象释]：下卦"坤"是顺，上卦"震"是动，卦象为下位者柔顺地追随上位者行动，故命名为"豫"，即和乐。又：下卦"坤"是大地，上卦"震"是雷，雷在地上爆发，使大地振奋，这是阴阳最和乐的现象，故名为"豫"。

[义理]：对于一个国家，只有上下呼应，人心和顺，人民心甘情愿地追随领袖，才能繁荣昌盛，建立一番轰轰烈烈的伟业。

初六：鸣豫，凶。

《象》曰：初六鸣豫，志穷凶也。

[解读]：自鸣得意，快乐忘形，则有凶险。

[象释]："初六"阴爻居阳位，不中不正，为小人，与"九四"阴阳相应，其象为受到上峰的支持宠爱，于是便得意忘形。

[义理]：快乐应以众乐为乐，不能以独乐为乐。

六二：介于石，不终日，贞吉。

《象》曰：不终日贞吉，以中正也。

[解读]：处在普遍沉溺于欢乐环境之中而仍能洁身自好，意志如石之坚，并能见机而作，适应环境，这种执著于正道的人必然吉祥。

[象释]："六二"处于下卦之中，象征柔顺而又不失中正。在整个卦中，只有此爻卓然于众阴之中而无耽恋欢乐之态。

[义理]：在普遍的欢乐之中，应保持居安思危的清醒头脑，切不可众乐亦乐、随波逐流。

六三：盱豫，悔；迟，有悔。]

《象》曰：盱豫不悔，位不当也。

[解读]：靠阿谀奉承获得欢乐的人，必有悔事滋生；执迷不悟，悔事还会时有发生。

[象释]："六三"阴爻阳位，又不居中，象征不中不正的小人，接近本卦主体"九四"，有仰视"九四"脸色，迎合其意之象。

[义理]：人的欢乐应来自于正当，而不能依靠迎合权贵取得。靠不正当手段获得的欢乐不会持久，而且即使处在欢乐之中，内心也会受到良心的谴责而难以真正的开心。

九四：由豫，大有得；勿疑，朋盍簪。

《象》曰：由豫大有得，志大行也。

[解读]：和乐的重任系于一身；本诚信，勿猜疑，朋友才会聚合拢来协力帮助。

[象释]："九四"是本卦唯一阳爻，又处于"人爻"上即"大臣"位，不仅与上、下各阴爻呼应，更得到"六五"君王的信任，因而成为和乐的中心人物而"大有得"；"六五"柔弱，和乐局面系于重臣"九四"一身，君王应以诚信待之，"九四"更不可猜疑他人，众阴爻才会始终追随于他。

[义理]：君臣之间，上下级之间相互信赖，互不猜疑，和乐的局面才能持久。

六五：贞疾，恒不死。

《象》曰：六五贞疾，乘刚也。恒不死，中未亡也。

[解读]：诊断为有疾病，但尚可支持下去，一时之间不会致死。

[象释]："六五"阴爻居阳位，位尊而性柔弱，又处于逸豫的环境，必然骄奢恣欲，政权不保，然而"九四"正直而有力，在下竭诚辅弼，使其不敢沉溺于逸豫，所以政权还会维持相当一段时间。

[义理]：在逸豫的环境中，不可乐而忘忧，而应该自我克制，才能使和乐的局面长期保持下去。

上六：冥豫，成有渝，无咎。

《象》曰：冥豫在上，何可长也？

[解读]：沉溺在昏天黑地的欢乐中，只要幡然悔改，仍可避免灾祸。

[象释]："上六"阴爻居上，不中不正，已达到安乐的极点，乐极生悲，似已不可救药。然而上卦为"震"，象征着动，动则有变，因而"有渝"，为"无咎"。

[义理]：物极则反，欢乐到了极点，便生悲，悲又使人警觉，萌生悔悟的念头，于是经过一番昏天黑地的狂欢之后，又重新回复到正常的秩序。

䷐ 随卦

【题解】

本卦阐述了追随的原则：在人际交往中必须破除门户之见，唯善是从；追随他人的动机必须纯正，应以大众的利益为依归，不能贪图个人享受；对正道的追求必须至诚、执著，不能朝秦暮楚。只有上下一心，精诚团结，社会的安乐才有保障，社会的进步才有希望。

【原文】

随①：元亨，利贞，无咎。

初九：官有渝，贞吉，出门交有功。②

六二：系小子，失丈夫。③

六三：系丈夫，失小子。随有求，得，利居贞。④

九四：随有获，贞凶。有孚在道，以明，何咎？⑤

九五：孚于嘉，吉。⑥

上六：拘系之，乃从维之，王用亨于西山。⑦

【注释】

①随：卦名。下震上兑，象征追随。

②官：通"馆"，馆舍。渝，改变。交：与人交往。

③系小子：倾心依从小人。系，系属，引申为倾心依从。

④随有求：追随别人而有所求。居：居处。

⑤有孚在道：有诚信之心而持守正道。以明：以光明正大立身。

⑥孚于嘉：施诚信给美善者。嘉，美善。

⑦拘系：囚禁。从维：释放。从，即"纵"。亨：祭享。亨，通"享"。

【译文】

随卦：象征从随。大为亨通，利卦，没有灾难。

初九：馆舍出现变化，吉祥，出门和人交往定能成功。

六二：一心依附柔顺的小人，就会失掉刚直的丈夫。

六三：一心依附刚直的丈夫，摆脱柔顺的小人，追从他人，有求必得，有利于居住之事。

九四：追从他人而有所获，有凶险。但是心怀诚信而持守正道，而且又光明正大，还会有什么灾难呢？

九五：将诚信给予美善之人，可获吉祥。

上六：身陷囹圄，仍有人追随，可鉴其心诚。

【解析】

随：元亨，利贞，无咎。

《象》曰：泽中有雷，随。君子以向晦入宴息。

[解读]："随"具有博大、亨通、利人、诚信的特点，因而不会有失误。

[象释]：下卦"震"是动，上卦"兑"是悦，此动彼悦，便产生"随"的意义。

[义理]：舍弃己见，虚心地随和他人，这是一种美德。但是，随和必须以坚持正道为原则，才会亨通，利益众人，而不会失误。

初九：官有渝，贞吉，出门交有功。

《象》曰：官有渝，从正吉也。出门交有功，不失也。

[解读]：官职有变动，仍然要坚持正道，才会吉祥；广交朋友，事业一定成功。

[象释]凡一阳二阴的卦，阳为主体，凡二阳一阴的卦，阴为主体。"初九"是下卦"震"的主体，"震"是动，"初九"便是动的开始，所以才有"有渝"即有变的说法；"初九"阳爻居阳位，位正故有"贞"之辞。

[义理]：本爻阐述了"随"的两条原则：一是人事的变动不能影响对正道的追求；二是追随交往必须破除门户之见，广泛结交朋友，以众人的意见为准则，以众人的利益为依归。

六二：系小子，失丈夫。

《象》曰：系小子，弗兼与也。

[解读]：由于与年轻才浅的人为伴，失去了追随强者的机会。

[象释]："六二"阴爻阴位，与"九五"阴阳相应。由于"六二"处于下卦之中，与下之"初九"相邻，依其至柔性格，便与相邻之爻为伴，不再追随上卦中的"九五"。"小人"即"初九"，"丈夫"即"九五"。

[义理]：追随别人，必须审慎地选择，不能随遇而安，因小失大，更不可贪图近利，丧失本分。

六三：系丈夫，失小子。随有求，得，利居贞。

《象》曰：系丈夫，志舍下也。

[解读]：追随刚强有力的朋友，失去柔弱的朋友；追随强者必有所得，只要动机纯正，便能如愿。

[象释]："六三"与"上六"相应，而与"九四"相邻。由于"上六"为阴爻阴位，很柔弱，而"九四"处权贵之位，又阳刚有力，故宁愿舍"上六"而随"九四"，于是不免有意图不良的嫌疑。

[义理]：追随强者，才会有所收获。只要追随强者的动机纯正，即便有人闲言碎语，也不必介意，更不必畏首畏尾，坐失良机。

九四：随有获，贞凶。有孚在道，以明，何咎？

《象》曰：随有获，其义凶也。有孚在道，明功也。

[解读]：追随别人，为自已捞好处，必有灾祸临头；诚信地走正道，便没有灾殃。

[象释]："九四"临近"九五"至尊，是一位取宠"九五"之尊的权臣，追随的目的不正当，因而"凶"；然而"九五"处中，精明强干，"九四"的谋私难以如愿，只能走正道。

[义理]：追随别人的目的未必纯正，而被追随的人亦未必不明察。本爻告诫追随者的目的必须纯正。只有诚信地走正道，才符合"随"的本意。

九五：孚于嘉，吉。

《象》曰：孚于嘉吉，位正中也。

[解读]：本着诚信之心，择善而从，必然吉祥。

[象释]："九五"阳爻象征善，阳爻阳位得正，在上卦的中位，又与下卦的"六二"阴阳相应，而且"六二"也是阴爻阴位得正，处中，中正与中正相应，亦即善与善随和相从。

[义理]：择善而从，不仅是下位对上位的追随，也包括上位对下位的选择与吸收。上位以至诚感天下人，天下人也会以至诚追随上位。同时，择善而从应以适中为宜，不能太过。

上六：拘系之，乃从维之，王用亨于西山。

《象》曰：拘系之，上穷也。

[解读]：处于囚禁之地，仍有人苦苦追随，其追随之心，就如君王祭祀西山之神一般真诚。

[象释]："上六"是"随"的最高境界，象征即使处于逆境之中，也会有人苦苦追随。

[义理]：当事业遭受挫折，乃至身陷囹圄，仍有人不舍地追随，实在难能可贵。

䷑ 蛊卦

【题解】

本卦阐述了整治腐败的原则和方法。面对乱世，才德之士不可坐以待毙，而应该及时奋起，有所作为，施展其抱负。但每一行动，都应该有周密的安排，先计而后行，作好艰苦奋斗的思想准备。不要过多地谴责过去，而应该致力于对未来的规划。革除腐败既不能姑息养奸，也不能过于刚烈，应不拘一格任贤用能，也应尊重那些不愿涉足世事的高士才子，推崇他们的不世之学。只有这样，才能扶大厦于既倒，重新开创新的太平世界。

【原文】

蛊①：元亨，利涉大川。先甲三日，后甲三日。②
初六：干父之蛊，有子，考无咎，厉，终吉。③
九二：干母之蛊，不可贞。④
九三：干父之蛊，小有悔，无大咎。
六四：裕父之蛊，往见吝。⑤
六五：干父之蛊，用誉。⑥
上九：不事王侯，高尚其事。⑦

【注释】

①蛊：卦名。下巽上艮，象征救弊治乱。"蛊"字本义为腹中之虫，这里引申为蛊惑。

②先甲三日，后甲三日：古代用甲、乙、丙、丁、戊、己、庚、辛、壬、癸十天干循环记日，甲前三日指辛日、壬日、癸日，甲后三日指乙日、丙日、丁日，加上甲日，计七日。古代习俗，周人卜七日，殷人卜十日（旬）。

③干：匡正，纠正。蛊：这里是过失的意思。考：父亲或亡父。

④贞：正，引申为干涉。儿子不能干涉母亲的闺房之事。所以说："不可贞"。

⑤裕：这里是纵容、姑息的意思。

⑥用：以，因。誉：称誉。

⑦高尚其事：其事，指专心治家，与"事王侯"相对。高尚，即以专心治家为高尚之事。

【译文】

蛊卦：象征拯弊治乱。大为亨通，有利于涉过大川巨流。经过一段时间的观察思考，就会明白应如何去做。

初六：清除父亲身边的小人；有了这样的儿子，父辈就可避开灾祸，即使有些危险，最终也会获得吉祥。

九二：清除母亲身边的小人，但不能干涉母亲的闺房之事。

九三：改正父辈的过失，尽管会遭到小的困窘危难，但是没有巨大灾难。

六四：姑息纵容父辈的过错，有所举动定会遭遇艰难。

六五：匡正父辈的错失，会因此受到赞誉。

上九：不替王侯效命，专心治家，并以此作为高尚之事。

【解析】

蛊：元亨，利涉大川。先甲三日，后甲三日。

《象》曰：山下有风，蛊。君子以振民育德。

[解读]：腐败本身包含有元始与亨通，此时有冒涉大川那样的风险也一定有利。不仅要考虑事前三天，还要考虑事后三天。

[象释]：下卦"巽"为柔顺，上卦"艮"为刚健，柔下降而刚上升，上下不相交而疏远隔阂；下卑顺而上刚愎，必然会腐败，所以命名为"蛊"。又，下卦"巽"为风，上卦"艮"为山，风吹山，草木凋谢，果实散乱，即腐败之象。

[义理]：每一举措，都要在事先有周密的布置，并且估计到事后的可能结局的情况下实施。只有这样，草除腐败才能成功，太平盛世才会到来。

初六：干父之蛊，有子，考无咎，厉，终吉。

《象》曰：干父之蛊，意承考也。

[解读]：清除父亲身边的奸巧小人以挽救腐败的局面，有子如此，父辈的灾祸便可以清除，虽然十分艰难，最终一定吉祥。

[象释]："初六"是蛊的开始，腐败不严重，及时挽救还可幸免于难。

[义理]：挽救垂败的事业，必然困难，须经新生力量的艰苦奋斗，方能转危为安。

九二：干母之蛊，不可贞。

《象》曰：干母之蛊，得中道也。

[解读]：清除母亲身边的宠男，恐家丑外扬，但不可过于干涉母亲之事。

[象释]："九二"阳刚，处中位，象征儿子外刚内柔，中正有力。"九二"又与"六五"阴阳相应，以"六五"比喻母亲，此爻象征儿子替母亲善后，要以中庸的原则来处置。

[义理]：只有以中庸为原则，劝恶向善，致力于将来，才能从根本上清除腐败，开创新生面。

九三：干父之蛊，小有悔，无大咎。

《象》曰：干父之蛊，终无咎也。

[解读]：在收拾父亲的败政时，难免会有一些偏差，但并无大错。

[象释]："九三"阳爻阳位，过于刚强，又不在中位，难免偏颇；但"九三"毕

竟在下卦"巽"之中，因而有顺从的美德，且阳爻阳位得正，所以不会有大过发生。

　　[义理]：挽救腐败的局面，如果刚强过度难免会发生一些差错。但是整治腐败的动机是好的，虽有小错亦不会影响大局。

六四：裕父之蛊，往见吝。

　　《象》曰：裕父之蛊，往未得也。

　　[解读]：宽容父亲身边的腐败势力，发展下去必然不妙。

　　[象释]："六四"阴爻阴位，过于柔弱，因而有"裕"之举，在清除腐败方面过于宽大，不能刨根究底，彻底整顿，最终一无所获。

　　[义理]：既想挽救败局，却又不能彻底追究腐败根源，不能严肃整治其腐败现象，其结果，只能自取其辱。

六五：干父之蛊，用誉。

　　《象》曰：干父用誉，承以德也。

　　[解读]：清除父亲身边的蠹虫，会得到赞誉。

　　[象释]："六五"阴爻阳位，在上卦的中位，外柔内刚且中正；且"九二"与之阴阳相应，象征还有刚毅的儿子为后盾，父业后继有人。

　　[义理]：清除腐败，挽救败坏的事业，必须任用贤能之士；未有不任用贤能而政治能够清明者。

上九：不事王侯，高尚其事。

　　《象》曰：不事王侯，志可则也。

　　[解读]：名士不愿涉足世事，为重整朝纲尽力，而是专心治家，君王也应该推崇他们的道德学问。

　　[象释]："上九"阳爻阴位，且在高高的上位，即本卦的最外围，象征刚毅之士以隐逸自处，置身于世事之外，以孤高淡泊的姿态拒绝王侯的礼聘。

　　[义理]：清除腐败，也应尊重并效法隐士的高尚之志与坚定不移的原则性。

䷒ 临卦

【题解】

本卦通过"咸临"、"甘临"、"至临"、"知临"、"敦临"等五个概念，系统地阐述了领导的原则：作为领导者，应以高尚的人格感召他人；以刚毅中正、恩威并重的方法领导他人；不可以把诱骗作为统治他人的手段；以亲身践履的态度与人民共呼吸；注意选拔贤能之士，奉行以仁为本的施政方针。如此，则天下咸宁，人民悦服，斯为长治久安之道。

【原文】

临①：元亨，利贞。至于八月，有凶。

初九：咸临，贞吉。②

九二：咸临，吉，无不利。

六三：甘临，无攸利。既忧之，无咎。③

六四：至临，无咎。④

六五：知临，大君之宜，吉。⑤

上六：敦临，吉，无咎。⑥

【注释】

①临：卦名。下兑上坤，象征临察。

②咸临：胸怀感化之心临于百姓。咸，通"感"。

③甘：借为钳，钳制。既：已经。

④至：下。

⑤知：通"智"。

⑥敦：温柔笃厚。

【译文】

临卦：最为亨通，利卦。到了八月会有凶险。

初九：心怀感化之心治民，可获吉祥。

九二：胸怀感化之心治民，必会吉祥，无所不利。

六三：用钳制的政策治民，并没有什么好处。如果已经忧惧自己的过错而加以修正，没有灾祸。

六四：亲自体察民情，则无灾祸。

六五：选用贤能来治民，必获吉祥。

上六：敦厚宽仁地体察民情，定获吉祥，没有灾祸。

【解析】

临：元亨，利贞。至于八月，有凶。

《象》曰：泽上有地，临。君子以教思无穷，容保民无疆。

[解读]：君子临政，有宽容、豁达、利人、中正的美德；但是到了八月，会有凶险。

[象释]："临"本意是由上往下看，下卦为"兑"是泽，上卦为"坤"是地，地在泽的上面，故有"临"，但也有进逼的意思。本卦初、二爻为阳，三至六爻为阴，象征阳刚之气正在渐渐上升，逼退阴柔之气，故名为"临"。又，下卦为"兑"是悦，上卦为"坤"是顺，愉悦而顺从，是亨通；"九二"阳爻居中，与"六五"阴阳感应，前进无滞，因而"元、亨、利、贞"四德俱有。

[义理]：正人君子面临天下，四德俱备，但是四德往往又难以保持始终，随着世事的兴盛，骄傲之心便会滋生，如同八月虽是阳刚之最盛，却也是阴寒之气渐渐滋生的转折关头，此时物极而反，祸事也将临头。

初九：咸临，贞吉。

《象》曰：咸临贞吉，志行正也。

[解读]：以诚信的品德感召人民，所以吉祥。

[象释]：此爻处于阳逼阴之时。"初九"与"六四"阴阳相应，阳爻阳位为正，不是以威势逼迫，而是以谦卑至诚的人格感召"六四"。

[义理]：感召他人，本身必须具有意志行为纯正的品德。

九二：咸临，吉，无不利。

《象》曰：咸临，吉无不利，未顺命也。

[解读]：以刚毅中庸的政策治民，吉祥而顺利。

[象释]："九二"与"六五"阴阳相应，而且居下卦的中位，因而有刚毅中庸之象。"九二"前临四个集结的阴爻，虽有"六五"相应，然非刚毅不能进逼，无中庸不能感召。

[义理]：君临天下虽然以仁为本，刚毅也是十分必要的；只有恩威并重，才能四海臣服，令出而必行。

六三：甘临，无攸利。既忧之，无咎。

《象》曰：甘临，位不当也。既忧之。咎不长也。

[解读]：甜言蜜语哄骗百姓，不会有好处；一旦感觉到这种做法的危险性，立即加以改正，便不会有灾祸发生。

[象释]："六三"阴爻阳位，不中不正，又是下卦"兑"的主爻，"兑"为悦，故有"甘临"之象，与"上六"同阴不相应，故"无攸利"。

[义理]：领导艺术是必需的，但使用哄骗的手段，时间一长必然会引起民众的

厌恶。

六四：至临，无咎。

《象》曰：至临无咎，位当也。

[解读]：君王亲自理政，不会有灾祸滋生。

[象释]："六四"阴爻居阴位，下与"初九"阴阳相应，得正，而且上下呼应；又，"六四"为上卦"坤"之下爻，与下卦"兑"最贴近，有亲近下民之象，故称"至临"。

[义理]：与最底层的民众共呼吸，这是最好的治国方针；有了广泛社会基础，就不会发生任何灾难。

六五：知临，大君之宜，吉。

《象》曰：大君之宜，行中之谓也。

[解读]：选用有大智慧的人料理政务，这是伟大的明君最适宜的治国方针，其结果一定吉祥。

[象释]："六五"处中且至尊，与"九二"阴阳相应，象征本身不必行动，而将政务委诸于刚健中正的贤能之士。这是明君的最佳统治方法。

[义理]：优秀的领导者，不是事无巨细揽于一身，而是调动属下贤能之士的积极性，发挥集体的功能作用。

上六：敦临，吉，无咎。

《象》曰：敦临之吉，志在内也。

[解读]：敦厚宽仁地施政，必然吉祥无灾祸。

[象释]："上六"为居高临下的极点，由于阴爻居阴位，十分柔顺，对由下上升的二阳爻能宽厚相待，故"吉"。

[义理]：居于领导地位尤其久居高位的人，应该以仁为本，敦厚待人，不可刻薄。

䷓ 观卦

【题解】

本卦通过"童观"、"窥观"、"观我生"、"观国之光"、"观其生"的系统分析，阐述了观察的原则和应有的作用，认为对于观察的要求及其方式因人而异；居上者的一举一动，都是处下者所注意的焦点，因而不可以轻举妄动，必须以道义展示于天下，才能获得人民的信仰与敬重；同时，居上者也要观察民情，不仅要观察自己领地的民情，也要观察他人领地的民情，在不断地自我反省和对他人的借鉴中逐渐地完善其政治。

【原文】

观①：盥而不荐，有孚颙若。②
初六：童观，小人无咎，君子吝。③
六二：窥观，利女贞。④
六三：观我生，进退。⑤
六四：观国之光，利用宾于王。⑥
九五：观我生，君子无咎。
上九：观其生，君子无咎。⑦

【注释】

①观：卦名。下坤上巽，象征瞻仰。
②盥：古代举行祭祀大典时祭前洗手称为盥。荐：进献，指进献酒食以祭祖先和神灵。孚，通"俘"。颙：大。若，语助词，无义。
③童：幼童。这里用作状语，意为像幼童一样。
④窥观：暗中偷看。
⑤生：通"姓"。进退：指如何施政。
⑥用宾于王：以宾客之礼朝拜君王。
⑦其生：异姓。

【译文】

观卦：象征瞻仰。祭祀之前只是洗手自洁，而不进献酒食祭品，是因为有个头很大的俘虏作为人牲的缘故。
初六：幼稚地观察事物，庶民没有灾祸，君子则会做事艰难。
六二：暗中偷偷地观察盛景，有利于女性之卦。
六三：考察本地的民情，可以明白怎么施政。
六四：考察一国之风土人情，宜于先用宾客之礼朝见君王。
九五：考察同姓之国的民情，君子能够免遭灾祸。

上九：考察异姓之国的民情，君子能够免遭灾祸。

【解析】

观：盥而不荐，有孚颙若。

《象》曰：风行地上，观。先王以省方观民设教。

[解读]：观瞻应该诚敬，就像祭祀之前洗手时，虽然尚未向神灵奉献祭品，其态度却像奉献祭品时一样的虔诚恭敬。

[象释]：下卦"坤"是地，上卦"巽"是风，风吹大地，遍及万物，有周观之象；二阳爻在上，四阴爻在下，形成柔顺的众阴爻瞻仰刚毅有力的二阳爻之象。尤其"九五"处尊，象征以中正的德性展示于天下，为众人所敬仰。此亦为"观"之蕴意。

[义理]：卦辞以譬喻的方式，揭示了"观"必须虔诚恭敬这一本质，同时也蕴涵着：居于领导地位的人，首先必须以自己的高尚品德感化他人，才能获得别人的由衷敬仰。

初六：童观，小人无咎，君子吝。

《象》曰：初六童观，小人道也。

[解读]：幼稚、浅显地观察事物，对于庶民来说并无危害，对于君子来说，会招致羞辱。

[象释]："初六"柔顺，处在卦的最下位，仰观本卦主爻"九五"，距离最远，力所不及，象征地位卑微的人，难以高瞻远瞩，见识不免幼稚浅陋。

[义理]：负有教化之责的人，如果也与小民一样，头脑简单幼稚，则是一种耻辱。

六二：窥观，利女贞。

《象》曰：窥观女贞，亦可丑也。

[解读]：从门缝里观察外面的世界，有利于妇女的节操，但对君子则应觉得羞愧。

[象释]："六二"阴爻阴位，处于内卦之中位，而与外卦"九五"相应，象征处于暗室之中的柔弱女子从门缝里偷观外面的伟男子。

[义理]：对于足不出户的女子而言，偏狭地看待事物，是顺理成章情有可原的。

六三：观我生，进退。

《象》曰：观我生进退，未失道也。

[解读]：根据本地区的民情，制订施政方案，合适的付诸实行，不合适的马上废除。

[象释]："六三"以阴爻处阳位，又是下卦的最上一爻，邻近上卦，处于上下之间，能度量自我，可进则进，不可进则退，因而不失进退之道。

［义理］：居于较高地位的领导者，制订具体的地方管理条例时，应该从该地区的实际情况出发，不可盲目施政，更不可趋炎附势，祸国殃民。

六四：观国之光，利用宾于王。

《象》曰：观国之光，尚宾也。

［解读］：考察国家的风俗民情，了解人民的疾苦，以便更好地辅佐君王。

［象释］："六四"最近"九五"，而且阴爻阴位得中，性格柔顺，适合于辅佐君王。

［义理］：知识分子通过对一个国家的风俗民情的考察，可以知道是否去辅佐该国君王。

九五：观我生，君子无咎。

《象》曰：观我生，观民也。

［解读］：经常考察民情，作为检验自己政绩的根据，这是君子不会有灾祸临身的重要原因。

［象释］："九五"是卦的主爻，象征刚毅中正的君王，百姓的教化如何，是其影响的结果，亦是检验其政德的标尺。"九五"阳爻阳位，又居于上卦之中，因而能自我反省，德威臣民。

［义理］：居于统治地位的人，应该经常观察检点自己的行为，就像孟子所说的"吾日三省吾身"，这样就不致积重难返、灾祸及身。

上九：观其生，君子无咎。

《象》曰：观其生，志未平也。

［解读］：经常观察别人所辖之地的民情，这是君子不会有灾祸降临的重要原因。

［象释］："上九"处于"九五"君位之外，亦讲观生之君道，因为它所观察的是"九五"的养民治民之道。

［义理］：他山之石，可以攻玉。

䷔ 噬嗑卦

【题解】

本卦阐述了刑罚的原则，以及听讼、断狱的艰难。刑罚是确保政治安定、社会进步的必要手段，罪恶必须及早惩治，并不惜采取重罚手段，才能达到小惩大戒的目的，有效制止罪恶的蔓延。刑法既定，量刑必须恰当，因此，听讼必须仔细，断狱必须公正。治狱者需有刚正不阿、不惧权贵的铁骨，同时也要注意把握刚柔相济的原则。总之，威是治狱的基本手段，明是治狱的基本要求。

【原文】

噬嗑①：亨，利用狱。②

初九：屦校灭趾，无咎。③

六二：噬肤灭鼻，无咎。④

六三：噬腊肉，遇毒，小吝，无咎。⑤

九四：噬乾胏，得金矢，利艰贞，吉。⑥

六五：噬乾肉，得黄金，贞厉，无咎。

上九：何校灭耳，凶。⑦

【注释】

①嗑：卦名。下震上离，象征刑罚。噬嗑的本义为咬合。

②狱：刑狱。

③屦：即履，足。此用作动词，意为加在脚上。校：本制刑具。灭：伤。趾：脚趾。

④肤：皮肤。

⑤腊肉：意即像嚼腊肉那样。

⑥乾胏：带骨的肉脯。乾，干。得金矢：咬出黄铜来。金，即铜。下文"黄金"同此。

⑦何：通"荷"。

【译文】

噬嗑卦：象征刑罚。亨通顺利，利于施用刑罚。

初九：脚上戴上木枷，损伤了脚趾，没有灾祸。

六二：像撕咬柔软的皮肤一样轻易用刑，即使损伤了罪犯的鼻子，也不会遭受什么灾祸。

六三：施用刑罚惩戒犯人，像咬变质的腊肉样，不幸中了毒，那也只是小有不适，并没有大的灾祸。

九四：施用刑罚惩戒犯人，像咬带骨的肉一般困难，具有铜矢一样的刚正之气，利于卜问艰难之事，可获吉祥。

六五：施用刑罚惩戒犯人，像吃干肉时发现黄金一样，虽有危险，但却具有铜箭般的刚正之气，占问尽管有危险之兆，但却不会有什么灾祸。

上九：肩戴木枷损伤了耳朵，定有凶险。

【解析】

噬嗑：亨，利用狱。

《象》曰：雷电，噬嗑。先王以明罚敕法。

［解读］：上下颚咬合将食物无情地嚼碎，肠胃便亨通，这种方法有利于治狱。

［象释］：卦形似张大的口，"初九"、"上九"形似上、下颚，而"九四"则如口中一物，成为咬合咀嚼的形象，因而命名为"噬嗑"。又，下卦"震"是雷，上卦"离"是火，象征刑罚的威赫与断狱的明察；而六爻中三阴三阳，各占一半，又象征治狱亦须刚柔相济的准则。

［义理］：克服了阻碍，打开了局面，就会通达顺利。

初九：屦校灭趾，无咎。

《象》曰：屦校灭趾，不行也。

［解读］：罚带脚镣，还把脚趾割掉，从此不再犯罪。

［象释］：古代的刑罚原则是"刑不上大夫"，受刑者都是庶民百姓。"初九"为地位卑下的庶民，又象征刑罚的开始，罪比较轻微，所以只判带脚镣，伤及脚趾。

［义理］：实行刑罚，使人不敢违犯法律，没有过失。

六二：噬肤灭鼻，无咎。

《象》曰：噬肤灭鼻，乘刚也。

［解读］：轻易用刑而割掉罪犯鼻子，罪犯也可从此不再犯罪。

［象释］："六二"亦属平民，其罪已经大于"初九"，因而由断趾上升为割鼻。"六二"又处于下卦之中位，其量刑也是恰当的，因而使得受刑者心服，从此不再作恶。

［义理］：重罚可以使人戒惧，量刑的恰当更可以使人心服，从而达到惩戒禁恶的目的。

六三：噬腊肉，遇毒，小吝，无咎。

《象》曰：遇毒，位不当也。

［解读］：咬食变质的肉干时不幸中毒，经过一番小小的磨难，总算没有酿成灾祸。

［象释］："六三"阴爻阳位，不中不正，象征治狱者优柔寡断，其量刑裁判亦不公正合理。

［义理］：在治狱过程中，难免会有治罪不公或量刑不当的情况发生，排除掉这些

障碍，治狱才会不再发生差错。

九四：噬乾胏，得金矢，利艰贞，吉。

《象》曰：利艰贞吉，未光也。

[解读]：啃食带骨的兽肉时，发现肉中不仅有骨头，还有折断的铜箭头。艰难复杂的治狱经历，对于坚持履行正道的人总是有利、吉祥的。

[象释]："九四"是位于本卦中间象征梗塞之物的唯一阳爻，唯有将其咀嚼，狱事方能顺畅，因而有"乾胏"、"金矢"之喻。但"九四"又最邻近君位，是一个外刚内柔、心地光明的大臣，能肩负重任。

[义理]：在听讼中，不仅有"硬骨头"需要去啃，甚至还有比硬骨头更为艰难复杂的案件需要裁判。

六五：噬乾肉，得黄金，贞厉，无咎。

《象》曰：贞厉无咎，得当也。

[解读]：吃干肉时发现肉中嵌有细粒黄金，稍不小心咽下去便有生命之危。秉公断狱往往有危险，但不是由于过失。

[象释]："六五"阴爻阳位，居于至尊之位。处于上卦之中，象征主持狱事者位高而中正，柔顺其外而刚毅其内，能刚柔相济，秉公断狱。

[义理]：断狱如破阵，务必小心谨慎，才会不犯错误。

上九：何校灭耳，凶。

《象》曰：何校灭耳，聪不明也。

[解读]：罪大恶极的囚犯，肩荷枷锁，耳朵被割去，结局凶险。

[象释]："上九"为本卦最上一爻，象征其罪极大，达到了刑罚的极限。

[义理]：治理政事，运用一般刑罚不能奏效时，就只好大开杀戒了。

䷕ 贲卦

【题解】

本卦阐述的是礼仪修饰的原则。制订文明的礼仪，规范个人的行为，这是社会安宁和谐的需要。然而，礼仪和修饰都应该恰如其分，适可而止，实质与外在形式之间，实质是第一位的。不可沉湎于外在形式的过分修饰，更不可因虚荣而铺张浪费以致创伤实质。应该懂得一切修饰都服务于实质，唯有内涵丰富的实质，才是礼仪修饰所追求的理想境界。

【原文】

贲①：亨，小利有攸往。

初九：贲其趾，舍车而徒。②

六二：贲其须。③

九三：贲如濡如，永贞吉。④

六四：贲如皤如，白马翰如，匪寇，婚媾。⑤

六五：贲于丘园，束帛戋戋，吝，终吉。⑥

上九：白贲，无咎。⑦

【注释】

①贲：卦名。下离上艮，象征文饰。"贲"的本义为饰。

②徒：徒步。

③须：胡须。

④濡：本浸湿，润色。

⑤皤：白。翰：白。

⑥丘园：家园。帛：丝织品的总称。戋戋：少的样子。

⑦白贲：用白色来装饰。

【译文】

贲卦：象征文饰。亨通顺利，对柔弱者有所行动会吉利。

初九：修饰其脚趾，弃车步行而走。

六二：修饰者要美须。

九三：修饰之后再加以润色，如果坚持正道可以获得吉兆。

六四：修饰得如此雅致，骑的白马又这样纯洁无瑕，前面来者并非贼寇，而是聘求婚姻的佳偶。

六五：女方修饰自己的家园，男方送上的礼品尽管只有一束丝帛，持家比较艰难，但是最后将获得吉祥。

上九：以白色装饰，定无灾祸。

【解析】

贲：亨，小利有攸往。

《象》曰：山下有火，贲。君子以明庶政，无敢折狱。

[解读]：礼仪修饰具有亨通的作用，对促进事物的健康发展小有利益。

[象释]：内卦"离"是火，其意为文明；外卦"艮"是山，其意为止，引申为名分。以文明使人处于应在的位置，这是人类社会集体生活所必须有的礼仪修饰，所以命名为"贲"。

[义理]：礼仪修饰，不能替代实质本身，而只是实质的附属。注重修饰，但不宜寄予太大的期望。

初九：贲其趾，舍车而徒。

《象》曰：舍车而徒，义弗乘也。

[解读]：穿着漂亮的鞋子，不乘车却徒步而行。

[象释]："初九"为本爻最底部，故有"趾"之比喻；下卦"离"是明，阳爻阳位是刚毅，贤明刚毅而居最下位，故有"舍车而徒"之誉。

[义理]：洁身自好的人，即使送给他华丽的马车，也不会坐，宁愿舍车步行，保持其应有的礼仪修饰。

六二：贲其须。

《象》曰：贲其须，与上兴也。

[解读]：胡须修饰得很漂亮。

[象释]：本卦第三爻以上的结构，形同《颐》卦的口，"六二"紧邻其下，故有胡须的比喻。"六二"、"九三"分别与"六五"、"上九"不相应，双方则以阴、阳比邻，关系密切；"六二"中正柔顺，须自修饰追随"九三"。

[义理]：胡须修饰得再漂亮，倘无脸面便无所着落。但是，胡须的修饰本来就是要使脸面美观，既然长了胡须，就应该按一定的仪表规范修饰以尽其功能。

九三：贲如濡如，永贞吉。

《象》曰：永贞之吉，终莫之陵也。

[解读]：修饰得光泽柔润令人陶醉，只要能始终坚持正道便会吉祥。

[象释]："九三"处于"六二"、"六四"两阴柔的上、下合围之中，很容易被其修饰所惑，故有"永贞"之诫。

[义理]：修饰只是一种表相，在精巧的修饰面前应该保持清醒的头脑，不致迷失正道。

六四：贲如皤如，白马翰如，匪寇，婚媾。

《象》曰：六四，当位疑也。匪寇婚媾，终无尤也。

［解读］：一群服饰简朴的男子汉，鞭策白马奔如飞，观其外貌好像一群打家劫舍的强盗，其实是一支娶亲的队伍。

［象释］："六四"与"初九"阴阳相应，且阴爻阴位得正，故跃过邻近的"九三"之纠葛而与"初九"相聚，于是有"白马翰如"的行动。又，"六四"处在上卦"艮"即山的最下方，象征修饰之本应为返璞归真，重质而不重饰，因而有"贲如皤如"亦即不必修饰回归自然本色的崇质返素思想。

［义理］：修饰是非本质的东西，并不影响实质，就像服饰简朴并不改变其娶亲队伍的本质。

六五：贲于丘园，束帛戋戋，吝，终吉。

《象》曰：六五之吉，有喜也。

［解读］：女家张灯结彩，装饰丘园，迎接娶亲队伍，男方送上的礼品却很少，显得很吝啬，然而新娘跟着这种俭朴的男子，结果一准吉祥。

［象释］："六五"为《贲》之主爻，居于上卦之中，象征重视内在实质而不注重外在的礼仪装饰，因而有"吝"之象。

［义理］：繁文缛礼，是虚荣的表现。

上九：白贲，无咎。

《象》曰：白贲无咎，上得志也。

［解读］：朴实无华，没有什么坏处。

［象释］："上九"是本卦的极点，崇本返质自然也较"六四"、"六五"更进一步。

［义理］：返璞归真是一切修饰所追求的最高境界。

䷖ 剥卦

【题解】

本卦阐述了处身腐败时期的应世原则。一味追求虚荣的礼仪修饰，必然导致腐败的产生。这一物极则反的规律，是人力所不能逆转的。

《红楼梦》中的王熙凤、探春，都意识到了这一点，并且在力所能及的范围内采取了一些措施，依然无济于事。历史上许多曾经显赫一时的帝国，亦莫能逃出这一规律。处在小人势盛，君子才歇的腐败时期，君子只有顺应时势，谨慎应付，谋求自保，以等待恶势力的自行消解，或者等待有才德的领袖人物出现，以结束这一腐败黑暗的时期。

【原文】

剥①：不利有攸往。

初六：剥床以足，蔑贞凶。②

六二：剥床以辨，蔑贞凶。③

六三：剥之，无咎。

六四：剥庆以肤，凶。④

六五：贯鱼以宫人宠，无不利。⑤

上九：硕果不食，君子得舆，小人剥庐。⑥

【注释】

①剥：卦名。下坤上艮，象征剥落。

②足：床腿。蔑：灭，伤。

③辨：床头。

④肤：床身。

⑤贯鱼以宫人宠：受宠爱的宫人鱼贯而来。宫人，宫中妃嫔。以：引。

⑥舆：大车。庐：房舍。

【译文】

剥卦：象征剥落。不宜有所行动。

初六：剥蚀大床定会先损及床腿，床腿一定会遇到伤害，必有凶险。

六二：剥蚀大床已然损及床头，床头一定会遭到伤害，必有凶险。

六三：虽然处于剥蚀之中，却没有什么灾难。

六四：剥蚀大床已经损及床身，情势十分凶险。

六五：导引宫中妃嫔鱼贯而来承接君主的宠幸，无所不利。

上九：果实硕大却没有被摘食，君子摘食定会得到大车运载，小人摘食必会剥落房屋。

周易全书

【解析】

剥：不利有攸往。

《象》曰：山附于地，剥。上以厚下安宅。

[解读]：剥落时期，不利于君子的任何行动。

[象释]：此卦阴由下往上伸长，一连五爻均阴，仅一阳居上，亦已至尽头，其阴盛阳衰之势十分显然，象征小人得势、君子困顿。下卦"坤"为顺从，上卦"艮"为停止，所寓之意亦为：当此之时唯有顺从，不可有任何行动。又下卦"坤"为地、上卦"艮"为山，象征山剥落成为泥。

[义理]：任何事物，都有一个阴阳消长不以人的意志为转移的道理，当阴长阳消的时候，阳宜静不宜动，不可妄自进取以致自取其辱。

初六：剥床以足，蔑贞凶。

《象》曰：剥床以足，以灭下也。

[解读]：床脚已经剥落，若持漠视态度，必然凶险。

[象释]：物体的剥落，一般都是由下而上；"初六"为"剥"卦之底，所以有"床足"之喻。

[义理]：剥落是一个渐进的过程，倘若对初期的剥落不予重视，必然出现不可收拾的局面。

六二：剥床以辨，蔑贞凶。

《象》曰：剥床以辨，未有与也。

[解读]：床辨剥落，若仍持漠视态度，必然更凶险。

[象释]："六二"的剥落程度，较"初六"更甚，因而有"床辨"之喻。

[义理]：邪恶势力渐盛，倘若再不加以警惕，必有危险。

六三：剥之，无咎。

《象》曰：剥之无咎，失上下也。

[解读]：床虽然剥落，还可以支撑一时。

[象释]："六三"虽然是五阴爻之一，但唯有它与"上九"阳爻相应，因而不会与上、下各阴爻同流合污。

[义理]：世界上任何事物的发展都不是绝对的，在普遍剥落的环境中，也有不甘同流合污者。

六四：剥庆以肤，凶。

《象》曰：剥床以肤，切近灾也。

[解读]：床的表面已经剥落，十分凶险。

[象释]："六四"已经到了外卦，象征剥落已经渐进到了床的表面，故有"肤"

之喻。

[义理]：腐败一旦达到了彻里彻外的程度，有德君子若不审时度势，不知进退，必有大祸临头。

六五：贯鱼以宫人宠，无不利。

《象》曰：以宫人宠，终无尤也。

[解读]：如同贯穿在一起的鱼，后妃依次入宫待寝，当然不会不利。

[象释]："六五"与前面阴爻不同，它居于至尊位，象征皇后，以下诸阴爻，当然便属嫔妃了。"六五"居中，且承"上九"，本来就有中正之心，更何况想剥刚阳的"上九"也自忖无此能力，便转而采取率领众阴一起奉承"上九"的态度。

[义理]：即使处在剥落的时期，也总有小人改过自新的情况存在。只要循规蹈矩地改过向善，其发展趋势总是有利的。

上九：硕果不食，君子得舆，小人剥庐。

《象》曰：君子得舆，民所载也。小人剥庐，终不可用也。

[解读]：硕果仅存，没有被吃掉；君子当政则出门有车坐，小人得势则连起码的茅庐也将失去。

[象释]：本卦只有"上九"为阳爻。卦形像车，"上九"像车盖；又像屋，"上九"则像屋顶。所以，有"舆"、"庐"之辞。

[义理]：政治极端腐败之时，唯有全力支持有德者居于领导地位，才能重新过上居有屋出有车的小康日子；倘若小人继续得势，则恐怕连起码的茅庐也将失去。

䷗ 复卦

【题解】

本卦通过对"不远复"、"休复"、"频复"、"独复"、"敦复"、"迷复"的系统分析，阐述了剥落腐败之后如何恢复元气走上正道的原则。认为要恢复元气，必须根绝以往的错误；恢复元气的工作必须在腐败刚开始还不很严重的时候，否则便积重难返；恢复中难免要犯错误，但必须及时改正并谨防一犯再犯；恢复时期往往吉凶难以预料，志士仁人应该坚定信念，为所当为，以迎接元气得以恢复的局面早日到来；至于那些执迷不悟逆潮流而动的人，决不会有好下场。

【原文】

复①：亨。出入无疾。朋来无咎。反复其道，七日来复，利有攸往。②

初九：不远复，无祇悔，元吉。③

六二：休复，吉。④

六三：频复，厉，无咎。⑤

六四：中行独复。⑥

六五：敦复，无悔。⑦

上六：迷复，凶，有灾眚；用行师，终有大败，以其国君，凶，至于十年不克征。⑧

【注释】

①复：卦名。下震上坤，象征复归。

②反复其道：返转回归于一定的规律。道：法则，规律。七日来复：周初以月亮盈亏记日，每月四期，每期七日。"七日"在此象征转化迅速。

③不远复：行而不远即复。祇悔：悔恨。

④休：停下来。

⑤频：频繁。

⑥中行独复：居中行正，独自返还。

⑦敦：敦促，迫促。

⑧迷复：误入迷途而求返还。灾眚：灾祸。行师：兴兵征伐。以：及。克：能。

【译文】

复卦：象征归顺。亨通顺利，或出或入都没有疾病，朋友前来也没有灾祸，遵循一定的规律返转回归，只需七日就循环一次，利于有所举动。

初九：行而未远就适时回返，没有造成很大的悔恨，大吉大利。

六二：高高兴兴地返回，必获吉祥。

六三：频繁地返还，定有危险，但还不至于有什么灾祸。

六四：居中行正，自然回返。

六五：真心地回返，不会遭逢困厄。

上六：误入歧途却又不知回返，定遭凶险，会有灾祸；兴兵征战，最后将会大败，并且危及君王，前景极为凶险，以至于十年之久不能够兴兵征战。

【解析】

复：亨。出入无疾。朋来无咎。反复其道，七日来复，利有攸往。

《象》曰：雷在地中，复。先王以至日闭关，商旅不行，后不省方。

[解读]：阳刚之气去而复返，亨通顺利，自下而上的行进不会遭到任何阻碍，朋友前来也不会有什么危害，因为阴阳的去而复返遵循每七天便来回一次的规律，有利于事物的生长不息。

[象释]：本卦是一消息卦，代表十一月。《剥》卦的“上九”剥落，便成为全阴的《坤》卦，代表十月，随后，阳气又在下方酝酿，到了十一月，一个阳爻在初位出现，这就是《复》；继此之后，阳气愈来愈盛。由于阴阳的消长，才有万物的生生不息，因而有“亨”；从初阴生长至初阳生长，历经七个卦（或七个月），因而有“反复其道，七日来复”之言。又，内卦“震”是动，外卦“坤”是顺，阳在下方活动、上升，上方则柔顺处之，所以有“出入无疾，朋来无咎”之语。

[义理]：阴极而阳，这是自然的法则，阴阳循环，因而万物亨通，生生不息；阴消阳长，安泰无恙；事物转化，有规律可循；在正义力量崭露头角的时候，应该抓住时机，积极进取。

初九：不远复，无祗悔，元吉。

《象》曰：不远之复，以修身也。

[解读]：不要走远就返回，即使有过失也不会严重，因而无后悔，大吉大利。

[象释]：“初九”是本卦的主爻，在卦的初位，象征腐败之后刚刚恢复正气，具有闻过则改的特点。

[义理]：恢复正气必须及时，纠正错误必须趁早。做到这两点，即使小有过失，也无碍大局的健康发展。

六二：休复，吉。

《象》曰：休复之吉，以下仁也。

[解读]：向善的回归，乃是吉庆之事。

[象释]：“六二”柔顺中正，靠近“初九”，象征其对美、善的亲近和顺从。

[义理]：崇尚和追求完美，是恢复正道所必不可少的基本素质。

六三：频复，厉，无咎。

《象》曰：频复之厉，义无咎也。

[解读]：频繁地失误，又能屡屡回复正道，这样虽然有危险，因为每次都能改正

过错，不会有灾祸。

[象释]："六三"阴爻阳位，不中不正，又是下卦"震"即动的极点，所以有频频妄动之象。

[义理]：任何行动都应该深思熟虑；轻率的行动，往往会造成过失，即便能及时纠正不致酿成灾祸，总不如先计后行少犯错误为好。

六四：中行独复。

《象》曰：中行独复，以从道也。

[解读]：在行进的中途，自然返回到正道。

[象释]："六四"处于五个阴爻的中间，故有"中行"之辞；只有它与"初九"阴阳相应，故又有"独复"之辞。"六四"阴爻阴位，十分柔弱，虽然能与"初九"阳爻相应，但"初九"处在阳气甚微之时，不可能给"六四"以足够的援助，所以爻辞既无"吉"亦无"凶"。

[义理]：在正义得到恢复而又力量不足的时期，吉凶未定，应坚持原则，为所当为；道不同不与谋。宁可独善其身回归正道，也不能随波逐流。

六五：敦复，无悔。

《象》曰：敦复无悔，中以自考也。

[解读]：真心实意地返回正道，没有懊悔。

[象释]：上卦"坤"是顺，"六五"处顺之中，有中庸柔顺的德性，因而"敦复。"

[义理]：处于尊位的人，在返归正道的时期，尤其需要具有真诚敦厚的品德，起到表率的作用。

上六：迷复，凶，有灾眚；用行师，终有大败，以其国君，凶，至于十年不克征。

《象》曰：迷复之凶，反君道也。

[解读]：迷途不知返，必生凶险，甚至酿成大灾难；在这种情况下领兵打仗，结果必是大败，甚至国君遭难，十年之内不能重振军威。

[象释]：以阴爻居"复"之终，有迷途不知返之象。

[义理]：恢复正道已经成为大势所趋，倘若仍然执迷不悟，不知返归正道，则任何举动都会凶险无比。

䷘ 无妄卦

【题解】

本卦阐述的是不虚伪谬乱的道理，为人做事讲求真实，不虚伪谬乱，对于事业的成功是有利的，但是它并不确保在所有的场合都能一帆风顺，有时也会有意料之外的灾难光临；不虚伪、不谬乱是天地间、人世间的正理，为人处世，都应该刚健无私，讲究真实，不存非分的奢望，但也不能一味坚持己见而不知变；无妄走到了极端，同样寸步难行。

【原文】

无妄①：元亨，利贞。其匪正有眚；不利有攸往。②

初九：无妄往吉。

六二：不耕，获。不菑，畬。则利有攸往。③

六三：无妄之灾，或系之牛，行人之得，邑人之灾。④

九四：可贞，无咎。

九五：无妄之疾，勿药有喜。⑤

上九：无妄行，有眚，无攸利。

【注释】

①无妄：卦名。下震上乾，象征不妄为。

②其匪正有眚：不持守正道就会有灾异。匪，非，不。正，指正道。眚，灾祸。

③菑：初垦的瘠田。这里用作动词，意为开垦。畬：熟田。

④无妄之灾：意想不到的灾祸。或：有人。系：拴。行人之得：路人顺手牵走据为己有。邑人之灾：邑中人家遭受缉捕的横祸。

⑤勿药：不治疗。有喜：古人称病愈为有喜。

【译文】

无妄卦：象征不要妄为。大吉大利，利卦。若不持守正道就会有灾异，不宜有所行动。

初九：不妄为，有所作为定获吉祥。

六二：不耕耘却有收获，不垦荒而却有良田耕种，这种期望发展下去有何益处？

六三：遭遇到料想不到的灾祸：有人在某处拴了一头耕牛，路人顺手把它牵走据为己有，邑中人家将遭受缉捕的横祸。

九四：坚守正道，没有灾祸。

九五：得了意料不到的疾病，不必要用药治疗而自会痊愈。

上九：切勿妄为，否则将有灾祸，没有什么益处。

【解析】

无妄：元亨，利贞。其匪正有眚；不利有攸往。

《象》曰：天下雷行，物与无妄。先王以茂对时育万物。

[解读]：不虚伪的行动，必然大大亨通，有益而合乎正道。倘若不正，必生灾祸，去做任何事情都不会成功。

[象释]：下卦"震"是雷是动，上卦"乾"是天是健；天的下面有雷在动，其象刚健中正，故具有创生万物、通行无滞、利益众生和无所不正的属性。

[义理]：在天道亦即自然规律面前，只要崇尚真实，不搞虚伪，就能无往而不利。背离自然规律的任何行动，都必然会遭到无情的惩罚。

初九：无妄往吉。

《象》曰：无妄之往，得志也。

[解读]：不虚伪，前途吉祥。

[象释]："初九"阳爻阳位，因顺自然；又为内卦主爻，刚毅有力，利于发展。

[义理]："无妄"以心言，"往吉"以事言；崇尚真实，做任何事情都会前途光明。

六二：不耕，获。不菑，畬。则利有攸往。

《象》曰：不耕获，未富也。

[解读]：不耕耘播种就想收获，不开垦荒地就想得到熟地，这种期望发展下去能有什么好处呢？

[象释]："六二"阴爻阴位，处于下卦之中，有柔顺中正无非分空想之象。

[义理]：本爻辞以类比、反问的方式叙说了不应该存有非分欲念，虚妄的想法不会有好结果。

六三：无妄之灾，或系之牛，行人之得，邑人之灾。

《象》曰：行人得牛，邑人灾也。

[解读]：有时候无妄也会有灾，例如一头牛拴在路旁树桩上，被过路的人顺手牵走，住在周围的人都被怀疑，遭受不白之冤。

[象释]："六三"阴居阳位，不中不正，故有无妄之灾。

[义理]：诚实并不一定都能得到善报；不虚伪的人，有时候也难免会蒙受不白之冤。

九四：可贞，无咎。

《象》曰：可贞无咎，固有之也。

[解读]：坚持不虚伪的正道，不会有什么灾祸。

[象释]："九四"阳刚，为上卦"乾"即健的一部分，故有刚健之象；与"初

九"同阳不应，象征没有私下结交。处在"九四"之境有此品德可保无咎。

[义理]：不仅刚健有力，而且不搞任何私交，这是处于高位尤其邻近至尊的人所应遵守的原则。

九五：无妄之疾，勿药有喜。

《象》曰：无妄之药，不可试也。

[解读]：偶尔得病，不胡思乱想，不吃药也能恢复健康。

[象释]："九五"尊位处中得正，又与"六二"阴阳相应，乃本卦中最好的一爻，无妄已经到了十分完美的程度，其象如同偶然有了疾病也能不治而愈一样。

[义理]：对自己要有信心，不要自惑自疑，如同相信自己的身体非常健康，偶尔染恙也能依靠自我调理便可痊愈一样。

上九：无妄行，有眚，无攸利。

《象》曰：无妄之行，穷之灾也。

[解读]：极端的无妄行为，会产生灾难，做任何事情都会遇到障碍。

[象释]："上九"是不虚伪的终点，虽与"六三"有阴阳相应之利，却因为物极必反的规律又一次在这里起着支配的作用，极端的无妄之行，反而产生了有害的结果。

[义理]：任何好的事情，都不能走向极端；一入极端，便会向着反面转化。无妄的极端之所以会产生有害的结果，原因在于固执己见不知变通。

䷙ 大畜卦

【题解】

本卦阐述了蓄积的原则。最大的蓄积是蓄德积善，一个国家有了这种蓄积，则国运兴旺，社稷长存；一个人有了这种蓄积，则万事都能亨通，抱负得以施展。蓄积不仅有当进则进的一面，也有当止则止的另一面，只有准确地把握进与止，才是真正的蓄积。蓄德积善与防患止恶相辅相成；防患须于未然，止恶须于未形。不时正本清源，注重于对邪恶采取釜底抽薪的措施，才能确保仁、德之政的秩序。

倘若对蓄德积善作教条化的理解，疏于隐患的防范，以致隐患爆发罪恶泛滥，则虽有蓄德积善之仁政，亦属枉然。迫至不得不大肆杀戮，则已失仁、德之本意了。

【原文】

大畜①：利贞。不家食，吉。利涉大川。②

初九：有厉，利已。③

九二：舆说辐④

九三：良马逐，利艰贞。曰闲舆卫，利有攸往。⑤

六四：童牛之牿，元吉。⑥

六五：豮豕之牙，吉。⑦

上九：何天之衢，亨。⑧

【注释】

①大畜：卦名。下乾上艮，象征大有积蓄。畜，蓄。

②不家食：不求食于家，而食禄于朝。

③已：停止。

④说：通"脱"。辐：钩住车轴的木头。

⑤逐：奔驰。闲：练习。卫：防止。

⑥童牛：无角小牛。牿：牛角上束的横木。

⑦豮贲，小猪。牙，木桩。

⑧何天之衢：何其畅达的通天之路。衢，四道八达的道路。

【译文】

大畜卦：象征很有积蓄。有利之卦。不求食于家，而食禄于朝，定获吉祥。宜于涉逾大江大河。

初九：有危险，应暂时停止前进。

九二：车身与车轴相分离。

九三：骏马在奔跑，利于艰难之事。整天练习车马防卫技能，宜于有所行动。

六四：在无角的小牛头上拴一根横木，极为吉祥。

六五：被阉割的小猪有牙不伤人，可获吉祥。

上九：何其通畅的通天大道，亨通顺利。

【解析】

大畜：利贞。不家食，吉。利涉大川。

《象》曰：天在山中，大畜。君子以多识前言往行，以畜其德。

[解读]：大的积聚，有益于坚守正道；贤者不在家里吃自己耕种收获的粮食，这是好事，有利于涉渡大河。

[象释]：下卦"乾"为天，象征朝廷；上卦"艮"为山，象征才德高大的贤能之士。贤能之士在朝廷之上，象征国君能够养贤畜德，故名"大畜"。"六五"与"九二"阴阳相应，亦象征君王中庸，崇尚贤能，使得贤能之士不远避山林之间躬耕自食，而能出仕朝廷接受俸禄。

[义理]：积畜之大，莫过于积聚贤德；倘若一个人能够蓄正守贤，一点一滴地注力于知识的积累、道德的修养，则必成大器，必能一展其抱负；倘若一个政府能够将养贤蓄德放在首位，使得贤能之士尽为政府所用，则国家必然兴旺发达，即使偶有涉大河一样的风险，也能安然度过。

初九：有厉，利已。

《象》曰：有厉利已，不犯灾也。

[解读]：前进有危险，停止才会有利。

[象释]：下卦"乾"三个阳爻都有勇往直前之象，却被上卦"艮"即山所阻挡。"初九"与"六四"相应，在本卦中却成了阻挡"初九"前进的障碍。

[义理]：血气方刚，容易贸然行动。事实上，任何行动都不可能一帆风顺，当前头遇到障碍时，不应该再铤而走险，而应该适时停顿下来。

九二：舆说辐。

《象》曰：舆说辐，中无尤也。

[解读]：车子脱离车轴，自动停了下来。

[象释]："九二"阳爻居阴位，不正，但处于下卦之中，外刚内柔，有中庸之象，与"初九"阳爻阳位刚健过甚而不中有所区别。因此，"九二"虽然被"六五"所阻，由于不偏激，能见机行事，就像脱去革绳，主动让车子停止不前。

[义理]：有时候，停止也是一种力量的积聚；停止的目的，是为了积聚力量冲破障碍，有利于继续前进。因此，凡事都要见机而作，当进则进，当止则止；而且不待受阻而止，应该见机而止，自止可以更好地把握前进的主动权。

九三：良马逐，利艰贞。曰闲舆卫，利有攸往。

《象》曰：利有攸往，上合志也。

[解读]：仕途就像良马竞逐场，只有利于那些艰辛的正规训练者；又像操练舆卫

的军卒，每日苦练，才能无往而不利。

　　［象释］："九三"阳爻居阳位，乃纯阳之象，故以"马"喻之，又与"上九"同阳不相应，不但不受阻，而且与其合志，如同良马驰逐一般上进，故有"良马逐"之语。

　　［义理］：即使有发展机遇，也必须自身有力量的积聚，才能成功。

六四：童牛之牿，元吉。

　　《象》曰：六四元吉，有喜也。

　　［解读］：给尚未长角的牛犊安装上防止触人的横木，这是大吉大利的措施。

　　［象释］："六四"阻止"初九"，而"初九"在本卦最下方，力量很弱，如同未长角的牛犊，又给它装上了防止触人的横木。

　　［义理］：防患于未然，止恶于未形。当恶行尚未形成气势之时，便采取有效的措施，将其潜消默化，这样，不仅挽救了可能的受害者，也挽救了作恶者，使其免受刑戮之苦。这种止恶于未形的措施，实在是大善而吉祥。

六五：豮豕之牙，吉。

　　《象》曰：六五之吉，有庆也。

　　［解读］：被阉割的猪虽有牙齿不再伤人，这是吉祥的措施。

　　［象释］："六五"阻止"九二"，但"九二"的力量较"初九"为强，不易阻止。然而"六五"处中位，性中庸，并不从正面加以阻止，而是从根本上改变"九二"的刚暴之性，使之柔顺。

　　［义理］：止恶的有效办法是釜底抽薪，这是从根本上解决问题的最可靠的方法。

上九：何天之衢，亨。

　　《象》曰：何天之衢，道大行也。

　　［解读］：背负青天鹏程万里，前途畅通无阻。

　　［象释］："上九"是蓄积的极点，正是厚积薄发一展宏图的时刻，所以有"何（荷）天"之象以及"亨"的属性。

　　［义理］：学有所成方能委以大任，厚积薄发才能一鸣惊人，一飞冲天，建立丰功伟业。

䷚ 颐卦

【题解】

本卦阐述了养育的原则。养育应靠自己，坚持"自力更生"，不应羡慕他人，更不可依赖他人，而应该运用自己的智慧和能力，不仅自养，还可以养人。养生应循常理，采取正当的手段；事非得已，亦可变通，求养于人，然须动机纯正。养育他人是一件值得称颂的善事，即便有危险，也应不遗余力坚持做下去。

【原文】

颐①：贞吉。观颐，自求口实。②

初九：舍尔灵龟，观我朵颐，凶。③

六二：颠颐，拂经于丘颐，征凶。④

六三：拂颐，贞凶。十年勿用，无攸利。⑤

六四：颠颐，吉。虎视眈眈，其欲逐逐，无咎。⑥

六五：拂经，居贞，吉。不可涉大川。

上九：由颐，厉，吉，利涉大川。

【注释】

①颐：卦名。下震上艮，象征颐养。颐即两腮。

②口食：食物。

③尔：你。灵龟：指卜得的龟兆。古人认为龟不死而能长寿，是神物，所以龟甲行卜，并且称之为灵龟。朵颐：隆起的两腮。

④颠颐：两腮不停地抖动。拂经：颠倒事理。拂，逆，经，常理。于丘颐：向高丘上索取颐关。颐，颐养。征：兴兵出战。

⑤拂颐：违背颐养之道。

⑥逐逐：迫切的追求。

【译文】

颐卦：象征颐养。定获吉祥。考察事物的颐养现象，应当明了颐养之道是自食其力。

初九：丢弃你的美味龟肉，却观看我隆起的两腮，必有凶险。

六二：两腮不断地颠动，违背事理，向高处寻求颐养，兴兵征战定有凶险。

六三：违反颐养之道，则有凶险。十年之内不能施展才能，否则将没有什么好处。

六四：两腮不断地颠动，可获得吉祥。像猛虎那样双目圆睁虎视一切，急欲不断地获取食物必无灾祸。

六五：尽管违逆事理，但是卜问居处之事，可获吉祥。不可涉过大江大河。

上九：从两腮看，尽管有危险，但仍会获得吉祥，利于涉过大江大河。

【解析】

颐：贞吉。观颐，自求口实。

《象》曰：山下有雷，颐。君子以慎言语，节饮食。

[解读]：颐养必须坚持正道，才会吉祥；观人美餐，不如自去寻食。

[象释]：本卦形同张开的嘴，"初九"、"上九"形如相对的两排上、下牙，食物由中间进入，具有"养"的意思。又，上卦"艮"是山为止；下卦"震"是雷为动，与吃东西时上颚不动下颚动相类，故又有"口"的意思。

[义理]：观察一个人平生养育的是些什么人物，以及观察他如何养活自己，就可以知道，只有走正当的取食之道，才能吉祥。

初九：舍尔灵龟，观我朵颐，凶。

《象》曰：观我朵颐，亦不足贵也。

[解读]：放弃你自己的美味龟肉不吃，却羡慕我口中之食，这种行为很凶险。

[象释]："尔"为"初九"，"我"为"六四"。初九阳爻阳位，在最底层，与"六四"阴阳相应，以致有舍去自己手里的美味却呆呆地观望他人口中之食的形象。

[义理]：不知自爱，一味贪得无厌、羡慕别人的富贵，这不是正当的颐养之道。

六二：颠颐，拂经于丘颐，征凶。

《象》曰：六二征凶，行失类也。

[解读]：违反自力更生的求食常理，或依赖于下属的奉养，或寄希望于位高势重者的施舍，其前景必然凶险。

[象释]："六二"阴柔软弱，象征女人不能独立生活，须依附于强健的男人，于是便求养于"初九"，因此颠倒了颐养之常理；又想高攀"上九"，然而"上九"与"六二"不存在相应关系，因而无此义务；"六二"倘作"单相思"径自往前，必然碰壁，徒劳无益。

[义理]：养己必须遵循自力更生的原则，违背了这一原则而作不切实际之想，不会有好结果。

六三：拂颐，贞凶。十年勿用，无攸利。

《象》曰：十年勿用，道大悖也。

[解读]：违反颐养之道的事情充满着危险，始终都不要去做，因为这种行为不会得到什么好处。"十"为数之终，引申为"始终"。

[象释]："六三"阴居阳，不中不正，且处于下卦"震"即动的最高位，象征不正当的行动已经到了极点。

[义理]：求食应循正道，采取正当的手段。如果采取不正当手段谋取食禄，则必然招致凶险。

六四：颠颐，吉。虎视眈眈，其欲逐逐，无咎。

《象》曰：颠颐之吉，上施光也。

［解读］：藏富于民而又养贤于民，一定吉祥，即便像老虎扑食那样其视眈眈，其欲难遂，也没有什么过错。

［象释］："六四"阴爻居阴位，位高而柔弱，自养不足，只得求食于相应的"初九"，初九阳爻居阳位，强健有力，足以承担这一应尽的义务。

［义理］：平时藏富于民，关键时刻又取之于民，以资颐养贤士，振兴国家，在君王看来，这是合乎情理之事。

六五：拂经，居贞，吉。不可涉大川。

《象》曰：居贞之吉，顺以从上也。

［解读］：不得以违反常理求助于人，如果动机纯正便能吉祥，但是不可以去做冒险的事情。

［象释］："六五"位居至尊，其下均为阴爻，象征朝中均为柔弱之辈，与之相应的"六二"亦无阴阳相应之象。在这种虽处君位却不能养天下的情况下，只好求助于阳刚的"上九"。

［义理］：在动机纯正的情况下，不妨权宜变通，仰仗他人的供养以渡过难关，甚至不惜寄人篱下。

上九：由颐，厉，吉，利涉大川。

《象》曰：由颐厉吉，大有庆也。

［解读］：百姓依靠他的救济而生存，所以能够逢凶化吉，遇难呈祥，如同顺利地渡过大河一样。

［象释］："上九"因援助"六五"而使天下万民安居乐业，但因此亦会招忌，有危险，但他的济世行为深得万民爱戴，即便有危险之事也会顺利解决。

［义理］：舍身济世、颐养人民是一件最大的喜事，既值得冒险，又必然能够排除万难获得成功。

䷛ 大过卦

【题解】

本卦阐述了在蓄积、壮大力量之后，为实现理想而以求一逞的行动原则。大的过度，必然充满着危机，但是只要敬而慎之，便不会发生灾难；在过渡时期，应该不拘常规，团结一切可以团结的力量，寻求发展；倘若刚愎自用，孤家寡人，必然危险万分。应该注意周围环境的分析，不去做那些华而不实的表面文章。在不得不为的情况之下，明知不可为也得为之，即使失败，其精神仍然可嘉。

【原文】

大过①：栋桡，利有攸往，亨。②

初六：藉用白茅，无咎。③

九二：枯杨生稊，老夫得其女妻，无不利。④

九三：栋桡，凶。

九四：栋隆，吉。有它，吝。⑤

九五：枯杨生华，老妇得其士夫，无咎，无誉。⑥

上六：过涉灭顶，凶，无咎。

【注释】

①大过：卦名。下巽上兑，象征大有过越。

②栋桡：大梁弯曲。桡，通"挠"，弯曲。

③藉：铺垫

④稊：树木新生的枝条和嫩芽。女妻：幼妻。

⑤隆重：隆起。它：指意外情况。

⑥华：花。士夫：幼夫。

【译文】

大过卦：象征大有过越。大梁弯曲，利于有所行动，亨通顺利。

初六：用洁净的茅草铺地以陈设祭品，没有什么灾祸。

九二：枯死的杨树发出新枝嫩芽，年迈的老翁娶了个年轻的娇妻，无所不利。

九三：大梁弯曲，定有凶险。

九四：大梁隆起，可获吉祥。但是假如发生意外情况，则行事定会艰难。

九五：枯萎的杨树开放新花，年迈的老妪嫁了个年轻的美丈夫，尽管没有什么灾祸，但是也得不到赞誉。

上六：盲目涉水过河，大水没过了头顶，尽管有凶险，但最终遇救而没有什么灾祸。

【解析】

大过: 栋桡, 利有攸往, 亨。

《象》曰: 泽灭木, 大过。君子以独立不惧, 遁世无闷。

[解读]: 大的过度, 就像栋梁受重压向下弯曲, 即使充满危机, 仍然有利于进步, 并且一路亨通。

[象释]: 本卦阳多阴少, 有阳盛过度之象; 其中初、上两爻为阴, 形如木材之中间坚实而两端软弱, 以此作栋梁, 则有"栋桡"之虑。又, 上卦"兑"是泽, 下卦"巽"是木, 水应浮木, 然本卦却呈木沉于水下之形, 亦有"大过"之象。

[义理]: 君子应效法栋梁的特立独行、无所畏惧的精神, 即或不得已时隐名遁世, 也不自寻烦恼。

初六: 藉用白茅, 无咎。

《象》曰: 藉用白茅, 柔在下也。

[解读]: 祭祀时在供品下面铺上一层洁白的茅草, 如此恭敬不会有过错。

[象释]: 下卦"巽"为顺, "初六"处于下卦的最下位, 故以"藉用白茅"喻其处于下位而极端的恭敬柔顺。

[义理]: 做事情必须小心谨慎, 尤其是做大事情, 更要敬而慎之, 如同祭祀时的恭敬心态一样。今人所言"安全第一", "万无一失", 是对古人这一思想更明白的表述。

九二: 枯杨生稊, 老夫得其女妻, 无不利。

《象》曰: 老夫女妻,, 过以相与也。

[解读]: 枯杨树生幼芽, 老汉娶得女娇娃, 没有什么不利。

[象释]: "九二"为阳刚过渡的起点, 在上与"九五"不相应, 只得与下面的"初六"亲近, 象征枯树由下方吸得阴气而生出新芽, 老汉娶得少女为妻而生育子女。

[义理]: 在阳刚过渡的非常时期, 应该不拘常规, 团结一切可以团结的力量, 求得生存与发展。

九三: 栋桡, 凶。

《象》曰: 栋桡之凶, 不可以有辅也。

[解读]: 栋梁受压向下弯曲, 势属凶险。

[象释]: "九三"位于本卦中部, 如栋之中段; 阳爻居阳位, 过于刚强, 所以一旦受压, 向下弯曲就很危险; 由于过分刚强自信, 虽有"上六"相应, 也难以帮上忙。

[义理]: 处"大过"时势, 做大事业者必须有人支持、辅佐; 倘若刚愎自用, 一意孤行, 一旦肩负重任, 必有危险降临。

九四：栋隆，吉。有它，吝。

《象》曰：栋隆之吉，不桡乎下也。

[解读]：栋梁隆起，能负重荷，所以吉祥；然而如有意外情况，就会危险。

[象释]："九四"阳居阴位，刚柔兼备，故有能负重荷之象；然而"九四"与"初六"相应，"初六"过于柔弱，牵累"九四"，固又有"它吝"之象。

[义理]：担负重要职位的贤德之士，虽有独立不惧的刚强个性，然而事业的成功还需借助于周围力量的配合。倘若环境条件十分不利，也会影响到事业的成败。

九五：枯杨生华，老妇得其士夫，无咎，无誉。

《象》曰：枯杨生华，何可久也。无妇士夫，亦可丑也。

[解读]：枯杨树开花朵，老太婆嫁给少年哥，既不会有祸害，也不值得称道。

[象释]："九五"处于四个阳爻的最上方，阳刚过度达到极点，在下又不与"九二"相应，只得与上方的"上六"亲近；"上六"是本卦的终极，已经十分衰弱，有如"老妇"。过度阳刚的"九五"与已经衰老的"上六"结合，就像枯萎的杨树开花，衰老的妇女嫁人。

[义理]：在危机四伏的社会态势下，切不可去做那些华而不实的表面文章，损伤已经衰弱的元气。

上六：过涉灭顶，凶，无咎。

《象》曰：过涉之凶，不可咎也。

[解读]：涉渡过深之水，以致淹没了头顶，虽然其象凶险，但不会招致怨咎。

[象释]："上六"以柔弱处于大过之极端，又无相应之爻的援助，于是只能铤而走险。

[义理]：在危急之秋，不以才弱自诿，明知不可为而不得不有所为，这种奋不顾身铤而走险的精神十分可嘉；即便壮志未酬身先死，其杀身成仁的壮举，亦足以惊天地泣鬼神。

䷜ 习坎卦

【题解】

本卦阐述了身陷险境如何冲破艰险的原则。艰危难险时期，也正是体现人性光辉的时候，临危不惧意志坚定，对光明依然执著追求，这是崇高的行为。陷险绝非好事，因而尽量不要陷入；若已经陷入，则不可操之太急，而应稳步涉险，徐图解脱。陷入既深，更不可轻举妄动，而应寻求自保之策，静以待变。居于领导地位的人，应发挥自己的才能，以求化险为夷，帮助人民一起脱离险境；事关全局，更宜小心谨慎，稍有不慎，便将愈陷愈深，最终不能自拔。

【原文】

习坎①：有孚维心，亨，行有尚。②
初六：习坎，入于坎窞，凶。③
九二：坎有险，求小得。④
六三：来之坎坎，险且枕。入于坎窞，勿用。⑤
六四：樽酒簋贰，用缶，纳约自牖，终无咎。⑥
九五：坎不盈，祗既平，无咎。⑦
上六：系用徽纆，置于丛棘，三岁不得，凶。⑧

【注释】

①坎：卦名。下坎上坎，象征重重险难。坎字的意思是险、陷。习坎，即重坎。习，重复。
②维：维系。
③入于坎窞，落入陷穴深处。窞：深坑。
④坎有险：陷穴中有凶险。
⑤来之坎：来去都处在坑穴之间。坎险且枕：坑穴既险又深。枕：通"沈"，深。
⑥樽酒：一樽薄酒。簋贰：两簋淡食。簋，古代盛谷物的竹器。缶：瓦器。牖，窗。
⑦祗：安。
⑧系用徽纆：用绳索捆绑。徽纆，绳索。

【译文】

习坎卦：面对重重艰险，依然勇往直前，是高尚的。
初六：面临重重艰险，又落入陷阱深处，必有凶险。
九二：在陷穴中遭逢险难，从小处谋求脱险定能得逞。
六三：来来去去都处于险难之中，陷穴既险且深。一旦落入陷阱深处，暂时不宜施展才能。

六四：就像是将一杯薄酒，两筐淡食，用瓦罐盛起来，并且通过窗口递送，最后不会有什么灾祸。

九五：陷穴尚未填满，小丘已被铲平，没有灾祸。

上六：被用绳索捆绑起来，并囚禁于荆棘丛中，三年不得解脱，必有凶险。

【解析】

习坎：有孚维心，亨，行有尚。

《象》曰：水洊至，习坎。君子以常德行，习教事。

[解读]：面对重重陷险，仍然能够意志坚定，勇往直前，这种行为是高尚的。

[象释]：本卦的上、下卦都是"坎"即陷阱，象征其险无比。"坎"经卦的上、下爻均为阴虚而中爻为阳实，象征心中实在，故有"维心"之辞；"坎"形与古字"水"相似，当水流动时，前有凹陷，必注满之后溢出才继续前行，无论前方有多少凹陷，水决不违背这一原则，故有"有孚"即有诚信之辞。

[义理]：沧海横流，方显出英雄本色。无论面前有多少客观的以及人为的艰难险阻，都不能动摇其信念，反而能磨炼其意志，锻炼其情操。

初六：习坎，入于坎窞，凶。

《象》曰：习坎入坎，失道，凶也。

[解读]：陷险重重，竟掉入陷坑最深处，十分凶险。

[象释]："初六"处于重叠之"坎"的最底层，因而有"坎害"之言。

[义理]：陷于重险之境，必是因迷失正道之故；既入重陷深处，便不能再指望侥幸，否则愈陷愈深不能自拔。

九二：坎有险，求小得。

《象》曰：求小得，未出中也。

[解读]：坑中处境仍然险恶，只求小有改善。

[象释]："九二"阳刚得中，虽不能完全摆脱困境，但以其刚健中正的品德，处境会有所改善。

[义理]：身处险难之中，不可操之太急，而宜小心翼翼设法改善，逐步脱离困境。

六三：来之坎坎，险且枕。入于坎窞，勿用。

《象》曰：来之坎坎，终无功也。

[解读]：来到坑边，坑非常危险且一个紧挨一个，一不小心便会掉进坑的深处，因此切勿轻举妄动。

[象释]："六三"处于下"坎"的最上层而与上"坎"紧挨，所以有坑边的以及坑的"险且枕"的比喻。

［义理］：处在重重的险难之中时，不可轻举妄动，应该尽量先求自保，以静待变。

六四：樽酒簋贰，用缶，纳约自牖，终无咎。

《象》曰：樽酒簋贰，刚柔际也。

［解读］：一杯酒，两碗饭，用瓦器盛着，悄悄地从窗口递进去，结果没有发生不幸。

［象释］："六四"已从下"坎"升入上"坎"，险情有所好转，如同入监的人犯可以由亲人暗递酒食了。

［义理］：在尚未脱离陷险之时，即使险情有所减轻，仍须保持高度警惕，一举一动都要谨慎，有如给囚禁者递送酒食一样，只能悄悄地从旁窗侧翼处递入，以免功亏一篑，前功尽弃。

九五：坎不盈，祗既平，无咎。

《象》曰：坎不盈，中未大也。

［解读］：取小丘之土填凹陷之坑，虽然坑未填满，小丘却已被铲平，没有什么不好。

［象释］："九五"阳刚中正，其德性与地位，都以拯救天下为己任，犹如小丘之土，可资填"坎"。

［义理］：国家处在艰难时期，领袖人物有责任帮助人民及早脱离困境，即使力量还嫌不足，但只要尽其所能，人民也会同心协力，前途必然是光明的。

上六：系用徽纆，置于丛棘，三岁不得，凶。

《象》曰：上六失道，凶三岁也。

［解读］：被绳索绑住手脚扔在荆棘丛生的地方，三年都逃不出来，凶险啊。

［象释］："上六"以阴柔居于陷险的极点，因此其险境已非一般之坑而是"丛荆"，且有"三年不得"的厄运。

［义理］：在险难时期，切勿轻举妄动，尤其才疏力弱之辈，更会愈陷愈深而终不得自拔。处此之境，宜作长期的打算。

䷝ 离卦

【题解】

本卦通过一个比较完整的寓言故事，阐述了追求光明的原则。光明是人类所追求的理想目标，但也受到与之相对应的黑暗的妒忌和干扰；所谓"皎皎者易污"，光明磊落也需要柔顺中正的品性相辅，才能为世人所接受；在光明磊落的行为受到侵扰时，必然会引起人们的同情与支持；但是，有时在光明磊落的背后却隐藏着黑暗和阴险，稍有不慎便会被其表面现象所迷惑而发生凶险。

当然，即使发生这种过错也不要紧，只要吸取教训，使自己的认识深化，便不仅能防患于未然，还能铲除隐藏在光明背后的黑暗与邪恶，获得真正的光明。

【原文】

离①：利贞，亨，畜牝牛，吉。②

初九：履错然，敬之，无咎。③

六二：黄离，元吉。④

九三：日昃之离，不鼓缶而歌，则大耋之嗟，凶。⑤

九四：突如其来如，焚如，死如，弃如。⑥

六五：出涕沱若，戚嗟若，吉。⑦

上九：王用出征，有嘉折首。获匪其丑，无咎。⑧

【注释】

①离：卦名。下离上离。象征附丽。丽，附着。

②牝牛：母牛。

③错然：敬慎、郑重的样子。

④黄离：黄色附着于物。

⑤日昃之离：日将落而附丽于西天。大耋之嗟：老暮穷衰之嗟叹。耋：八十日耋。

⑥突如其来如：指不孝之子突然返家。突，古称逐出之子为"突"。

⑦沱若：滂沱的样子，形容泪流满面或泪如雨下。若，样子。戚：忧伤。

⑧折：折服。首：首领。匪：非。丑：同类，随从。

【译文】

离卦：有利之卦，亨通顺利。蓄养母牛，定获吉祥。

初九：处理事务谨慎郑重，态度恭敬，定无灾祸。

六二：有了黄色的附丽，大吉大利。

九三：太阳快要落山，敌人来骚扰，老人在叹息，定遭凶险。

九四：敌人突然闯进来，烧房子，杀人，摔孩子。

六五：洒下的泪水就象大雨滂沱，忧伤嗟叹，但最终将获得吉祥。

上九：君王兴兵出征，有令嘉奖擒服首恶之人，捕获的即使不是其同党，也没有什么灾祸。

【解析】

离：利贞，亨，畜牝牛，吉。

《象》曰：明两作，离。大人以继明照于四方。

[解读]：追随利益众生的正义事业，则亨通；畜养安稳老实不使性子的母牛，则吉祥。

[象释]：本卦上、下经卦都是"离"为火，火为光明，火的重叠则愈见其光明。又"离"经卦外实内虚，与火的非虚心不燃之性相符；"六二"、"六五"以阴爻居中位，故有"畜牝牛"之喻，又处于火之虚心处，故两爻断语均"吉"。

[义理]：人应该效法"离"的精神，以光明磊落的姿态处世，以虚心柔顺的态度待人。

初九：履错然，敬之，无咎。

《象》曰：履错之敬，以辟咎也。

[解读]：深夜传来一阵错杂的脚步声，连忙戒备，总算无事。

[象释]："初九"处于本卦的最底层，所以有"履"之喻；因其位卑，所以有"敬"的表现。

[义理]：光明必然会遭到黑暗的妒忌，尤其在光明的初期，必有人要加以暗算，因此务必提高警惕。

六二：黄离，元吉。

《象》曰：黄离元吉，得中道也。

[解读]：有了黄色的附丽，得大吉之兆。

[象释]："六二"处下卦之中，按五色方位，中为黄色，故有"黄离"之喻；"六二"居中，乃光明的核心处，故有"元吉"之语。古人用黄鹂占卜，沿袭至近现代，即为衔牌算命的"小嘴子金"。

[义理]：光明磊落的姿态，若以柔顺中正相辅，便能起到最佳的效果。

九三：日昃之离，不鼓缶而歌，则大耋之嗟，凶。

《象》曰：日昃之离，何可久也？

[解读]：日暮时分，敌人又来骚扰，男女老少一齐动员起来，妇幼呐喊助威，七八十岁的老人在一旁叹息，形势凶险。

[象释]："九三"为下卦的最上一爻，象征太阳快要坠落，故有"日昃"之喻；"九三"阳爻阳位，过于刚健以至强横，故有粗暴地侵略别人之象。

[义理]：在黑暗势力面前，万不可示弱；只有舍命拼搏，才能再现光明。

九四：突如其来如，焚如，死如，弃如。

《象》曰：突如其来如，无所容也。

[解读]：敌人来势凶猛，一下子攻了进来，见房子就烧，见人就杀，见孩子就摔。

[象释]："九四"为上火的下端，因而有"来如"之辞；又临于下火之上，有被焚之象，因而有"焚如"之辞；"九四"又处于君位之下，其性烈如火，必有"死如，弃如"之危。

[义理]：任何事物内部都包含着矛盾对立的双方，既无绝对之明，亦无绝对之动；明中蕴藏着暗，动中包含着静。

六五：出涕沱若，戚嗟若，吉。

《象》曰：六五之吉，离王公也。

[解读]：劫后余生，泪流如雨，悲声叹气，这是好的。

[象释]："六五"以阴居中，且与"六二"不相应，有柔弱之象，但所居阳位，有柔中寓刚之象；又，"六五"以虚形处于上"离"之中，合乎"火要空心"之理，有诚信之象，故断语为"吉"。

[义理]：坏事在一定条件下可以引出好的结果来。

上九：王用出征，有嘉折首。获匪其丑，无咎。

《象》曰：王用出征，以正邦也。

[解读]：君王亲自率领精锐之师出征，取得胜利，斩决侵略成性的敌人首领，对胁从者宽大处理。

[象释]："上九"是光明的极点，于高处而能洞明一切；其阳刚果断，亦有利于用兵。

[义理]：只有铲除邪恶，才能换得光明；然而在邪恶势力之中，还有首恶与胁从的区别；倘若一味滥杀，便失光明。

咸卦

【题解】

本卦通过对男女情感发展的描述，阐述了人与人之间相互感应的原则。人与人之间的相感应该自然而然地发生，不可牵强造作；它是一个循序渐进的过程，不能妄动，更不可强求；人与人相互感应时，要保持独立人格，有主见、有原则，不可盲从；心地必须纯正，感情出乎自然，人们便会主动接近追随；处于高位时仍应保持中正待人之心，与民众保持广泛的联系和沟通；只要坚持不懈地遵循这些原则，人与人之间的思想情感便一定能沟通，人与人之间就能建立起和衷共济、亲密无间的友好关系。

【原文】

咸①：亨，利贞。取女。吉。②

初六：咸其拇。③

六二：咸其腓，凶，居吉。④

九三：咸其股，执其随，往吝。⑤

九四：贞吉，悔亡；憧憧往来，朋从尔思。⑥

九五：咸其脢，无悔。⑦

上六：咸其辅颊舌。⑧

【注释】

①咸：卦名。下艮上兑，象征感应。咸即"感"。

②取女：即娶女。取，通"娶"。

③拇：脚大趾。

④腓：小腿肚。居：居家不出。

⑤股：大腿。执：执身。追随他人。执随：这里是执迷盲从的意思。

⑥悔亡：从困境中解脱出来。悔，困窘危险，这里指困境。亡，通"无"，消失。憧憧：心意不安，思绪不绝的样子。从：顺依。思：意愿，想法。

⑦脢：背。

⑧辅：牙床。颊：面颊。

【译文】

咸卦：象征感应。亨通和顺，有利之卦，迎娶此女为妻，可获吉祥。

初六：互相感应在脚的大拇趾，它因势而动。

六二：互相感应在小腿肚，定有凶险；但是假如居家不出，则可获吉祥。

九三：互相感应在大腿，执迷盲目追随他人，有所举动则行事艰危。

九四：心地纯正，可获吉祥；危难困窘将会消失；即使感情出乎自然，人家最后会顺从你的意愿。

　　九五：互相感应在喉间，就不会遭遇困厄。

　　上六：互相感应在口舌，牙床、面颊、舌头都会因势而动。

【解析】

　　咸：亨，利贞。取女。吉。

　　《象》曰：山上有泽，咸。君子以虚受人。

　　[解读]：人与人相感则亨通，但必须入于正道才有利；迎娶这个女子，便吉祥如意。

　　[象释]：本卦六个爻，均阴阳相应，故为"咸"，即完全感应。下卦"艮"是少男，上卦"兑"是少女，象征少男谦居于下追求少女。

　　[义理]：男女以自然的真情相感应而伉俪情深，君子以至诚感应人民而使天下和平。

　　初六：咸其拇。

　　《象》曰：咸其拇，志在外也。

　　[解读]：感应发生在脚的大拇指上。

　　[象释]：初六爻在咸卦的最下方，如同人体的脚趾；与九四爻阴阳相应，为人与人相感应的最初阶段。

　　[义理]：人与人的相感有一个谨慎、渐进的过程，犹如抬腿迈步之初先动其脚拇指一样。

　　六二：咸其腓，凶，居吉。

　　《象》曰：虽凶居吉，顺不害也。

　　[解读]：感应发生在小腿肚上，凶险；居家不出则吉祥。

　　[象释]：六二爻高于初六爻之"拇"而有"腓"即小腿之喻。与"九五"至尊相应，倘若妄动则遭凶险；然而"六二"阴爻居阴位，且又处中，故有不妄动之象，其结果乃吉。

　　[义理]：不合时宜的行动，犹如未动脚拇指却先抬起小腿，虽存在感应，但结果仍不会讨好。做任何事情，都不可操之过急，更不可一味强求。

　　九三：咸其股，执其随，往吝。

　　《象》曰：咸其股，亦不处也。志在随人，所执下也。

　　[解读]：即便感应发生在大腿上，如果不把握分寸一味追求对方，发展下去难免会遭羞辱。

　　[象释]："九三"爻位于"六二"之"腓"的上方，故作"股"喻。"九三"爻为下卦的顶点，应与上六爻相应；如果跟随"初六"、"六二"爻一味妄动，难免会遭羞辱。

［义理］：男女相感不仅要循序渐进，而且在方法上要把握分寸；人与人之间的感情交流亦如此，在交往过程中要把握分寸，有自己的主见，不盲目跟从。

九四：贞吉，悔亡；憧憧往来，朋从尔思。

《象》曰：贞吉悔亡，未感害也。憧憧往来，未光大也。

［解读］：心地纯正便吉祥，灾害也不会光临；感情出乎自然，少女便会主动前来，伴随左右以遂少男久思之念。

［象释］："九四"爻处于三个阳爻的中间，为本卦的主爻，象征男子发乎自然的求爱之心；与"初六"爻相应，故有少女主动前来依归之象。

［义理］：只要保持着一颗自然纯净之心，便不难与人感应沟通，得到人们的信赖和追随。

九五：咸其脢，无悔。

《象》曰：咸其脢，志末也。

［解读］：感应上升到了喉间，倾吐着无悔的山盟海誓。

［象释］：九五爻在九四的心之上、上六的额、颊、舌之下，象征蠕动的喉结。中正的"九五"爻与同样中正的"六二"爻相应，故有"无悔"的盟誓之辞。

［义理］：感动他人，必须持中正的态度；尤其身居尊位的领导者，更应该保持中正的态度，才能换取人民对他的中正之心，确保其长治久安。

上六：咸其辅颊舌。

《象》曰：咸其辅颊舌，滕口说也。

［解读］：少男少女情深意浓，贴腮哺舌，亲昵无比。

［象释］："上六"爻在"九五"的喉之上方，是情感交流的最高位置，因而有额、颊、舌之喻；因"上六"爻为上卦"兑"即悦之极端，故有贴腮哺舌之举。

［义理］：由于循序渐进、至诚相感，所以人际关系必然会健康发展，不断升华，如同男女相悦而形诸于声色。

䷟ 恒卦

【题解】

本卦以夫妇关系为隐喻，阐述了恒守常道的原则。

认为恒守应以纯正的动机为前提，以顺乎自然、出乎自愿为原则；奉行中庸之道，就能团结同人，相依相助；遵守常道必须持之以恒，不可半途而废；一个人、一个家庭、一种事业的成功，不仅与有无守恒之心相关，也与所处地位是否恰当有关；常道既有多样性，又有质的规定性，不同的立场所恒守的常道便不一样；对应该坚持的常道，应坚持到底不动摇。

这些原则，不仅是夫妇之道，也是普通的为人处世之道。

【原文】

恒①：亨，无咎；利贞，利有攸往。

初六：浚恒，贞凶，无攸利。②

九二：悔亡。

九三：不恒其德，或承之羞，贞吝。③

九四：田无禽。④

六五：恒其德贞，妇人吉，夫子凶。⑤

上六：振恒，凶。⑥

【注释】

①恒：卦名。下巽上震，象征恒久。

②浚：深，久。

③承：承受，蒙受。羞：耻辱。

④田：田猎即打猎。禽：泛指禽兽。

⑤夫子：男人。

⑥振：振动不安，变化无常。此指不能持恒守德。

【译文】

恒卦：象征长久。亨通顺利，没有灾祸；有利之卦，利于有所行动。

初六：有所追求，持续得过于恒久，定有凶险，没有什么益处。

九二：筮得此爻，危厄将会消失。

九三：不能长期保持美德，有时就会蒙受耻辱，行事艰难。

九四：田猎没有捕得禽兽。

六五：长久地保持美德，妻从夫，可获吉祥；而夫从妻，却有凶险。

上六：振动不安，变化无常，不能持恒守德，定有凶险。

【解析】

恒：亨，无咎；利贞，利有攸往。

《象》曰：雷风，恒。君子以立不易方。

[解读]：循守常道，就能亨通，不会有灾难，但必须以坚持纯正为前提，才有利于事业的发展。

[象释]：本卦卦体与《咸》卦互为颠倒，其下卦"巽"是长女，上卦"震"是长男；长女处下，长男居上，男尊女卑乃夫妇常理，其关系能持久，故取名"恒"。又，下卦"巽"为顺，上卦"震"为动，下依随上而动，如夫妇之间的夫唱妇随；下卦"巽"为风，上卦"震"为雷，雷因风而远传，风因雷而气盛，雷风相长，亦为恒久之理。

[义理]：夫妇关系贵在长久，天长地久、白头偕老为夫妇之理想观念，君子亦当效法这一守常恒久的精神。

初六：浚恒，贞凶，无攸利。

《象》曰：浚恒之凶，始求深也。

[解读]：有所追求，倘若太久，即便动机纯正难免凶险，发展下去有益无害。

[象释]："初六"爻为恒守正道之初，与"九四"爻阴阳相应；但是"九四"爻乃上卦中的惟一阳爻，一心争上游，对"初六"爻之追求不予理会。在这种情况下，"初六"倘若一味强求，难免遭受凶险。且"初六"上追"九四"，中间有"九二"、"九三"阻挡，因而又有"无攸利"之辞。

[义理]：持守常道是一个日积月累的过程，但是不能求之过深。

九二：悔亡。

《象》曰：九二悔亡，能久中也。

[解读]：灾悔自行消除。

[象释]："九二"阳爻居阴位，由于位不正而有灾悔，但由于它是处于下卦之中位，又与处于上卦中位的"六五"爻相应，足以消灾去悔。

[义理]：只要坚持不偏不倚的中庸原则，便能恒久地相依相助而问心无愧。

九三：不恒其德，或承之羞，贞吝。

《象》曰：不恒其德，无所容也。

[解读]：不能坚持常道，有如妇女品行不端遭夫休弃；有时就会蒙受耻辱，行事艰难。

[象释]："九三"阳爻阳位，刚强过甚；为下卦之上位，与下卦最邻近，诱发攀龙附凤之心，不愿甘居于下卦，所以有虽正不恒之象。

[义理]：有德还须保德。如果遇事辄变，反复无常，则不仅为人所鄙弃，即自己内心也会感到不安；一经丧德，追悔莫及。

九四：田无禽。

《象》曰：久非其位，安得禽也？

［解读］：田间狩猎，结果一无所获。

［象释］："九四"阳爻居阴位，不中也不正，即便能守恒持久，也不会有收获。

［义理］：一个人能否成功，不仅与有无守恒持久之心相关，也与其地位是否恰当有关。地位不当，往往是事业无成的重要因素。

六五：恒其德贞，妇人吉，夫子凶。

《象》曰：妇人贞吉，从一而终也。夫子制义，从妇凶也。

［解读］：循守常道因人而异，例如妻子从丈夫则吉祥，丈夫从妻子则凶险。

［象释］："六五"以阳爻处上卦之中位，又与下卦居中的"九二"爻相应，象征中庸柔顺的德性，恒久不变。

［义理］：柔顺对于女人来说是美德，如果男人具有这一种德行则不妙。

上六：振恒，凶。

《象》曰：振恒在上，大无功也。

［解读］：循守常道之心摇摆不定，必生凶险。

［象释］："上六"爻为恒卦的极端。恒极而动，故有"振恒"之辞；阴爻阴位，阴柔之至，亦为难以持久之象。

［义理］：当恒久发展到了极端，便会向它的反面动摇转化。一旦出现"合久必分"的局面，那就惨了。

遁卦

【题解】

本卦通过"遁尾"、"系遁"、"好遁"、"嘉遁"、"肥遁"等概念，系统地阐述了退避（或曰隐退）的原则。

认为应当隐退的时候不可迟疑；当已经失去退隐机会时不可躁急盲动；退隐的主意既定，就不宜再有动摇；退隐时不可瞻前顾后，应该退隐又一时难以退隐时更要谨慎涉世；退隐时倘能自我克制摈除所好，是一件一般人难以做到的事情；倘若身居尊位仍能从容退让超然归隐，则更加难能可贵；退让并非绝对消极，运用得当便能退中有进，而且能收到无处不能进的效果。

【原文】

遁①：亨，小利贞。

初六：遁尾，厉，勿用有攸往。②

六二：执之用黄牛之革，莫之胜说。③

九三：系遁，有疾，厉；畜臣妾，吉。④

九四：好遁，君子吉，小人否。⑤

九五：嘉遁，贞吉。⑥

上九：肥遁，无不利。⑦

【注释】

①遁：卦名。下艮上乾，"遁"象征退避。

②遁尾：末尾，意为退避迟缓而落在后边。勿用：暂不施展才能。

③执遁：缚。革：皮。说：通"脱"。

④系遁：心中有所顾恋，而迟迟不能退避。畜：畜养。臣：臣仆。妾：侍妾。

⑤好：指心怀恋情而身已退避。

⑥嘉遁：指相机而动，时机嘉美。

⑦肥遁：通"蜚"，即飞。

【译文】

遁卦：象征避退。亨通顺利，有利于执守正道。

初六：退避不及，落在后边，定有凶险，暂时不宜有所行动，施展才能。

六二：被黄牛皮绳捆绑，没有人能够逃脱。

九三：心中有所牵挂，迟缓而不能适时退避，定有危险；而蓄养臣仆和侍妾，则可获吉祥。

九四：尽管心中怀有恋情，但是已经适时退避，这一点只有君子才能够做到，而小人则办不到，所以君子可以获吉，小人则不会吉利。

九五：选择最好的时机，及时退避，可获吉祥。

上九：远走高飞，完全退避，无所不利。

【解析】

遁：亨，小利贞。

《象》曰：天下有山，遁。君子以远小人，不恶而严。

[解读]：隐退是为了事业的顺利进行，这对执于正道小有好处。

[象释]：阴爻由下生长，阳爻渐退，象征小人势力渐渐伸长，君子因此退避，故卦名为"逐"，取其逃亡、退避之意。又：下卦"艮"为山，上卦"乾"为天；山高而天退，即遁之义。下卦的中位"六二"爻与上卦的中位"九五"爻阴阳相应，故又有"小利贞"。

[义理]：君子在必须退避的时候便应该退避，因为退避从表面上看为消极，其实也有以退为进，亦即退的目的是为了更好地进。

六二：遁尾，厉，勿用有攸往。

《象》曰：遁尾之厉，不往何灾也？

[解读]：成了隐退的尾巴，情况很危险，此时务必不要再有举动。

[象释]："初六"爻是本卦的末尾，先逃的已经避之上方，迟疑的才落伍为尾，与小人共处。

[义理]：应该引退时不可迟疑不决；当已经失去隐退的机会时，又应静以观变，不可再作积极的退避行动，以免为小人所怨恨而遭不测。

六二：执之用黄牛之革，莫之胜说。

《象》曰：执用黄牛，固志也。

[解读]：用黄牛皮做的绳子捆缚，谁也不能解脱。

[象释]："六二"阴爻阴位且处中，与"九五"爻阴阳相应，因而能柔顺地追随"九五"；"黄"是中色，有中庸之义，牛的性情柔顺，故以"黄牛"喻"六二"爻的阴爻阴位和处中之象。

[义理]：追随正道的意志，应该像黄牛皮绳捆缚一样坚韧，不可动摇。

九三：系遁，有疾，厉；畜臣妾，吉。

《象》曰：系遁之厉，有疾惫也。畜臣妾吉，不可大事也。

[解读]：因受束缚而不能隐退，危险很快就会降临；以畜养臣妾之心处世，也会吉祥。

[象释]："九三"阳爻阳位，刚强过甚，与"上九"爻不应，反被下卦中的二阴爻所牵累锁缚。

[义理]：隐退时不可瞻前顾后，患得患失，一旦受牵累而难以隐退，亦应收敛壮心，以"惟小人与女子为难养"的心态谨慎涉世。

九四：好遁，君子吉，小人否。

《象》曰：君子好遁，小人否也。

［解读］：摈除所好一意隐退，君子才能做到这一点，所以吉祥；小人是不可能做到的。

［象释］："九四"爻与"初六"爻相应，但"九四"具有刚强之性，在隐退时能不为"初六"所好，毅然而去。

［义理］：在恰当之时以恰当的方式隐退，不是人人都能做到的；在隐退之际能自我克制所好，更不是一般人所能达到的境界。

九五：嘉遁，贞吉。

《象》曰：嘉遁贞吉，以正志也。

［解读］：隐退之举值得赞美，坚守正道必然吉祥。

［象释］："九五"爻处中得位，与之相应的"六二"爻也居中得位，不会成为"九五"的累赘，故有既"嘉"且"贞"之辞。

［义理］：身居至尊之位而仍能进退自如，退让时达到无牵无挂、从容舒畅的境界，那就更非一般隐退可比了。

上九：肥遁，无不利。

《象》曰：肥遁无不利，无所疑也。

［解读］：摆脱一切世俗的隐退，没有任何不利之处。

［象释］："上九"爻为"避"的极端处，因而寓有物极必反的含义，故有"无不利"之辞。

［义理］：避为退让，本是一种消极的行为。然而当它被运用到最佳状态时，却又极具进取的威力，达到比"进"更为有效的结果。

☳☰ 大壮卦

【题解】

　　本卦阐述了壮大的运用原则。壮大是衰退的反面，本属好事，然而因为壮大，往往滋生自负横暴、冒失躁进的思想和行动，所以当壮大之时更须克制自己，培养中庸德性，及时补救过失使之中正。无论统治者还是平民百姓，都不能挟壮自持，否则便会走向反面。

　　当然，有大抱负者，仍须及时进取；在必要之时，亦须用强。在壮极而衰之时，一方面要审慎行动，另一方面也要善于利用既有的壮势完成自己的业绩。

【原文】

　　大壮①：利贞。

　　初九：壮于趾，征凶；有孚。②

　　九二：贞吉。

　　九三：小人用壮，君子用罔；贞厉，羝羊触藩，羸其角。③

　　九四：贞吉，悔亡，藩决不羸，壮于大舆之輹。④

　　六五：丧羊于易，无悔。⑤

　　上六：羝羊触藩，不能退，不能遂，无攸利，艰则吉。⑥

【注释】

　　①大壮：卦名。下乾上震，象征刚大盛壮。

　　②趾：脚趾。

　　③小人用壮，君子用罔：小人仗持盛壮以逞刚强，君子盛壮而不用。罔：无，不。羝羊触藩，羸其角：公羊强顶藩篱，羊角必然被绳索缠绕。羝羊，公羊。羸，大绳索。

　　④輹：辐。

　　⑤易：通"场"，田边。

　　⑥遂：进。

【译文】

　　大壮卦：象征刚大盛壮。利卦。

　　初九：脚趾盛壮，出征定有凶险；此时应该以诚信自持。

　　九二：吉祥之卦。

　　九三：小人倚仗盛壮以逞刚强，君子则虽然盛壮而不妄用；此卦凶险，就像公羊强顶藩篱，羊角定然被绳索所缠绕。

　　九四：吉祥之卦，危难困窘将自行消解，犹如藩篱开裂而羊角却不被缠绕，又象大车轮辐盛壮适用。

六五：在田边丢失羊，不会遭逢困厄。

上六：公羊抵触藩篱，既不能后退，也不能前进，没有什么益处，预示经过艰苦磨难则可获吉祥。

【解析】

大壮：利贞。

《象》曰：雷在天上，大壮。君子以非礼弗履。

[解读]：十分强盛时，务须坚守正道才会有利。

[象释]：本卦的初至四爻均为阳，象征阳刚之气勃然兴起，其势壮大，阴柔之气已被逼退至末路，故名《大壮》。又，上卦"震"是雷，下卦"乾"是天，天上雷声轰鸣，声势壮大，名为"大壮"。

[义理]：君子应效法本卦的刚健而有所作为的精神，轰轰烈烈地从事一番事业；而君子的坚强有力，不在于胜过他人，而在于克制自己，只去做合乎正道的事，不被邪恶诱惑去做不合乎正道的事。

初九：壮于趾，征凶；有孚。

《象》曰：壮于趾，其孚穷也。

[解读]：脚趾强壮，必有凶险，这是无疑的。

[象释]："初九"爻为本卦底爻，如人之足，因而有"趾"之喻，其阳爻阳位，过于刚强而有容易履险之象，故为"凶"兆。

[义理]：以脚趾之壮隐喻旺盛的前进意图；如轻易地冒进必会身临险境。因此，一个人即使壮健，也不可轻举妄动。

九二：贞吉。

《象》曰：九二贞吉，以中也。

[解读]：坚持正道，则吉祥。

[象释]："九二"阳爻阳位而不正，但是处在下卦的中位，故有"贞"之德性；与"六五"相应，故有"吉"之结果。

[义理]：当自身力量壮大的时候，亦须培养中庸的德行。要善于反省自己，及时补救使之不会偏离正确的方向。只有这样，才可确保所行之道的壮威。

九三：小人用壮，君子用罔；贞厉，羝羊触藩，羸其角。

《象》曰：小人用壮，君子以罔也。

[解读]：小人仗势逞强，君子则不这样；仗势逞强，就像公羊持角撞篱，结果篱破角损。

[象释]："九三"阳爻阳位得正，故有"贞"象；但是阳刚过甚又离开了中位。

[义理]：无论是庶民还是君子，都不可持壮轻举。否则会两败俱伤。

九四：贞吉，悔亡，藩决不羸，壮于大舆之輹。

《象》曰：藩决不羸，尚往也。

[解读]：伸张正义的用强只有吉利，没有悔恨，就像公羊持角撞篱，结果篱破而角不伤，又像大车车轴所裹的皮革一样牢不可破。

[象释]："九四"爻处于四阳前哨，亦有躁动之象，然而阳爻阴位，并非极端刚强，又因为前方两爻均阴而柔弱，构不成"九四"前进的障碍，故有篱破角存、皮革坚固之言。

[义理]：同是战争，有正义与非正义之区别；同为用强，亦有正与邪之分；驱邪而用强，无可非议必须为之举。

六五：丧羊于易，无悔。

《象》曰：丧羊于易，位不当也。

[解读]：羊决篱脱逃，在于一时疏忽，不必懊恼。

[象释]："六五"爻处尊居中位，性柔中庸，已失去壮大性格，故有"丧羊"之辞；然而它与"九二"爻相应，以柔克刚，能阻挡四阳爻的并驾齐驱，故又有"无悔"的结语。

[义理]：任何事物壮大到一定程度，便不会继续壮大，从而会转化为衰退。开始衰退之时，如能持守中庸，便不会有什么不利之事发生。

上六：羝羊触藩，不能退，不能遂，无攸利，艰则吉。

《象》曰：不能退，不能遂，不详也。艰则吉，咎不长也。

[解读]：公羊触篱，角被卡住，但只要继续一段时间，经过努力，总能破篱而出。

[象释]："上六"爻是《大壮》的终点，既无可进之处，又无可退之地，正是无所作为之时；幸而"上六"阴柔，不会像"九三"那样，持刚躁进以致有险。

[义理]：人处于壮极之地而言退，是一件难能之事，此时如能利用既有的壮大之势审慎行事，必能成功。

䷢ 晋卦

【题解】

本卦阐述了进取的原则。《晋》卦所讲的进取，与《升》、《渐》所讲的进取，意义不同。《晋》之进乃日之东升，明德自昭，为万民谋福之义，较《升》、《渐》之义更优。

本卦认为，积极进取以求发展，须动机纯正，即便失败也问心无愧；不能忧虑于一时的得失，而宜把握中正的原则；求上进，须以得到群众拥护为前提；前进时不可贪得无厌，不可存侥幸心理，而应谨慎从事，不能在发生偏差之后再去纠正。

【原文】

晋①：康侯用锡马蕃庶，昼日三接。②
初六：晋如，摧如，贞吉。罔孚裕，无咎。③
六二：晋如，愁如，贞吉，受兹介福，于其王母。④
六三：众允，悔亡。⑤
九四：晋如鼫鼠，贞厉。⑥
六五：悔亡，失得勿恤，往吉，无不利。⑦
上九：晋其角，维用伐邑，厉吉，无咎，贞吝。⑧

【注释】

①晋：卦名。下坤上离，象征进长。晋，进。
②康侯用锡马蕃庶：尊贵的公侯得到天子赏赐的车马众多。康，此为尊贵的意思。侯，此泛指有爵位者。锡，通"赐"。马，此指车马。蕃庶：众多。蕃，通"繁"；庶，众多。
③摧：阻。罔孚：不能取信于人。罔：不；孚：信。裕：宽容。
④受兹介福，于其王母：从祖母那里接取弘大的福泽。介，大。王母，祖母。
⑤允：信任。
⑥鼫鼠：大鼠。又称五技鼠，比喻身无专技。
⑦恤：忧虑。
⑧角：兽角，此喻进长至极。维：语气词，无义。用：宜。

【译文】

晋卦：象征晋升。高贵的公侯获得天子赏赐的众多车马，并在一天之中蒙受三次接见。

初六：晋升一开始就遇到阻碍，但却能获吉祥。不能取信于人，宽容处之则无灾祸。

六二：晋升之际心态摆正，可获吉祥；宽裕自处，将领受弘大的恩泽。

六三：获取众人的信任，危厄将会消亡。

九四：晋升如果没有一技之长，定有危险。

六五：困窘危难消除，无须忧虑，有所举动必致吉祥，无所不利。

上九：晋升到顶点，就象高居兽角角尖，宜于征讨邑国以建功立业，即便有些危险而最终也可获吉祥，不会遭到灾祸，但是晋升已到极顶，却会得到举事艰难的征兆。

【解析】

晋：康侯用锡马蕃庶，昼日三接。

《象》曰：明出地上，《晋》。君子以自昭明德。

[解读]：晋是晋升提拔。对待那些康民治国的公侯，天子不仅赏赐给他们许多马匹，还在一天之内三次接见他们。

[象释]：上卦"离"是太阳，下卦"坤"是大地。本卦象征光明的太阳升到了地面之上，普照万物。又，上卦"离"是依附，下卦"坤"是柔顺，象征诸侯恭顺天子。

[义理]：君子应当效法东升之日光照万物的精神，发掘自己的光明德行，利益万民。

初六：晋如，摧如，贞吉。罔孚裕，无咎。

《象》曰：晋如摧如，独行正也。裕无咎。未受命也。

[解读]：无论进、退，均能安于正道，则吉祥；即便一时之间不能取信于人，只要宽裕自处，便不会有灾难。

[象释]："初六"阴爻力弱，虽与"九四"爻相应，然而"九四"爻阳居阴位而不正，一时间难以援手，携"初六"前进。

[义理]：刚开始前进时难免会困难重重，但只要能坦然面对，前进仍然是光明的。

六二：晋如，愁如，贞吉，受兹介福于其王母。

《象》曰：受兹介福，以中正也。

[解读]：上进的同时又充满着忧虑，但只要上进之心一如既往，便能吉祥。

[象释]：本卦唯"六二"爻与"六五"爻同阴不相应，"六二"爻以阴居阴，柔顺之德显著；居中得正，无强自进取之象，故进取中常有忧虑相伴，但是其心中正，终能吉祥。"六五"以阴爻处尊位，故又有"王母"之称；以阴应阴，而有母妇之象。

[义理]：在前进途中，也许会有很多困难，但是只要坚守柔顺中正的德性，就一定会被人们理解，成功之日必将来临。

六三：众允，悔亡。

《象》曰：众允之志，上行也。

[解读]：获得众人的信任，努力进取，悔意消失。

[象释]："六三"阴爻居阳位，既不中也不正，本应有悔，然而"六三"爻与"上九"爻相应，有进取之志；且为下卦"坤"之上位，最是柔顺，而"初六"爻、"六二"爻也都想上进，与"六三"志同道合，所以"六三"有上下同允之象而"悔亡"。

[义理]：前进以获得群众的拥护为前提。只有将你的想法公布于众，形成众志成城之势，才可能使你的前进成为现实。

九四：晋如鼫鼠，贞厉。

《象》曰：鼫鼠贞厉，位不当也。

[解读]：晋升到高位但无能的人，即便行为正当也很危险。

[象释]："九四"阳爻阴位，不中不正，却居于君王之侧，因而有"厉"之象。

[义理]：无德无才而居于高位，虽可能得到一时之宠，但最终会因其无能而遭灾。

六五：悔亡，失得勿恤，往吉，无不利。

《象》曰：失得勿恤，往有庆也。

[解读]：消除后悔，不要患得患失忧虑重重，只要勇往直前，就会吉祥、顺利。

[象释]："六五"阴爻居阳位而不正，本当有"悔"；然而它是上卦"离"即光明的主爻，下卦"坤"又是顺从，因而其相为光明磊落之君主，又得臣民之顺从，故"悔亡"，且有"吉"、"利"之遇。

[义理]：居于高位的君王，即便本人柔弱，但只要有识人之眼光，有推诚用贤之心怀，有光明磊落处事之原则，便是人民之幸，国家之福。

上九：晋其角，维用伐邑，厉吉，无咎，贞吝。

《象》曰：维用伐邑，道未光也。

[解读]：晋升到了极点，宜于讨伐建功立业，当然可以逢凶化吉，天下太平，然而，恐怕今后有举事艰难之兆。

[象释]："上九"爻为晋升之极点，犹如到达兽之顶角；阳爻阴位，不正，故有"吝"之论。

[义理]：前进须有精心的策划，谨慎的措置；倘若事到临头才仓促应付，即便挽救于垂败，终非美事。

䷣ 明夷卦

【题解】

本卦阐述了正义受到挫折时如何韬光养晦的原则。

在邪恶逼害正义、光明受到创伤的时候，如果抗拒只能加重伤亡以至覆灭，唯有韬光养晦，收敛锋芒，艰苦隐忍，及时脱离险境以求自保；在隐忍自保的同时，蓄养力量，伺机而动，最艰苦困难的环境，也正是锻炼意志奋发有为的契机。邪恶不会长久，正义必然伸张，因为任何违背正义的势力，最后终将灭亡。

【原文】

明夷①：利艰贞。

初九：明夷于飞，垂其翼；君子于行，三日不食。有攸往，主人有言。②

六二：明夷，夷于左股，用拯马壮，吉。③

九三：明夷，于南狩，得其大首，不可疾，贞。④

六四：入于左腹，获明夷之心，于出门庭。⑤

六五：箕子之明夷，利贞。⑥

上六：不明，晦。初登于天，后入于地。⑦

【注释】

①明夷：卦名。下离上坤，象征光明伤损。明，光明，此指太阳；夷，伤。明夷：即日蚀。

②明夷于飞，垂其翼：这是以鸟飞为喻，说明光明受损的情形，意为光明受损，有如鸟飞时低垂着翅膀，惊慌疾行。主人有言：遭到主人责备。

③用拯马壮：以强壮的良马拯济伤损。

④南：南郊。首：古人称四蹄皆白之马为"首"，俗称踏雪。疾：病。

⑤入：退。腹：腹地。获：获知。心：指内中情状。于：于是。

⑥箕子：殷商纣王之叔父，贤臣，因进谏而遭纣王囚禁，遂伴装疯颠以自保。

⑦晦：暗。

【译文】

明夷卦：象征光明受损。利于卜问艰难之事。

初九：光明遭到伤损时就象飞鸟低垂着翅膀，惊慌快行；又如君子急急出行，三天没有饭吃。继续前行，又遭到旅店主人欺凌。

六二：光明遭到伤损，伤及左边大腿，如果以强壮的良马救济伤损，可获吉祥。

九三：君子遭到伤损时却获得一匹马，这象征此爻可以占问疾病之事。

六四：进入南方腹地，察觉光明受损的实际情由，于是毅然出门远行。

六五：如果能像箕子被囚却佯狂自保，则为利卦。

上六：昏君最初登临天上，最后掉地下。

【解析】

明夷：利艰贞。

《象》曰：明入地中，明夷。君子以莅众，用晦而明。

［解读］：光明受到伤害，宜于韬光养晦，苦守正道。

［象释］：上卦"坤"是大地，下卦"离"是太阳、光明。"离"在"坤"之下，象征太阳沉入地下，光明受到创伤。又，内卦"离"是明，外卦"坤"是柔顺，其象为内明而外柔。

［义理］：当贤者的明德一时受创，境遇艰难时，应刻苦忍耐，韬光养晦先求自保，然后再徐图进取。

初九：明夷于飞，垂其翼；君子于行，三日不食。有攸往，主人有言。

《象》曰：君子于行，义不食也。

［解读］：受伤的鸣鸟飞翔，累得垂下了双翅；君子急急出行，三天没有饭吃；继续前行，又遭旅店主人的恶语欺凌。

［象释］："初九"阳爻阳位，刚强有力，且处于受伤之初，如鸟之负伤而尚能鼓翼飞翔；与"六四"阴阳相应，其间为三，故有"三日"之言。

［义理］：正义力量在初遭伤害之时，便应舍去一切迅速退避，以免重创；即便因此遭人非议，亦应以大局为重，不可逞一时之气。

六二：明夷，夷于左股，用拯马壮，吉。

《象》曰：六二之吉，顺以则也。

［解读］：君子受伤在大腿，如有健壮的马代足，仍可脱险而吉祥。

［象释］："六二"爻比初九爻进了一步，所受之伤亦较"初九"为重，因而"初九"仍可"飞"，而"六二"即便步行亦有困难，只能借助于"马"。其所以"吉"，是因为阴爻阴位且处中，柔顺中正而能遵循自然法则。

［义理］：当邪恶势力的残害逼近时，应想方设法借助于周围的一切力量尽快脱离险境。

九三：明夷，于南狩，得其大首，不可疾贞。

《象》曰：南狩之志，乃得大也。

［解读］：君子被贬于南方，察觉被贬实际情由，但寻求恢复是急不得的。但是恢复正义之事仍不可操之过急。

［象释］："九三"阳爻阳位，象征刚健，又是下卦"离"之上爻，象征最明智。然而又最贴近于阴暗的"坤"之下方，与"九三"相应的"上六"又最昏暗，因而有

被贬之象。按古人"上南下北"的方位观念，"九三"上行，故有"南狩"之辞。

　　[义理]：有德明智之士，在黑暗笼罩的情况下，要小心谨慎，不宜操之过急。

　　六四：入于左腹，获明夷之心，于出门庭。

　　《象》曰：入于左腹，获心意也。
　　[解读]：进入南方腹地，获得光明被创的内情，及时出门躲避。
　　[象释]："六四"爻已进入内卦，"坤"为暗之体，象征已入阴暗的内部，故又有获"心"之喻。
　　[义理]：当正义受到伤害时，应该有意识地接近卑鄙小人，获取内情，以便及时作出躲避灾难的计划。

　　六五：箕子之明夷，利贞。

　　《象》曰：箕子之贞，明不可息也。
　　[解读]：采取箕子那种自掩其聪明才智的做法，以利于坚守之道。
　　[象释]：上卦"坤"是黑暗，"六五"爻处"坤"的中位，象征黑暗的中心。但"六五"爻居中，故又不失其坚贞。
　　[义理]：世道黑暗，仍应坚持正义，明辨是非，不与黑暗势力同流合污。

　　上六：不明，晦。初登于天，后入于地。

　　《象》曰：初登于天，照四国也。后入天地，失则也。
　　[解读]：昏暗不明的君王，开始时高高在上如登天堂，最后却被民众所推翻，坠入地狱。
　　[象释]："上六"爻是纯阴上卦的最高一爻，象征昏暗以达极点，因而既有高达"天"的位置，又有物极必反则反坠于地的必然趋势。
　　[义理]：黑暗势力虽然能够得逞一时，甚至威震四方，但最后必然会自取灭亡。

䷤ 家人卦

【题解】

本卦以家庭伦理为主题，阐述了治家的一般原则，因而在六爻中只有男女之别而无君子小人之分。

在本卦中，男人是主体，丈夫是一家之长，而女人是相夫富家的帮手，除了料理饮食之类的家务，还负有协调家庭成员之间关系的责任。作为一家之长的男人，不仅要严于治家，不可放纵家人戏笑散漫，而且也要严于律己，以身作则。

【原文】

家人①：利女贞。

初九：闲有家，悔亡。②

六二：无攸遂，在中馈，贞吉。③

九三：家人嗃嗃，悔，厉，吉；妇子嘻嘻，终吝。④

六四：富家，大吉。

九五：王假有家，勿恤，吉。⑤

上九：有孚威如，终吉。⑥

【注释】

①家人：卦名。下离上巽，象征一家人。

②闲：防备。

③遂：成。馈：主持炊事。

④嗃嗃：严厉斥责之声，比喻森严治家。

⑤假：到。恤：忧虑。

⑥孚：诚信。威：威严。

【译文】

家人卦：象征一家人。有益于女人之卦。

初九：持家能够预防不测之灾，危难困窘将会消亡。

六二：遇事不自作主张，在家操持炊事，可获得吉祥。

九三：家人经常遭到家长严厉训斥，处境艰难而凶险，如此反而会激励全家戒惧勤勉，从而获得吉祥；可是妇人孩子整天嬉闹调笑，不加约束，最后必然导致持家困难。

六四：理家有道而致富，大吉大利。

九五：无论王室还是平民百姓，不必忧虑，可获吉祥。

上九：心存诚信，严于持家，最后必获吉祥。

周易全书

【解析】

家人：利女贞。

《象》曰：风自火出，家人。君子以言有物而行有恒。

[解读]：在家庭中，如果主妇守本尽职，则家道正、家人受益。

[象释]：本卦"六二"爻、"九五"爻分别处于内、外卦之中位，不仅都是阴阳得位，而且二、五阴阳相应，象征女主乎内，男主乎外，男女和睦相处互敬互爱。又，内卦"离"是火，外卦"巽"是风，火热气上升而成为风，有发乎内而成乎外之象。

[义理]：在一个家庭中，每个成员都应尽各自的本分，这样，家庭伦理也便纳入了正规；家庭是社会的细胞，家庭人正规，社会就安定。

初九：闲有家，悔亡。

《象》曰：闲有家，志未变也。

[解读]：严格正规的治家，防患于未然，就不会有后悔之事发生。

[象释]："初九"为始爻，阳爻阳位，刚而且正，象征严厉而正规的家教。

[义理]：在一个大家庭中，当家人还没有发生矛盾纠纷之前，即需进行严格的家庭教育，这种防患于未然的措施，对于保持家庭成员之间的和睦是十分必要的。

六二：无攸遂，在中馈，贞吉。

《象》曰：六二之吉，顺以巽也。

[解读]：遇事不自作主张，在家庭中料理烹饪供应食物很尽职，合乎妇道因而吉祥。

[象释]："六二"阴爻阴位得正，又处内卦中位，象征主妇应有的柔顺中正的德行；与"九五"阴阳相应，故"吉"。

[义理]：柔顺谦逊、默默无声地操持家庭内务，这是妇女的美德。

九三：家人嗃嗃，悔，厉，吉；妇子嘻嘻，终吝。

《象》曰：家人嗃嗃，未失也。妇子嘻嘻，失家节也。

[解读]：家人苦于家法之严，整天战战兢兢唯恐有失，结果吉祥；妻子儿女整天嘻嘻戏笑无所忌畏，结果难免会有羞辱。

[象释]："九三"爻为下卦的上位爻，象征一家之长；阳爻阳位，虽得正却不处中，因而有刚烈过甚之象。

[义理]：治家过严过宽均不是良方，但是，若仅在严与宽这两者之间选择，则宁严勿宽；过严虽有失误却不失其本，过宽却会造成不知礼节而酿出有辱家门的灾祸。

六四：富家，大吉。

《象》曰：富家大吉，顺在位也。

［解读］：理家有道而致富，非常吉祥。

［象释］："六四"爻在它卦为权臣，在本卦为主妇，"六四"爻在"巽"位，主顺；阴爻居阴，得位。故其既能安排家中的各项生计，又能协调内外之情不致招怨。

［义理］：一个家庭的贫富，与家人和睦有着十分密切的关系；而夫妻之间的和睦尤为重要。主妇理财的同时也要理顺家庭成员之间的关系。否则，在聚敛财富的同时，往往开罪家人以致怨声载道。

九五：王假有家，勿恤，吉。

《象》曰：王假有家，交相爱也。

［解读］：无论王室还是平民家庭，家人之间如能和睦相处，无忧无虑，就会吉祥如意。

［象释］："九五"阳爻阳位，且处上卦的中位，象征君王刚健、中正；与"六二"爻相应，象征"九五"至尊与"六二"主妇相亲相爱，和睦相处。

［义理］：无论贵族还是平民，家人之间都应相亲相爱，和睦相处。

上九：有孚威如，终吉。

《象》曰：威如之吉，反身之谓也。

［解读］：以诚信和威严治家，终究会吉祥。

［象释］："上九"阳爻居于本卦最上位，象征以威严治众的一家之长。

［义理］：一家之长以身教为首务，唯严于律己，以身作则，方能用威而服众，否则家人必生怨而心不服。

䷥ 睽卦

【题解】

本卦阐述了离与合、异与同的一般法则。离久则合、异中求同，这是客观规律。有作为的人，有时固然因为时势的考虑、坚持原则的需要，虽同而存异，随合而有别，但是在一般情况下，应以积极主动的姿态，努力从异中求同，结合力量有所作为。异中求同需要有宽宏的胸襟，能包容常人所不能容者。

异中求同是顺应时势所要求的权变，它是一种并不违背原则的委曲求全。在异中求同过程中，会有种种障碍，但是只要持之以恒必能如愿。从主观方面分析，异中求同必须真诚，只有相互信任，求同才能成为可能；猜疑则是求同的大碍，如果心中存疑，即便同也会变成异，合变为离。本卦还通过睽久必合的分析再次展示了物极必反这一条普遍规律。

【原文】

睽①：小事吉。

初九：悔亡。丧马勿逐，自复。见恶人，无咎。②

九二：遇主于巷，无咎。

六三：见舆曳，其牛掣，其人天且劓，无初有终。③

九四：睽孤遇元夫，交孚，厉，无咎。④

六五：悔亡。厥宗噬肤，往何咎？⑤

上九：睽孤见豕负涂，载鬼一车。先张之弧，后说之弧，匪寇，婚媾。往，遇雨则吉。⑥

【注释】

①睽：卦名。下兑上离，象征违逆隔膜。

②逐：追。

③曳：拖拉。掣：牵制。其人天且劓：赶车人受墨刑和劓刑。天，在罪人额头上刺字称天。劓，古代刑名，割鼻。

④睽孤：指寂寞孤独之时。元夫：善人，引申为"刚健的人"。

⑤厥宗噬肤：他与宗人共同吃肉。厥，其，他；宗，宗人即同一宗族之人；噬：咬，此为吃的意思；肤，肉。

⑥豕：猪。涂，泥土。弧：弓。说：通"脱"，放下。

【译文】

睽卦：象征违逆隔膜。小事必获吉祥。

初九：困窘危难将会消亡。丢失了马不必到处追寻，因为它自会返回；谦谨地对待与自己对立的恶人，不会招致灾祸。

九二：在小巷中不期而遇碰见主人，没有什么灾祸。

六三：看到大车拖拖拉拉艰难行进，驾车的牛受到牵制无法前行，驾车人也受了墨刑和劓刑，虽然起初历尽艰难，但是最终将有美好结局。

九四：寂寞孤独之际遇到刚健的人，胸怀诚信之心与刚健的人交往，即使会有危险，也没有灾祸。

六五：危难困窘将会消亡。他与宗族之人一起吃肉，有所举动，还会有什么灾难呢？

上九：寂寞孤独之际看到一头丑猪全身污泥，一辆大车满载恶鬼飞奔而过。起先张弓欲射，后又放了下来，原来来人不是贼寇，却是娶亲的队伍。接着走，遇到大雨可获吉祥。

【解析】

睽：小事吉。

《象》曰：上火下泽，睽。君子以同而异。

[解读]：目不相视，相互背离；大事不济，小事吉利。

[象释]：上卦"离"是水，下卦"兑"是泽；火焰在上而上升，泽水处下而下流，两者方向相反，为相违之象。又，上卦"离"为中女，下卦"兑"为少女，两女虽同居一处，终究要嫁出去，各自东西，亦有相违之象。

[义理]：在社会群体中，既要顺应大势之所趋，不应孤芳自赏，孑然独处，又要保持和坚持自己的独立人格与处世原则，不应一味随大流。

初九：悔亡。丧马勿逐，自复。见恶人，无咎。

《象》曰：见恶人，以辟咎也。

[解读]：后悔应该清除。坐骑跑掉不必去追，因为马是家养既久的，一定会自己回来；谦谨地对待面目狰狞的人，结果平安无事。

[象释]："初九"爻与"九四"爻同阳不应，所以本来是有悔，但在本卦中相反者相成，反而相应，因此"悔亡"；马跑掉又自动回转，亦为"初九"与"九四"本不应而应之喻；"见恶人"亦同此，为"恶中有善"之具体例说。

[义理]：在相违未深之时，宜以静观动，不应急于求同或轻率相抗。这一以静观动、异中求同的法则，即使在善恶邪正之间亦同样适用。

九二：遇主于巷，无咎。

《象》曰：遇主于巷，未失道也。

[解读]：在小巷中遇见主人，并无过失。

[象释]："九二"爻与"六五"爻相应，"九二"所遇之主人即"六五"；"九二"求见"六五"不在堂而在巷，有悖理之咎；然而在本卦中，因阴阳相应而无咎。

[义理]：对于异中求同、求同存异的行为，积极主动寻求应援的态度是值得肯

定的。

六三：见舆曳，其牛掣，其人天且劓，无初有终。

《象》曰：见舆曳，位不当也。无初有终，遇刚也。

[解读]：看见一辆车缓缓而行，拉车的是一头牛，赶车的是一位烙了额、割了鼻的奴隶。开始时牛车前进很艰难，后来道路渐渐平坦，终于顺利前行。

[象释]："六三"与"上九"阴阳相应，因而有上升与之相合之志，但是它的前进受到了后面"九二"的牵曳和前面"九四"的阻止。"六三"处于阳刚之位，前进之心甚坚，其强行突破不免遭受烙额、割鼻那样的磨难。然阴阳相应毕竟大势所趋，最后终能如愿以偿与"上九"相合。

[义理]：乖离不会持久，异中亦有同，懂得这一道理，便不必因暂时的背离、阻隔而苦恼，只要坚持不懈地努力，一定能被理解和接纳。

九四：睽孤遇元夫，交孚，厉，无咎。

《象》曰：交孚无咎，志行也。

[解读]：充满对立，孤独无援，幸遇刚健之人以诚相交，才得以转危为安。

[象释]："九四"阳爻处于"六三"、"六五"两阴爻之间，因而有孤危之感；但它与初九爻即"元夫"同德相亲，能够以诚相交，因而又可转危为安。

[义理]：相互信任是异中求同的根本。在背离孤立、充满危机的时代，应该努力从相异中寻找同德之人，相互扶持，共渡难关。

六五：悔亡。厥宗噬肤，往何咎？

《象》曰：厥宗噬肤，往有庆也。

[解读]：悔意消除。遇见一位宗族中人坐在路旁吞噬着鲜嫩的肉，因此知道前途无忧。

[象释]："六五"柔弱之才不足以济睽，本应有悔，然而有"九二"相应，所以"悔亡"；"九二"前面虽有"六三"相阻，然而阴柔不正，极易被"九二"突破，如同"噬肤"。"六五"得"九二"相助，前进无忧。

[义理]：异中求同，旨在强大自己的力量。身居高位者，应亲近忠臣，不可满足于称孤道寡，忘乎所以。

上九：睽孤见豕负涂，载鬼一车。先张之弧，后说之弧，匪寇，婚媾。往，遇雨则吉。

《象》曰：遇雨之吉，群疑亡也。

[解读]：孤单地行走着，忽见前面有一群沾满了泥巴的猪，还有一辆大车，满载着一群形同鬼魅的人，先是向他拉弓搭箭，后来又放下了弓箭，原来是跟他开玩笑，他们不是拦路抢劫的强盗，而是一支娶亲队伍。再往前走，天降喜雨，很吉祥。

[象释]："上九"爻以阳刚居于睽之极处，因而乖戾暴躁。又，上卦"离"为明，"上九"爻为明之极，因而多疑。本与"六三"爻阴阳相应，"上九"却因乖

戾、暴躁、多疑而将"六三"视为污泥中的猪、面目狰狞的鬼，产生种种错觉。但是，物极必反，"上九"居于睽极处，必然会向睽的反面转化，最终会与"六三"应合，因而有阴阳相合成"雨"且"吉"之语。

　　[义理]：本爻辞以路遇娶亲队伍作为比喻，说明了疑心生暗鬼、视亲为敌的一般道理，同时也揭示了睽极必合这一物极必反的普遍规律。

䷦ 蹇卦

【题解】

本卦阐述了处在困境时的一般原则。遇到困难和危险时，应停止行动先求自保，若冒险前进则有陷险之危。一旦陷入险境，应奋不顾身相互援助，审时度势，联合同志共渡难关。正义的事业、有德的君子，即使陷入最危险的境地，也会得到志士仁人的援助而化险为夷。即将脱离险境时，更应该注意与贤能之士的结合，紧紧地追随刚毅中正的领袖，以免功败垂成。

【原文】

蹇①：利西南，不利东北。利见大人，贞吉。②

初六：往蹇，来誉。③

六二：王臣蹇蹇，匪躬之故。④

九三：往蹇，来反。⑤

六四：往蹇，来连。

九五：大蹇，朋来。

上六：往蹇，来硕吉。利见大人。⑥

【注释】

①蹇：卦名。下艮上坎，象征行事艰难。"蹇"是艰难的意思。

②利西南，不利东北：西南象征平地，所以"利"；东北象征山丘，所以"不利"。

③来：返回，归来。

④匪：非。躬：自身。

⑤反：通"返"。

⑥硕：大。

【译文】

蹇卦：象征处事艰难。出行宜于往西南方向而去，而不宜于向东北方向走。有利于大德大才的人出世，吉祥。

初六：有所举动，尽管行事艰难，但是归来却定获美誉。

六二：君臣共处险境；臣子历尽艰险，奔走赴难，并不是为了自己的私事。

九三：其有所行动而外出遭逢艰难，不如及早返回家园。

六四：有所行动而外出遭逢艰难，返回时应联合伙伴，共谋脱险。

九五：行事十分艰难，亲朋纷纷前来相助。

上六：外出遭逢艰险，归来则可建立大功，十分吉祥。有利于大德大才之人出现。

【解析】

蹇：利西南，不利东北。利见大人，贞吉。

《象》曰：山上有水，蹇。君子以反身修德。

[解读]：处身于困境，利于向西南行动，不利于向东北行动；有大德大才之人出世，才能出现吉祥。

[象释]：下卦"艮"是山，为"止"义；上卦"坎"是水，为"险"义。山高水深，遇险而止，所以卦名为"蹇"；蹇原意是跛，不良于行。又，"坤"是地，主西南；"艮"是山，主东北；平地易走而山路难行，故有"西南"利而"东北"不利之喻；据文王方位图，西南乃阴卦所居处，东北乃阳卦所居处，因而往西南可得同类，往东北便失去同类而处于异类之间，故西南主"利"而东北主"不利"。

[义理]：遇到困难或危险时，应该立即停止行动，这是明智的表现。同时，应积极想办法结交同类朋友，取得及时必要的援助，不应不自量力地单独冒进履险。不仅如此，还应该积极寻找德才兼备的领袖人物，一心一意地追随其后，才能走出险境，换来光明前程。

初六：往蹇，来誉。

《象》曰：往蹇来誉，宜待也。

[解读]：**勉强前进必有陷险之危，积累力量伺时而起才会赢得荣誉。**

[象释]："初六"阴爻阳位，柔弱而不正；与"六四"同阴不应，勉强前进，必然陷于上卦"坎"的危险中。幸而"初六"为"止"之初，远离"坎"险，不会作冒险之举。

[义理]：时机未到，不可轻率冒进；审时度势，能屈方能伸。

六二：王臣蹇蹇，匪躬之故。

《象》曰：王臣蹇蹇，终无尤也。

[解读]：君臣一起陷入险境，其臣奋不顾身营救君王，乃出自忠心。

[象释]："六二"阴爻阴位得正，又处下卦之中位，与"九五"爻阴阳相应，因而当"九五"君王处身于"坎"险之中时，"六二"便不顾自身的阴柔力弱，奋身前进营救"九五"，以致同陷其险而有王、臣皆"蹇"之境。

[义理]：为了维护大局，匡扶正义，明知山有虎，偏向虎山行，这种以蹇治蹇、大义凛然的行为，是值得称道的。

九三：往蹇，来反。

《象》曰：往蹇来反，内喜之也。

[解读]：前进必然蹈险，此时宜返回原处静以观变。

[象释]："九三"是下卦唯一的阳爻，为"初六"、"六三"爻的依靠；但是，

"九三"阳爻阳位，与"上六"阴阳相应，有一心上进的趋势。而"上六"阴柔力弱，并不能给"九三"以援助。当此之时，"九三"理应返回本卦，这样，不仅"初六"、"六二"两女有所依靠，即"九三"本身亦能安全。

[义理]：当进则进，当退则退。识时务者为俊杰。

六四：往蹇，来连。

《象》曰：往蹇来连，当位实也。

[解读]：身处险境，进退两难；联合同伴，共谋脱险。

[象释]："六四"爻为上卦"坎"的底爻，表明已入险境；它以阴居阴，虽柔弱却位正，能真心联合与之相邻相亲、同样位正的"九三"。又因"初六"、"六二"两爻亦阴，与"六四"同类，且依靠于"九三"，故"六四"联合"九三"，亦即联合下卦三爻。

[义理]：当陷入险境时，应团结一切可以团结的力量，不断壮大自己，救己救人。

九五：大蹇，朋来。

《象》曰：大蹇朋来，以中节也。

[解读]：大难临头，幸有朋友前来营救。

[象释]："九五"爻处于"坎"之中央，象征蹇之最严重处；且"九五"尊位，其蹇关系到宗社存亡，非常蹇可比。幸而"九五"刚毅中正，其德足以感召天下，尤其相应的忠臣"六二"舍身相援，其蹇可济。

[义理]：凡是有节操之士，即便处于极度险境之中，也会有志士仁人共赴其蹇，匡扶正义。

上六：往蹇，来硕吉。利见大人。

《象》曰：往蹇来硕，志在内也。利见大人，以从贵也。

[解读]：只有众志成城，才能形成一股巨大力量；逢凶化吉的主要原因，还在于有一位德才兼备的大人物。

[象释]："上六"爻已是"坎"的上限，即将脱离险境；但是，"上六"爻以阴居阴，自身力量十分柔弱，必将藉助相应的"九三"，以及相邻的"九五"两个阳刚之爻，尤其是处于尊位的"九五"，刚毅中正之德，正是冲破险境的强大支柱。

[义理]：克服困境，需要与贤良之士结合，尤其是需要追随者，更需有一位德才兼备的领袖人物。

䷧ 解卦

【题解】

本卦阐述了解除困难的一般原则。有了困难，就应该设法解除；在排除困难的初期，一方面要采用柔和的方法，另一方面要抓住时机迅速解除。在解除困难时，应坚持正直的原则，即以正驱邪；为建立新秩序而任用人才时，应注意名实相符，尤其不可将高位授予小人。对邪恶势力的清理，务须彻底，并不惜采用断然的手段，以防姑息养奸。只有君子势长、小人势消，才能得到正义力量的广泛支持和帮助，完全摆脱困境，建立万象更新的社会秩序。

【原文】

解①：利西南。无所往，其来复，吉。有攸往，夙吉。②
初六：无咎。
九二：田获三狐，得黄矢，贞吉。③
六三：负且乘，致寇至，贞吝。④
九四：解而拇，朋至斯孚。⑤
六五：君子维有解，吉。有孚于小人。⑥
上六：公用射隼于高墉之上，获之，无不利。⑦

【注释】

①解：卦名。下坎上震，象征舒解。
②夙：早。
③田：田猎。
④负：肩负，背负。
⑤解而拇：解开被绑的拇指。斯：乃。
⑥君子维有解：君子被绑而又解脱。维，语助词，无义。
⑦隼：一种猛禽名，俗称鹞子。墉：城墙。

【译文】

解卦：象征舒解。有利于西南之地。不必继续前往行事。返归原处安居其所就可获吉祥。如果有所行动，就及早前去。如此，可获吉祥。
初六：没有灾祸。
九二：打猎时抓获三只狐狸，又获得黄铜箭头，可获吉祥。
六三：身背重物而乘车出行，必然招引贼寇前来抢劫，处事艰难。
九四：像解开被绑的拇指一般摆脱纠缠，朋友才会心怀诚信前来帮助。
六五：君子被缚又得到解脱，必获吉祥。小人不改邪归正则没有出路。
上六：王公用利箭射高墙上的大隼，捕而获之，无往不利。

【解析】

解：利西南。无所往，其来复，吉。有攸往，夙吉。

《象》曰：雷雨作，解。君子以赦过宥罪。

[解读]：解除困难，是因为得到了同道者的援助；困难解除之后不应再有任何激烈行动，而应恢复原有的社会秩序，才会吉祥。解除困难、恢复原有秩序的工作应当迅速，才会吉祥。

[象释]：内卦"坎"是险，外卦"震"是动；从困境中走出来，行动自由，表明困难已经解除，故卦名"解"。又，上卦"震"是雷，下卦"坎"是雨，象征春雷发动，春雨沛然，冻结闭塞顿时瓦解，万物开始复苏。"西南"乃"坤"卦所居之处，"坤"象征柔与众；往西南则用柔得众可解困。

[义理]："解"与"蹇"是一对互相转化的矛盾，困难达到极端，便要谋求解除，一旦解除了困境，又耽于安乐，产生新的困难，如此循环，难与解相反相成。解除困难需要众人的力量，齐心协力，善于以柔克刚；而在困难解除之后，更应注意以柔治世，保持社会秩序的安宁。

初六：无咎。

《象》曰：刚柔之际，义无咎也。

[解读]：困难开始缓解，不会发生什么过失。

[象释]："初六"以柔处下，足以自保；且与"九四"刚柔相济，虽无大吉，亦无灾难。

[义理]：在患难逐渐消失的时候，处理问题应该刚柔相宜。

九二：田获三狐，得黄矢，贞吉。

《象》曰：九二贞吉，得中道也。

[解读]：在田野里猎得三只野狐，又获得黄铜箭头；伸张正义，坚守正道，所以吉祥。

[象释]：本卦除君位的"六五"外，还有三个阴爻，故以"三狐"喻之；"九三"以刚居柔，处内卦的中位，因而以中色"黄"和特点为直的"矢"作比喻。"九三"与"六五"相应，负有匡扶君主、驱除小人之责。

[义理]：国家的患难，由奸佞小人而起。要消除困难，最适当的方法，就是坚守正道，敢于伸张正义。

六三：负且乘，致寇至，贞吝。

《象》曰：负且乘，亦可丑也。自我致戎，又谁咎也？

[解读]：身上背着东西乘在华丽的马车上招摇过闹市，招致盗寇劫夺。这样，即便所怀之财取之有道，也难免会陷入艰难。

[象释]："六三"阴爻阳位，象征卑微之人却居于下卦的最高位，实际身份与所

居之地位不相称，难免受辱。

[义理]：在解除困难时，务必正确认识自己，行为做事名实相符，不说不合身份的话，不做不合身份的事。

九四：解而拇，朋至斯孚。

《象》曰：解而拇，未当位也。

[解读]：解开脚上的镣铐，恢复昔日的雄姿，朋友们便会聚拢在你的周围，竭诚相助。

[象释]："九四"为君子之位，与之相应的"初六"以阴柔居下象征小人；"九四"受"初六"的纠缠牵累，"解而拇"意指"九四"摆脱"初六"的纠缠。

[义理]：君子只有割断与小人的关系，才能得到朋友的信任和支持。

六五：君子维有解，吉。有孚于小人。

《象》曰：君子有解，小人退也。

[解读]：君子摆脱困境恢复安生养息的社会秩序，因而吉祥如意，以致那些小人也相信只有改邪归正才有前途。

[象释]："六五"爻以阴居中正的尊位，象征君主柔中有刚而且中正，且有"九二"忠臣匡扶正义，协助君主驱除奸巧小人，建立正常安定的社会秩序。

[义理]：君子势长才能对小人产生威摄，小人必然收敛其势，乃至改邪归正。

上六：公用射隼于高墉之上，获之，无不利。

《象》曰：公用射隼，以解悖也。

[解读]：身居高位的公爵藏箭于身边，站在城墙高处随时准备射落那些盘旋飞来的恶鸟，不会有不利。

[象释]："上六"是本卦的最高位，但不是君位，故称"公"；"高墉"亦指"上六"的位置。"隼"为凶残之鸟，像"六三"小人；"六三"卑而贪位，一心往上爬，以阴居阳而得位的"上六"不容其贪婪，故有"射"之行动。

[义理]：当卑鄙小人觊觎高位企图作乱时，身居高位者有责任对这类邪恶势力采取断然措施，以匡扶正义。

损卦

【题解】

　　本卦阐述了损有余以益不足的原则。指出如何运用损的手段为自己开辟前进道路的一般途径，认为损己益人，应以诚信为基础，由此取得别人的信任与支持。对于志同道合者的助益，当损则损，但是也要量力而行，不可拘泥程式，尽量谋求不损己也能益人的途径；损有余以益不足是天地之间的一条普遍法则，因而以损增益的行动务须不失时机，使损失减少到最低限度，使增益得到最大的效果；柔顺、中正、谦和的人，即使有所不足也必然会得到众人的助益，全力支持其抱负的施展；处在领导地位的人，当自己得到充实之后，也应不忘其本，取之于民，用之于民，务须懂得损己亦即益己，助人实为自己的快乐。

【原文】

　　损①：有孚，元吉，无咎，可贞，利有攸往。曷之用？二簋可用亨。②

　　初九：已事遄往，无咎；酌损之。③

　　九二：利贞。征凶，弗损，益之。④

　　六三：三人行则损一人，一人行则得其友。⑤

　　六四：损其疾，使遄有喜，无咎。

　　六五：或益之十朋之龟，弗克违，元吉。⑥

　　上九：弗损，益之，无咎，贞吉，利有攸往。得臣无家。

【注释】

　　①损：卦名。下兑上艮，象征减损。"损"是减少的意思。

　　②曷：何，什么。簋：古代盛谷物的竹器。亨：祭祀鬼神。

　　③已事：停止自己的事情。已，止。遄：速。

　　④益：与"损"相对，增加。

　　⑤王弼《周易注》："三人，谓自'六三'已上三阴也。三阴并行，以承于上，则上失其友，内无其主，名之曰益，其实乃损……阴阳不对，生可得乎？"意思是说，缺乏互补的一方，无法化生，这即是损；有了互补的一方，才能化生，这才是益。

　　⑥或：有人。十朋之龟：价值十朋的宝龟。朋，古代货币单位，双贝为一朋。"十朋"形容价值连城。

【译文】

　　损卦：象征减损。胸怀诚信之心，大吉大利，不会有灾祸，平卦，宜于有所行动。以祭祀为例，只要心诚，以两簋淡食祭祀神灵，贡献尊者就足够了。

初九：停止自己的事情，赶快去帮助别人，则没有灾祸，但要酌情量力而行。

九二：利卦。但若兴兵出征则会有凶险，有时不减损自己也能帮助别人。

六三：三人同行，由于俱为阴性，不得其偶，貌似益实乃损；一人出行，因可觅互补一方，虽谓寡实则益。

六四：减轻疾患的事要尽快办理，如此，便可获得喜庆，而不会有灾祸。

六五：有人贡献价值连城的宝龟，不违反推辞，大吉大利。

上九：不要减损，而要增益，如此就没有灾祸，吉祥，宜于有所行动，又使人臣服，一心为国，以至忘了自己的家。

【解析】

损：有孚，元吉，无咎，可贞，利有攸往。曷之用？二簋可用亨。

《象》曰：山下有泽，损。君子以惩忿窒欲。

[解读]：当有所减损时，只要有诚意，仍会大吉，不会招来祸患，可守正道，利于行事。以祭祀为例，只要心诚，即便减损到只用两竹盘的菲薄祭品，也会被神灵所接受，得到保佑。

[象释]：下卦本为纯阳之乾、上卦本为纯阴之坤，乾的第三爻与坤的第三爻互换，即成为《损》卦，寓有损阳刚之余补阴柔不足之义。又，下卦"兑"是泽，上卦"艮"是山，减损泽中之土增益山，便成为山高泽低之象。

[义理]：对于损的处置，应本着诚信的态度，当损则损，以最小的损失求得最大的效益。

初九：已事遄往，无咎；酌损之。

《象》曰：已事遄往，尚合志也。

[解读]：毫不犹豫地停下自己的事情去援助别人，不会有灾难；援助别人时，应斟酌量力减损自己。

[象释]："初九"爻与"六四"爻阴阳相应，"初九"刚健有余，"六四"阴柔不足，于是，"初九"舍己助"六四"；然而"初九"毕竟位置低下，损有余时应该量力而行。

[义理]：对于志同道合者，应当予以帮助，但应量力而行。

九二：利贞。征凶，弗损，益之。

《象》曰：九二利贞，中以为志也。

[解读]：利于坚持正道，如果轻举妄动就会遭致凶险，有时不减损自己也能助益别人。

[象释]："九三"阳爻刚毅，居于下卦的中央，有中庸不妄动之象；与"六五"

阴阳相应，本应减损自己助益"六五"，但考虑到倘若自己减损，于"六五"亦无益，因而自守不妄进，以固本益上处之。

[义理]：损己益人固然应该提倡，但是，如果不损而益就更好。因此，对损益的原则，应该根据实际情况灵活运用。当损则损，能不损己而益人，则更可以使对方有益。

六三：三人行则损一人，一人行则得其友。

《象》曰：一人行，三则疑也。

[解读]：三人同行，因为主张不合而使其中一人离去；一人独行，因为孤单寂寞而寻找朋友结伴而行。

[象释]：下卦本为乾，三阳去其一以益上卦，此即"损一人"所指；"六三"爻在下卦中虽是唯一阴爻，然而与"上九"阴阳相应，且因为损益关系而结交，故又为"一人行，则得其友"之象。

[义理]：本爻辞最明显地说出了天地间的损有余以益不足的原则。三则余一，故损之；一则不足，必又得一而益为二。

六四：损其疾，使遄有喜，无咎。

《象》曰：损其疾，亦可喜也。

[解读]：减损疾病，必须及时迅速，才会有可喜的结果，不会有灾难。

[象释]："六四"阴爻阴位，象征柔弱多病，需要由刚健的"初九"给予助益。

[义理]：就好比一个人生了病，应尽快治疗；一个人有缺点，应尽快纠正。治疗越早越快，治愈的可能性便越大。

六五：或益之十朋之龟，弗克违，元吉。

《象》曰：六五元吉，自上佑也。

[解读]：人们都愿意减损自己以增益君主，进贡价值连城的大龟，是大吉大利。

[象释]："六五"阴爻居上卦中央，象征君主柔顺中正；"九二"与之阴阳相应，象征君主会得到臣民的助益。

[义理]：柔顺、中正、谦逊的人，必定会得到众人的支持；当其居于高位时，同样能得到天下人的赤诚拥护。

上九：弗损，益之，无咎，贞吉，利有攸往。得臣无家。

《象》曰：弗损，益之，大得志也。

[解读]：自身充实，不仅无须别人受损，而且使人受益，太平无事，吉祥如意，既有利于事业的发展，亦使人臣服，一心为国，以至忘了自己的家。

[象释]："上九"爻是损卦的最终一爻，正值损极而益的时刻；本卦总趋势是损下益上，而"上九"以阳刚之爻居于最上位，本身十分充实，不仅不需要下面受损以助益它，反而会以自己的充实使下面受益，是故"上九"爻与"九二"爻虽同有"弗

损益之"，然"九二"爻是勿损自己以益别人，"上九"爻是勿损别人以益自己。

　　[义理]：社会地位很高的人，不应做自私自利之事，而应竭尽自己的力量帮助别人，才能使天下大众都能公而忘私。

䷩ 益卦

【题解】

本卦阐述了损己益人、损上益下的原则。损己益人，必然使人悦服；施即是授，诚心诚意助益他人，必然能得到他人的诚心诚意的回报。统治者如能明白此理，持之以恒地助益他人，必能团结大众，冒险犯难、大展宏图，成就伟业。

当然，益人者的动机须纯正，目的须正当；而受益者亦须柔顺、中正、谦恭，他人才会乐善好施；受益者倘若贪得无厌，不仅得不到他人的助益，还会遭到他人的攻击，导致求益反损的结果。

【原文】

益①：利有攸往，利涉大川。

初九：利用为大作，元吉，无咎。②

六二：或益之十朋之龟，弗克违，永贞吉；王用享于帝，吉。③

六三：益之用凶事，无咎。有孚，中行，告公用圭。④

六四：中行告公，从，利用为依迁国。⑤

九五：有孚惠心，勿问元吉，有孚惠我德。⑥

上九：莫益之，或击之，立心勿恒，凶。⑦

【注释】

①益：卦名。下震上巽，象征增益。"益"是增的意思。

②利用为大作：利于有大作为。

③王用享于帝：君子享祭上天祈求福泽。帝，上天，天帝。

④增之用凶事：将增益用于凶险之事。中行：执守中正之道事。告公用圭：手执玉圭向王公告急求助。圭，一种玉器，古代天子诸侯祭祀、朝聘时，卿大夫执之以示"信"。

⑤迁国：迁都。

⑥惠：仁爱。

⑦或击之：有人攻击他。

【译文】

益卦：象征增益。利于有所行动，宜于涉过大江大河。

初九：利于大有作为，大吉大利，不会有灾祸。

六二：有人用价值连城的宝龟来占卜，结果也总吉祥，预示恒久之事可获吉祥；就像有道的君王祭享上天，必获吉祥。

六三：把增益用以救助凶险之事，不会有什么灾难。心怀诚信，执守中正之道谨慎从事，时刻像手执玉圭向王公告急求助那样恭谨。

六四：执持守中正之道谨慎从事，得到王公信认，有利于凭此完成迁都利民大业。

九五：胸怀诚信仁爱之心，不用占问就知道极为吉祥，天下人定将以仁爱之心回报我的仁爱之德。

上九：没有人能增益于他，反而有人攻击他，自己立心不常，必有凶险。

【解析】

益：利有攸往，利涉大川。

《象》曰：风雷，益。君子以见善则迁，有过则改。

[解读]：象征增益，有利于发展事业，有利于涉渡大川。

[象释]：下卦本为坤，上卦本为乾，乾的第一爻与坤的第一爻互易位置，即成为《益》卦，因而有减损上方增益下方之象。民为国之本，"益"民实质益己，因而卦名《益》。又，上卦"巽"是风，下卦"震"是雷；风愈强雷愈响，风助雷威；雷愈响风愈急，雷助风势；风与雷相互助长，气势增益。下卦"震"是动，上卦"巽"是木是风，卦象又为木船为风所漂动，故有"利涉大川"之喻。

[义理]：君子应在见到别人比自己更优秀的品德时，就要毫不犹豫地去追随学习；对于自己的过失，就要像雷一样毫不忌惮，果断改正。这是使自己获益的最好办法。

初九：利用为大作，元吉，无咎。

《象》曰：元吉无咎，下不厚事也。

[解读]：有利于从事伟大的事业，能获得大吉而不发生过失。

[象释]："初九"爻处在最下位，本来不能担当大事，但本卦为上损下益，"初九"以阳居阳，又得到相应的"六四"的助益，故能担当重任。

[义理]：位微才足，能担当重任，干一番事业，志大才疏，难负重任。

六二：或益之十朋之龟，弗克违，永贞吉；王用享于帝，吉。

《象》曰：或益之，自外来也。

[解读]：即便用价值连城的大龟占问，结论始终一致，因为循于正道的人总是吉祥如意；就像君王用祭品祭祀天帝，天帝只保佑循于正道的君王吉祥如意。

[象释]："六二"以阴居阴，处于下卦的中位，象征柔顺、虚心、中正，因而任何人都会给予助益，尤其与之相应的"九五"，更会不遗余力给予援助。其爻辞与"损"卦"六五"爻相同，前者是以上位受人民助益，后者即本爻是处在下位受到上级关怀援助。

[义理]：温和、谦虚、正直的贤德君子，即便自身力量弱小，也一定会得到众人的帮助，甚至不惜全力以赴；如果这类贤德君子能将自己的美德保持始终，那么他也一定能始终得到众人的助益。

六三：益之用凶事，无咎。有孚，中行告公用圭。

《象》曰：益用凶事，固有之也。

[解读]：求助凶险，没有什么过错；但是必须本着诚信之心并且用于正道，像手执玉圭向王公告急求助那样恭谨。

[象释]："六三"是下卦，"震"即动的最上一爻，有主动向"六四"请求助益之象，且"六四"是大臣位，因而有"告公"之辞。

[义理]：在发生意外变故时，应以诚敬之心向其提供援助，而上层人士对于下属的助益，也符合取之于民、用之于民的原则。

六四：中行告公，从，利用为依迁国。

《象》曰：告公从，以益志也。

[解读]：用于正道，有求必应，利于王公信任，甚至可以做成迁移国都的大事。

[象释]："六四"亦即"公"；"告公"者为"六三"。"六三"向"六四"求援，"六四"应允。上卦原为三阳之乾，因下益而不惜损去与之最临近的下位阳爻，与初爻互换，由此变纯阳之乾为巽，故有"迁国"之喻。

[义理]：世间最大的益是益民。因此，有政治头脑的人，最乐于做的事情是；益民即益己，政治秩序的稳定，社稷的长存，皆赖于益民这一举措。

九五：有孚惠心，勿问元吉，有孚惠我德。

《象》曰：有孚惠心，勿问之矣。惠我德，大得志也。

[解读]：有施予别人恩惠的诚意，不用占问就知道这是非常吉祥的事情，因为别人也会诚意给予回报。

[象释]："九五"爻在上卦中央，君位，阳爻阳位，为刚毅中正之象；又有"六二"爻阴阳相应。所以，"九五"有力量有诚意布施恩德于下属，而下属尤其"六二"亦柔顺、诚挚地予以回报。

[义理]：布施恩泽于人民，人民亦必涌泉相报，这样的领袖，便一定能得到人民的拥护，能一展抱负。

上九：莫益之，或击之，立心勿恒，凶。

《象》曰：莫益之，偏辞也。或击之，自外来也。

[解读]：没有人来助益他，反而有人来攻击他，内心拿定了主意又不能持之以恒，必有凶险降临。

[象释]："上九"阳刚，以至"益"的极限，本应益下，但它却以刚居极，象征求益过甚，以至走向了反面。

[义理]：处于高位的人，如果不思益人，反而贪得无厌地要求他人的奉献，最终必然是自己遭受损失。引申到政治上，统治者一味取之于民而不用之于民，时间一久，必然引起民愤，甚至导致反抗。

䷪ 夬卦

【题解】

本卦阐述了清除邪恶小人的原则。小人阴险奸巧，诡计多端，在清除邪恶小人时不能不小心谨慎，戒骄戒躁，应先谋而后动，刚柔相济；对付阴险小人，亦应以其人之道还治其人之身，不妨悄然进行，不露声色，把握时机，一举歼灭。清除工作不可迟疑，也不可冲动冒进；处置小人，应持不偏不激的态度，尽可能采用怀柔感化的方式，使其改邪归正。小人久居高位，毕竟是众矢之的，迟早会被清除。

【原文】

夬①：扬于王庭，孚号，有厉。告自邑，不利即戎，利有攸往。②

初九：壮于前趾，往不胜，为咎。

九二：惕号，莫夜有戎，勿恤。③

九三：壮于頄，有凶，君子夬夬独行，遇雨若濡，有愠，无咎。④

九四：臀无肤，其行次且。牵羊悔亡。闻言不信。⑤

九五：苋陆夬夬，中行，无咎。⑥

上六：无号，终有凶。⑦

【注释】

①夬：卦名。下乾上兑，象征决断。"夬"是果断的意思。

②扬于王庭：在君王的朝廷之上发表言论。扬，张扬。庭，通"廷"。自邑：指自己封邑的民众。戎：兵，指兴兵出战。

③惕号：因惊恐而大叫。莫：通"暮"。恤：忧虑。

④頄：脸面。夬夬：决然而行。濡：沾湿。愠：怒，怨。

⑤次且：即越趄，行走艰难的样子。

⑥苋陆：细角山羊。

⑦无号：不必大声号叫。

【译文】

夬卦：象征决断。在君王的朝堂之上发表言论，告诫并诚心号召自己封邑的民众，倘有不利立即兴兵征伐，如此，利于日后有所行动。

初九：脚趾前端盛壮，贸然前行不能取胜，反而会招来灾祸。

九二：惊惧呼号，是因为深夜发生战事，但是没有危险，所以不必担心。

九三：脸面盛壮，定有凶险；虚与委蛇，又会被刚毅的君子误解，却没有什么灾祸。

九四：臀部无皮，行路艰难前进；牵羊而行还怕它逃走。别人的忠言也不能遵从。

九五：清除小人，态度很暧昧，但只要居中行正，一定没有灾祸。

上六：不要大声号叫，因为凶险最终难于逃避。

【解析】

夬：扬于王庭，孚号，有厉。告自邑，不利即戎，利有攸往。

《象》曰：泽上于天，夬。君子以施禄及下，居德则忌。

[解读]：清除奸巧小人，应在朝廷上公开宣布其罪恶，然后以诚心号召众人一起行动；小人垂死挣扎，危险仍然存在，因此还要告喻自己领地的人民，倘有不利便动用武力，除奸行动一定能顺利进行。

[象释]：本卦阳爻有五，象征君子势盛："上六"阴爻阴位，象征小人奸巧位居众君子之上，然毕竟势单，很快便将为盛阳所清除掉。君子、小人，水火不容，必须果断决裂，因而卦名《夬》即取"决断"之义。

[义理]：阴险小人身居高位，本身便是一种罪恶。清除处在高位的小人，最好的办法是发动民众，这样，君子除奸的目的和行动才能得到发扬光大。

初九：壮于前趾，往不胜，为咎。

《象》曰：不胜而往，咎也。

[解读]：壮胆举步前行，却力不从心，以至自取其辱。

[象释]："初九"爻是下卦"乾"的一部分，刚健有余，进取之心很盛，然而所居之处为最下位，力不从心，因而不仅无实力驱逐居于高位的邪恶小人，反而遭其所辱。

[义理]：驱逐小人，不仅要积聚力量，还须策划周详；轻举妄动，不仅不能清除奸巧，而且会给自身带来灾祸。

九二：惕号，莫夜有戎，勿恤。

《象》曰：有戎勿恤，得中道也。

[解读]：大声疾呼，警惕敌人来犯，所以即便夜间有敌偷袭，也不必担心失利。

[象释]："九二"爻以阳刚居阴柔，象征刚柔相济，不会冲动冒进，与"初九"爻以刚居刚、少年冲动喜事好胜不同。又，"九二"居于下卦的中位，虽不正却得中，能够把握中庸之道，故在《夬》卦中为最佳之爻。

[义理]：君子与小人决断，应时刻不忘危惧，警惕小人的阴谋，防范其随时可能发生的反击。

九三：壮于頄，有凶，君子夬夬独行，遇雨若濡，有愠，无咎。

《象》曰：君子夬夬，终无咎也。

[解读]：怒形于色，便会招致小人的憎恨、暗算；虚与委蛇，又会被刚毅的君子误解与小人妥协，心守不免懊恼，有如单独行路遇到大雨，外面的衣服被淋湿，内心则窝着一

团火，这并没有什么关系，因为误解总会消除。

[象释]："九三"以刚居刚，刚强过度，溢于言表，以致小人怀恨；在本卦中，"九三"与"上六"又是唯一阴阳相应的爻，而"上六"以阴居阴，是阴柔小人，"九三"虽有与小人决断之心，却不免被众阳所疑。"九三"与"上六"阴阳调和，因而又有"遇雨"之说，令"九三"百口难辩。但是，刚毅的"九三"毕竟与阴柔的"上六"非同道，总有真相大白的时候。

[义理]：与小人决断，要有忍耐，不动声色，悄然进行。

九四：臀无肤，其行次且。牵羊悔亡。闻言不信。

《象》曰：其行次且，位不当也。闻言不信，聪不明也。

[解读]：屁股上脱掉了皮，走路趔趄艰难；羊牵在手里还怕它逃走，别人的忠告充耳不闻。

[象释]："九四"阳爻阴位，又不在上卦的中央，象征坐立不安，心中有疑，忠言不听，以致迟滞不前。上卦"兑"是羊，故有"牵羊"之辞。

[义理]：清除奸巧小人，要稳重，出手时要果断、迅速。

九五：苋陆夬夬，中行，无咎。

《象》曰：中行无咎，中未光也。

[解读]：虽有清除小人之心，但态度又很暧昧，有如割苋陆草一样不干脆；但是毕竟还有刚毅中正之心，清除小人之事不至于有何过失。

[象释]："九五"处于五阳爻的最上方，位居至尊是清除奸巧的主脑；"九五"毕竟又与"上六"最接近，态度不免暧昧。然而，"九五"以阳居阳，处于上卦中央，既有与奸小决断的决心，又在清除邪恶时不失中庸原则。

[义理]：作为最高统治者，清除奸巧小人的最好办法是通过感化的方式使他们改邪归正。

上六：无号，终有凶。

《象》曰：无号之凶，终不可长也。

[解读]：已经走投无路，哭喊求饶亦无济于事，最终难逃厄运。

[象释]："上六"阴爻阴位，象征阴险奸巧的小人，是众阳所要驱除的对象。"上六"爻处于本卦的极端处，进退无路，已成必然消亡之势。

[义理]：无论小人所居的地位有多高，迟早总要被清除。

䷫ 姤卦

【题解】

本卦阐述了防范邪恶的原则。对于邪恶势力的防范，宜早不宜迟；当它发生之初，就应采取积极有效的办法，及时阻止其发展；对于尚处于卑微状态的邪恶势力的处置，固然应遵循中正的原则，但不能有丝毫的同情与怜悯；那些因为性格刚硬容易得罪别人而处境不佳的人，也不能因为自己的孤独而与小人结伴；无论何时何地，都应谨慎择友，以免引狼入室，养奸成患；对邪恶小人，既要有万无一失的防范措施，又要坚持中正处置的原则，相信善有善报，恶有恶报，时候一到，一切都报，自然法则是不可抗拒的；对于邪恶小人，采取远远躲避的态度，虽然是一种消极的防范，但不与小人同流合污的做法，亦不失为一种洁身自好的君子作风。

【原文】

姤①：女壮，勿用取女。②
初六：系于金柅，贞吉。有攸往，见凶，羸豕孚蹢躅③。
九二：包有鱼，无咎，不利宾。④
九三：臀无肤，其行次且，厉，无大咎。
九四：包无鱼，起凶。
九五：以杞包瓜，含章，有陨自天。⑤
上九：姤其角，吝；无咎。⑥

【注释】

①姤：卦名。下巽上乾，象征相遇。
②取女：娶女。
③金：铜制车闸。羸豕：猪被捆绑。孚：此为竭力的意思。蹢躅：此为挣扎的意思。
④包：通"疱"，厨房。
⑤以杞包瓜：用杞柳蔽护树下之瓜。杞，杞柳。含章：含藏彰美。陨：降落。
⑥角：角落。

【译文】

姤卦：象征相遇。女子过分盛壮则会伤男，不宜娶其为妻。
初六：紧紧缚在铜车闸上，定有吉祥。而急于有所行动，则必然出现危险，就像猪被捆绑而竭力挣扎一样。
九二：厨房有鱼，没有灾难，但是不宜于款待宾客。
九三：臀部无皮，走路艰难前进，定有危险，但是并不会有大的灾难。
九四：厨房无鱼，定然惹发凶险之事。

九五：用杞柳荫护树下之瓜，含蓄不露，总有一天会像陨石坠地而自行消亡。

上九：走入空荡的角落里相逢，行事定会艰难，但是没有灾祸。

【解析】

姤：女壮，勿用取女。

《象》曰：天下有风，姤。后以施命诰四方。

[解读]：邂逅的女子特别健壮，不可以娶她为妻。

[象释]：本卦为一阴与五阳相遇，象征一个女人周旋于五个男人中间，健壮而不贞。

[义理]：女壮男必弱，因而女壮不是好事而是坏事，应尽量避免任何助长阴柔势力的做法。

初六：系于金柅，贞吉。有攸往，见凶，羸豕孚蹢躅。

《象》曰：系于金柅，柔道牵也。

[解读]：绑上坚实的车闸，及时制动才会吉利；否则听凭发展必有凶险，小猪虽然羸弱被捆绑时也会竭力挣扎。

[象释]："初六"爻是五阳之下开始生长的一个阴，它虽然处在微弱之时，但有渐长的趋势，倘若及早设法将之阻止，则"吉"；倘若任其发展，则"见凶"。"初六"如同一只"羸猪"，怀有蠢蠢欲动之心："孚蹢躅。"

[义理]：见微应知著，防患于未然。对小人要戒备，在其未形成势力之前，就积极采取措施予以阻止，才能确保君子之道的吉祥。

九二：包有鱼，无咎，不利宾。

《象》曰：包有鱼，义不及宾也。

[解读]：厨中有鱼，无忧无虑，但不利于招待宾客。

[象释]："九二"爻以阳居阴，位在下卦的中央，自身有力量，性又中庸和顺。因而就其本身而言，有安乐之象；但它与全卦中的唯一阴爻比邻而居，即与"初六"有亲比关系，不免有以中庸之道接纳"初六"，以致削弱自身力量之象。

[义理]：对于处境卑微、力量微弱的小人，不可有同情怜悯之心，否则，不仅自己的小康平静的生活会受到影响，甚至会发生更大的祸患。

九三：臀无肤，其行次且，厉，无大咎。

《象》曰：其行次且，行未牵也。

[解读]：臀部瘦得皮包骨头，走路也很困难，其状虽危，但还不是致命之病。

[象释]："九三"阳爻阳位，刚强过甚，又离开了下卦的中位，以致不能自我节制，一味追求异性，然而"上九"亦阳，不与它相应；唯一的"初六"，又被"九二"所阻不能上行与其相遇，因而坐立不安，有日益消瘦之势。因为终究未受到"初六"的蛊惑引诱，所以并无大碍。

[义理]：即便处在孤独之境，也不可与小人沆瀣一气。

九四：包无鱼，起凶。

《象》曰：无鱼之凶，远民也。

［解读］：庖中无鱼，灾难就会降临。

［象释］："九四"本是高位权臣，生活宽裕，由于它是唯一与"初六"阴阳相应之爻，受"初六"的蛊惑引诱，终于陷入庖中无鱼的困境，渐渐走向灾难的深渊。

［义理］：阴阳相应，本属好事，然而在奉卦之中，唯一的相应之爻却为凶，原因即在相应者乃"女壮"，因其诱惑而使身处高位的君子陷入困境。由此可见，无论何人何时，对于相遇的对象都应该有所鉴别和选择，否则，难免一失足成千古恨。

九五：以杞包瓜，含章，有陨自天。

《象》曰：九五含章，中正也。有陨自天，志不舍命也。

［解读］：用杞柳将甜瓜包裹起来，不露声色，静以待变，总有一天会像陨星从天坠落一样自己消亡。

［象释］："九五"阳刚，有如杞柳一样能有力地制住"初六"之阴；它又处在上卦中央，坚持中庸的原则，因而制止"初六"时并不锋芒毕露，而是采取含蓄不露的方式。"初六"在"九五"的制约之下，只能像甜瓜一样，时间一久自行腐烂消亡，在强大的"九五"面前，"初六"的消亡有如陨星一样顺应了自然规律。

［义理］：君子对于小人的防范与制裁，既要有万无一失的措施，又要有坚持中正的原则，不能以恶制恶，而应含蓄不露，耐心等待时机，令其随着自然法则的作用而自行消亡。

上九：姤其角，吝；无咎。

《象》曰：姤其角，上穷吝也。

［解读］：在角落里相逢，虽遭受羞辱，然无过失。

［象释］："上九"居于本卦最高之位，如同长在动物头上的角，既高又刚硬，自视清高，与"初六"保持的距离最远，不免有偏狭之嫌，然其远离小人，也不能说是什么过失。

［义理］：君子对小人的态度，不应采取远远躲避的方法，而应接近他，然后设法感化他，或者阻止他。

䷬ 萃卦

【题解】

本卦阐述了人类群体集合的原则。人类只有聚合起来才有力量，才能轰轰烈烈地干一番事业。聚集的目的应正当，聚集的人都应一心一意，始终如一；聚集在一起的人们，应该互相信任，竭诚地对待同道，尤其身居高位的人应尊重自己的追随者；人们相聚在一起时，应互相激励，不宜互相挑剔抱怨；前来聚集的愿望真诚与否，须经实践检验；处于领袖地位的人，应该注重以自己的德行感化和号召民众，将民众紧紧团结在自己的周围；在群体中，不可孤高自傲，脱离民众；发现自己的缺点，便应及时反省纠正，将自己的力量，汇聚到集体的事业中去。

【原文】

萃①：亨。王假有庙，利见大人，亨，利贞；用大牲吉。利有攸往。②

初六：有孚不终，乃乱乃萃。若号，一握为笑。勿恤，往无咎。③

六二：引吉，无咎。孚乃利用禴。④

六三：萃如，嗟如，无攸利。往无咎，小吝。⑤

九四：大吉，无咎。

九五：萃有位，无咎；匪孚；元永贞，悔亡。⑥

上六：赍咨涕洟，无咎。⑦

【注释】

①萃：卦名。下坤上兑，象征会聚。

②假：到。庙：宗庙。

③一握：古代占筮术语，指在不吉利的情况下筮得一种吉卦之数。

④引吉：迎吉。引，迎。禴：古代四季祭祀之一，此为夏祭。

⑤嗟：叹息。

⑥萃有位：会聚而各有其位。匪：非，不。元：君长。

⑦赍咨：叹息之词。涕洟：鼻涕、眼泪。

【译文】

萃卦：象征会集。亨通顺利。君王来到宗庙祭奉祖先，利于大德大才之人出生，亨通顺利，利于占问；以大牲祭祀，必获吉祥。利于有所行动。

初六：心怀诚信却不能保持到最后，必然扰乱正常的聚集。倘若求得谅解，仍可握手言欢。不必再有忧虑，有所行动没有灾祸。

六二：迎来吉祥，定无灾祸。心怀诚信有益于祭祀求福。

六三：由于会聚而生叹息，没有什么益处。其实有所行动也没有灾祸，仅有小困难。

九四：大吉大利，没有灾祸。

九五：会聚而适得其位，没有灾祸，但是还不能获取众人信任；君长有德并坚守正道，民众的疑虑才会消解。

上六：咨嗟哀叹而且痛哭流涕，可以免去灾祸。

【解析】

萃：亨。王假有庙，利见大人，亨，利贞；用大牲吉。利有攸往。

《象》曰：泽上于地，萃。君子以除戎器，戒不虞。

［解读］：人才荟萃，万事亨通；君王宗庙祭祀，伟大人物普济万民，不仅亨通，而且对有德君子十分有利；因为用大牲口作为祭品，所以吉祥，并且有利于事业的发展。

［象释］：上卦"兑"是悦，下卦"坤"是顺，喜悦而顺从，象征欢聚；上卦"兑"是泽，下卦"坤"是地，象征水在地上聚而成泽。又，本卦"九五"刚毅中正，"六二"柔顺中正，以中正为前提而上下呼应，相得益彰，象征人才荟萃，故名"萃"。

［义理］：聚集是一件好事，人才聚集，可以从事伟大的事业；财富聚集，也会愈聚愈多，同样有利于伟大事业的健康顺利发展。但是，聚集应以中正为前提，如果动机不纯正，人的聚集会闹事，制造祸乱；财富的聚集会导致人的腐化堕落。在这种情况之下，聚集愈多，愈容易发生灾祸。

初六：有孚不终，乃乱乃萃。若号，一握为笑。勿恤，往无咎。

《象》曰：乃乱乃萃，其志乱也。

［解读］：志同道合之心不能贯彻始终，就会扰乱正常的聚集；倘若及时求得对方的谅解，仍可握手言欢；不要因此忧虑，大胆前往相聚不会有错。

［象释］："初六"爻以阴居最底之阳位，不中不正；本与"九四"相应，然而因为不中不正，又想与本卦另一阴爻亦即位居至尊的"九五"相聚，而使得正常的聚集受到干扰。"九五"乃刚毅中正之爻，自有柔顺中正的"六二"与之相应，所以"初六"又号眺着祈求"九四"的谅解，重新恢复正常会聚的秩序。

［义理］：正当的会聚，不可三心二意，见异思迁，而应该建立在道义的基础上，执著如一，携手共进。

六二：引吉，无咎。孚乃利用禴。

《象》曰：引吉无咎，中未变也。

［解读］：由援引而会聚必然吉祥，没有灾殃；只要心诚，就能得到神的赐恩。

［象释］："六二"以阴居阳，又处下卦中央，象征柔顺、中正，与"九五"相应，必然诚信和顺从。然而"九五"乃至尊，"六二"为忠臣，倘若"六二"主动向"九五"靠拢，难免有趋炎附势之嫌，必以有力者推荐乃至"九五"降尊援引，"六二"与"九五"的会聚才更有利。本爻之"孚"，由于处下卦中位的缘故。

［义理］：即便是同道，相互的聚合也必须诚信，诚心诚意地对待对方，尤其是处在下属地位的贤士，对于所追随的对象的诚意，应该有所鉴别；没有诚信的聚合，也就失去了聚合的意义。

六三：萃如，嗟如，无攸利。往无咎，小吝。

《象》曰：往无咎，上巽也。

［解读］：相聚在一起，一味地叹息，并无益处；振奋前进无灾难，至多有点儿小失误。

［象释］："六三"以阴居阳，不中不正；与之同处下卦的"初六"、"六二"两爻，各有"九四"、"九五"两爻相应，唯"六三"与"上六"同阴不应，因而虽处"萃"中而有"嗟"象。然而，上卦"兑"毕竟有愉悦之象，"六三"与"上六"荟萃，虽然不尽人意，毕竟无甚灾难。

［义理］：人群聚会之中，不可能十全十美，人人都能遇到理想的伙伴。处于这种情况下，不可悲观丧气，而应随遇而安，振奋精神，继续前进。

九四：大吉，无咎。

《象》曰：大吉无咎，位不当也。

［解读］：惟有结果大吉，才会没有灾祸。

［象释］："九四"阳爻阳位，地位不正当，又处在刚毅中正的"九五"君王之下，稍一不慎，便会致祸；幸而"九四"治下的都是阴爻，是一群顺民，又与"初六"相应，所以结果会是"大吉"，不会有过失发生。

［义理］：聚集的愿望是否出于真诚，实践是检验的标准；因此，参与聚集者，务必要使聚集的结果尽可能地完美。

九五：萃有位，无咎；匪孚；元永贞，悔亡。

《象》曰：萃有位，志未光也。

［解读］：在万众之中获得至高的地位，并不困难，但并不意味着取得了民众的信任；只有以至善的行为和永远坚守正道，民众的疑虑才会消除。

［象释］："九五"爻阳刚中正，已经有了至尊的地位，而且有"六二"相应，有地位，有追随者，是本卦的主爻，体现了荟萃的精神。

［义理］：处于领导乃至领袖地位的人，凭借地位权力，一呼百应并不困难，难的是使他们从心底里信服。因此，居于高位的人，应注重以德服人，不是以自己的地位，而是以自己的德行号召民众，唯其如此，民众才会真正聚集在自己的周围，合力开创伟大的事业。

上六：赍咨涕洟，无咎。

《象》曰：赍咨涕洟，未安上也。

［解读］：嗟叹涕泣，不会有过失。

［象释］："上六"是萃卦的终极，正当萃极欲散之际；以阴居阴，柔弱无力，欲

找同志聚合，却下与"六三"同阴不应，欲萃而不得，不免孤独嗟叹。"上六"虽然孤独难萃，然而它求萃不得而沮丧的心情，又何咎之有？

[义理]：在遭到民众的遗弃时，应该深自反省，"吾日三省吾身"，须及时找出原因，究竟为什么自己会处于孤独之境，及时补过，求得同人的谅解，会聚到济济人众中去。

䷭ 升卦

【题解】

本卦阐述了升进的原则。与《晋》、《渐》卦类同，而小有差别，本卦的特点是柔进。在升进中，如果自身力量较弱，就应追随志同道合者中的长而有力者，以他们的成功的经验作为自己的借鉴；升进固然靠实力，但心地的纯正、待人的诚信更重要。

当然，也不可拘泥于用柔，依赖于他人。审时度势，当时机来临时，务必紧紧抓住，当进则进，勇往直前；越是升进到了高位，越要注意诚信待人的作用，在升进途中，诚信能化险为夷；身居至尊者，同样应该守诚守信，才能获得贤士民众的真诚辅助，不断开拓基业；升进也有极限，到了无可再进的极限，更须注意运用柔顺之道，与刚健的同人继续保持同心同德，以取得其支助，保持自己既有的地位。

【原文】

升①：元亨。用见大人，勿恤。南征吉。

初六：允升，大吉。②

九二：孚乃利用禴，无咎。③

九三：升虚邑。④

六四：王用亨于岐山，吉，无咎。⑤

六五：贞吉，升阶。⑥

上六：冥升，利于不息之贞。⑦

【注释】

①升：卦名。下巽上坤，象征上升。

②允：进。

③禴：古代四时祭祀之一。

④虚邑：空虚的城邑。

⑤亨：通"享"，祭祀。岐山：地名，位于今陕西省岐山县东北。

⑥阶：台阶。

⑦冥：昏夜，夜间。不息：指昏夜不息以求上进。

【译文】

升卦：象征上升。大吉大利。得到慧眼赏识，不必有什么担忧。向上攀登，必获吉祥。

初六：不断长进上升，大吉大利。

九二：心怀诚信有助于祭祀求福，没有灾难。

九三：上升顺利，如入无人之境。

六四：君王来到岐山祭奉神灵，定获吉祥，没有灾难。

六五：坚持正道则可获吉祥，顺着台阶步步上升。

上六：继续上升，进取不止。

【解析】

升：元亨。用见大人，勿恤。南征吉。

《象》曰：地中生木，升。君子以顺德，积小以高大。

［解读］前进会非常亨通，能得到慧眼的赏识，不必忧虑；向上攀登，一定吉祥。

［象释］上卦"坤"是地，下卦"巽"是木，木从地下生出来，茁壮升高，因而卦名为《升》。上卦"坤"与下卦"巽"都是顺，上下通顺，故为"大亨"。"九二"居下卦之中，与"六五"相应，下位刚毅中正之士，必能得到上位中正人物的器重和提拔，在传统图式中，上为南方，故本卦辞中又有"南征吉"之言。

［义理］有抱负的君子，应从小处着手，不断增进自己的德行，借助于伟大人物的援手，积极奋斗，有所作为。

初六：允升，大吉。

《象》曰：允升大吉，上合志也。

［解读］宜于上升，必然吉祥。

［象释］"初六"以柔顺居于最下位，是下卦"巽"即顺的主爻。在上升时，"初六"如果依靠、追随"九二"、"九三"两阳爻，就能获得吉祥。

［义理］在前进、上升过程中，如果自身力量柔弱，就应该紧紧追随志同道合的前辈。

九二：孚乃利用禴，无咎。

《象》曰：九二之孚，有喜也。

［解读］只要心诚，就能获得神的赐恩，无灾殃。

［象释］"九二"刚毅中正，与"六五"相应，"九二"之忠诚，能获得中庸之"六五"的信任。

［义理］在上升进程中，重要的是诚信，而不是形式。刚毅之臣事中正之君而获得欣赏升擢的，不是靠虚文修饰，而是凭一颗赤胆忠诚之心。

九三：升虚邑。

《象》曰：升虚邑，无所疑也。

［解读］勇往直前，如入无人之境。

［象释］"九三"以阳居阳，临近上卦"坤"；"坤"均为阴爻，有中空"虚邑"之象。"九三"临近"虚邑"，正是乘虚大进之际。

［义理］当进则进，时不可再；升进虽然以柔为要，然亦不能一概而论。

六四：王用亨于岐山，吉，无咎。

《象》曰：王用亨于岐山，顺事也。

[解读]：君王到岐山祭祀神灵，吉祥无灾难。

[象释]："六四"以阴居阴，近"六五"；象征近君侧的柔顺之臣；上能顺从君王升进，下能为民众开辟进取之道，而自己则安于现状。"六四"对"六五"的态度，就像君王在岐山祭祀神灵时那样虔诚恭敬。

[义理]：谋求升进的途径须正当；谋求升进的态度须诚恳；应懂得欲将取之必先予之的道理，有时候止也是进，止中蕴涵着更大的进。

六五：贞吉，升阶。

《象》曰：贞吉升阶，大得志也。

[解读]：坚持正道，才会吉祥，并能拾级而上，顺利前进。

[象释]："六五"以阴居阳，且处上卦中位，象征刚柔相济，中正有道："六五"与"九二"相应，对于刚毅中正的"九二"，"六五"信而不疑，故能居于尊位而一展鸿图。

[义理]：对贤能之士信而用之，而且始终不疑，才能得到贤能之士的尽心辅助，不仅尊位可保，且可以继续升进，发展事业。反之，如果用而疑之，就不可能有"士为知己者死"的有力辅助；既有的王业，亦将举步维艰。

上六：冥升，利于不息之贞。

《象》曰：冥升在上，消不富也。

[解读]：不知不觉已经升进到了极顶，此时仍应保持不断进取的精神状态。

[象释]："上六"以阴居阴，已是升进的极限。本身柔弱无力，幸有"九三"刚强的接应。处在这个升进的极端，不进则退，只有继续坚持升进中以柔克刚的原则和借助"九三"之力奋发进取的精神，才能维持既有的高位而不致倒退。

[义理]：柔弱无力却身居高位，是最危险的事情。身在此境中，应善于运用柔顺之道，如大地之负万物；倘若不自量力，以其高位而傲睨万物，便会走向升进的反面，此时的升进就是倒退的开始。

䷮ 困卦

【题解】

本卦通过"困于株木"、"困于酒食"、"困于石"、"困于金车"、"困于赤绂"、"困于葛藟"等一系列形象的比喻，阐释了应付困境的原则。

由于力量微弱而处于深深的困境时，必须隐忍待机，切忌浮躁；由于大富大贵而陷入困扰时，必须头脑清醒，不可得意忘形；因为侥幸妄进而陷入困境时，务必要有应付最坏局面的思想准备；当自身也处于困境而又必须援救处境更坏的同道时，务必量力而行，不可操之太急，以免雪上加霜；处于至尊之位时，最大的困扰是来自身边的奸佞，对来自位高权重者的困扰，尤须谨慎排除，同样不可操之太急；处于极端困境中时，应该冷静反省被困的原因，然后付诸行动，以求突破。

【原文】

困①：亨，贞，大人吉，无咎。有言不信。

初六：臀困于株木，入于幽谷，三岁不觌。②

九二：困于酒食，朱绂方来，利用享祀。征凶，无咎。③

六三：困于石，据于蒺藜，入于其宫，不见其妻，凶。④

九四：来徐徐，困于金车，吝，有终。⑤

九五：劓刖，困于赤绂，乃徐有说，利用祭祀。⑥

上六：困于葛藟，于臲卼，曰动悔。有悔，征吉。⑦

【注释】

①困：卦名。下坎上兑，象征困穷。

②株木：树木。幽谷：幽深的山谷。觌：见。

③困于酒食：指吃醉了酒。朱绂：红色祭服。绂，古代祭服的饰带，此借指祭服。

④困于石：前进道路被乱石阻挡。据：《易》例，在一个重卦之中，如果一个阳爻位居阴爻之上，那么这一阳爻对于其下的阴爻的关系称"据"。据是凭借、占据的意思，此引申为居处。蒺藜：一种一年生草本植物，果实有刺；此指"九二"爻。宫：居室，此引申为自己的家见其妻，意思是得婚配。

⑤困于金车：被金车所困阻。

⑥劓：古代刑名，割鼻。刖：古代刑名，断足。说：通"脱"。

⑦葛藟：一种藤类植物，臲卼：惶惑不安。悔：这里是后悔和悔悟的意思。

【译文】

困卦：象征困穷。亨通顺畅；进行卜问，大德大才之人可获吉祥，并不会有灾祸。但是要进行自我表白，别人却并不相信。

初六：困坐在树干上没法安身，退居幽暗的山谷，三年也不露面。

九二：喝醉了酒，大红祭服刚送来，正好用来祭祀神灵。如果自己拿来享受则有凶险，要是改过就没有灾祸。

六三：道路被乱石阻挡而堵塞不通，只得居处在蒺藜之上；而转身回到自己家中却见不到妻子，定有凶险。

九四：缓缓而来，是因为被金车所阻困；但是虽然行动艰难，却有好的结局。

九五：受割鼻断足之刑；以正念举行祭祀，渐渐能摆脱困境。

上六：被葛藤缠绕得惶恐不安；此时感到后悔，应该赶快悔悟，这样的话必获吉祥。

【解析】

困：亨，贞，大人吉，无咎。有言不信。

《象》曰：泽无水，困。君子以致命遂志。

[解读]：身处困境，仍然豁达开朗，执于正道，这样的有德君子一定吉祥无灾难；此时说话，别人不会相信。

[象释]：下卦"坎"是阳卦，上卦"兑"是阴卦；阴上阳下，象征阳被阴所掩蔽。从上、下卦的阴阳爻而言，"九二"阳爻被"初六"、"六三"阴爻所掩蔽，"九四"、"九五"被"上六"所掩蔽。因此，本卦象征君子被小人所困，因而卦名曰"困"。又，上卦"兑"是泽，下卦"坎"是水，象征泽漏水于下而致干涸，因而穷困。但"九二"、"九五"均以阳刚居中，象征君子虽处困境，依然能坚持正道。

[义理]：困境可以磨砺人的意志，通过出困求通的奋斗，体现君子的伟大人格；摆脱困境的最好办法，是实实在在的行动，不是口辩。因为，在困境时，即便说得再好，也不会有人相信；如果一味相信言说能解决问题，脱出困境，则必将走入死胡同。

初六：臀困于株木，入于幽谷，三岁不觌。

《象》曰：入于幽谷，幽不明也。

[解读]：困坐在树桩上怎么行？深入幽谷，三年不见天日。

[象释]："初六"爻处在下卦"坎"的最底层，环境的黑暗，自身的柔弱，实难走出困境，亟须"九四"前来援助；然而"九四"以阳居阴，不中不正，且自身亦受到"上六"阴爻的压抑，急切之间难以相济，所以"初六"之脱困，亦需俟以时日。

[义理]：在极端困境之中，应尽可能地蓄养精力，隐忍待机，切忌心浮急躁。

九二：困于酒食，朱绂方来，利用享祀。征凶，无咎。

《象》曰：困于酒食，中有庆也。

[解读]：因为酒菜过于丰盛而坐立不安，却又添上了华贵的蔽膝朱绂，这样的待遇只配用于祭祀神灵，平时享受难免招致凶险，马上改过可保无咎。

[象释]："九二"困于"初六"、"六三"两阴之中，阴柔之爻如同酒食，多则

困阳，难免有险；但"九二"阳刚中正，有及时反省的头脑，有自我脱险的力量，因而虽险无咎。

[义理]：生活富裕、地位显贵，有时也会造成困扰，处在这种困境之下，务必头脑清醒，不可得意忘形。

六三：困于石，据于蒺藜，入于其宫，不见其妻，凶。

《象》曰：据于蒺藜，乘刚也。入于其宫，不见其妻，不祥也。

[解读]：迷困于乱石之中，攀撑于蒺藜丛中，好不容易脱身回家，已经不见了妻子，多么凶险。

[象释]："六三"阴居阳位，不中不正；前面有"九四"巨石一般挡住进路，后面有"九二"像蒺藜一般挡住去路；想与"上六"结伴，又同阴不应。

[义理]：小人侥幸妄进，难免要陷于丧身亡家的极端困境。

九四：来徐徐，困于金车，吝，有终。

《象》曰：来徐徐，志在下也。虽不当位，有与也。

[解读]：姗姗来迟，因为途中被坚固的金车所困，虽然遇到了一些麻烦，最后终于脱身。

[象释]："九四"与"初六"相应，有援救"初六"摆脱"幽谷"之困的义务，但是自身以阳居阴，上有"上六"之压抑，下有"九二"阳刚之阻拦，对"初六"的援救只得徐徐进行。不过，"九四"与"初六"既有相应关系，援救迟早总会成功。

[义理]：在自身亦处困境之际，对于同道的援救更应该量力而行，不能操之过急。

九五：劓刖，困于赤绂，乃徐有说，利用祭祀。

《象》曰：劓刖，志未得也。乃徐有说，以中直也。利用祭祀，受福也。

[解读]：削鼻砍脚，为权贵所困扰，但是，慢慢地总可以得到援助，摆脱困境，只要具有像祭祀神灵时那样坚定的信念。

[象释]："九五"至尊，却被居于高位的"上六"及"六三"两阴爻所围困；由于"九五"刚毅中正，又处于上卦"兑"即悦的中心，最后总能以其诚信感召"九二"一起摆脱困境而有"悦"的来临。

[义理]：处于尊位者往往容易被身居高位的群小所包围，欲罢不能。在这种特殊的困境中，同样要有沉着坚定的意志，徐徐图谋脱困之路。

上六：困于葛藟，于臲卼，曰动悔。有悔，征吉。

《象》曰：困于葛藟，未当也。动悔有悔，吉行也。

[解读]：被关押在有葛藟、木桩围住的监狱里，开始对自己的过失有所悔悟；能及时反省，便会有吉祥降临。

[象释]："上六"虽然处于困境的极点，却以阴居阴而当位，能检点自己，谨慎

行动，成为本卦中唯一以"吉"告终的爻。

　　[义理]：人往往处在极端困境中时。才会深自反省，从自己的经历中总结失败致困的原因和寻找走向成功之路的法门。这就是物极则反的规律。

䷯ 井卦

【题解】

本卦以井水养人为喻，阐释了用贤的道理。认为政权虽有更迭，用贤的道理始终不变，但是在具体的用人过程中，却又灵活多变，对于一些本来可用之才，因为时间的推移而变得不合时宜时，理应淘汰；贤士往往因为人事渠道的阻塞而被埋没在民间不能致仕任用，这是人才的莫大浪费；领导者应该重视人才的发掘；贤士也应该不断自我完善，等待时机，造福于人民；贤士被任用而且居于高位时，应始终如一，为国为民。

【原文】

井①：改邑不改井，无丧无得，往来井井。汔至亦未繘井，羸其瓶，凶。②

初六：井泥不食，旧井无禽。③
九二：井谷射鲋，瓮敝漏。④
九三：井渫不食，为我心恻。可用汲，王明，并受其福。⑤
六四：井甃，无咎。⑥
九五：井洌，寒泉食。
上六：井收勿幕，有孚元吉。⑦

【注释】

①井：卦名。下巽上坎，象征水井。
②邑：泛指村庄城邑。井井：从中取水。第一个"井"字用作动词，取水。汔：接近。繘井：淘井。羸：此为倾覆的意思。瓶：古代汲水器具。
③不食：不能食用。旧井无禽：井旁植树，禽来栖息，井枯树死，飞鸟不再来。
④井谷射鲋：井底小鱼来回窜游。鲋，小鱼。瓮：罐子。敝漏：破旧，此为破碎的意思。
⑤渫：治理即淘洗。为我心恻：使我心中悲伤。王明：君王贤明。
⑥甃：修整。
⑦井收勿幕：修整水井的事已经完成，不须覆盖井口。收，完成。幕，盖。

【译文】

井卦：象征水井。村邑改动而水井不能迁走，每日汲取井水既不会枯竭，也不会满溢。人们来来往往不停地从井里汲水，如果来汲水而毁坏水瓶，则定有凶险。

初六：井底污泥淤积，井水已经不能食用，井枯树死，飞鸟再也不来栖息。
九二：就像枯井只剩井底小鱼来往窜游，犹如打破水罐因而无物取水。

九三：枯井已经淘净仍然没有人取水食用，使人心中凄凉悲伤；水已经能够食用，应该赶快前来取水，君王圣明，与臣民共享恩泽。

六四：水井正在修整，一定没有灾祸。

九五：井水清洌，洁净而且清凉，能用以食用。

上六：修整水井的事已然完成，无须再盖井口，此时心怀诚信；大吉大利。

【解析】

井：改邑不改井，无丧无得，往来井井。汔至亦未繘井，羸其瓶，凶。

《象》曰：木上有水，井。君子以劳民劝相。

[解读]：村落可以迁移，井却依然在原处，既不减损也不增多，来往行人可以汲水解渴，因为井水取之不竭；人们用绳子将瓦罐子往下垂吊，如果未及水面便在井壁上碰碎，那就太不幸了。

[象释]：上卦"坎"是水，下卦"巽"是木，木桶入水，井水上升，所以说是"井"。"九二"、"九五"均以阳刚居中，象征井的功用可以恒久，取之不尽，用之不竭。但是，如果井水上升的途径被毁，井里的水再多也无济于事了。

[义理]：本卦以井水养人隐喻任用贤能的道理；国家有兴衰，政权有更迭，但用贤的道理永远不会变更。选贤用贤的渠道，必须畅通；造福于人民的工具，不可废弃。用贤须谨慎小心，对贤能的使用须贯彻始终，防止功亏一篑。

初六：井泥不食，旧井无禽。

《象》曰：井泥不食，下也。旧井无禽，时舍也。

[解读]：井水混浊便不能食用，年久失修的破败不堪的旧井连鸟雀也不会光临。

[象释]："初六"阴爻居于最底层，相当于井中最底部的泥水；与"六四"同阴不应，"初六"无上引之象。积之既久，便成为废井，人禽共弃。

[义理]：混浊的井水不能食用，昏馈的小人不能任用。时过境迁，旧井总有被淘汰废弃的时候；虽然用贤之道不变，具体用人却非一成不变，不合时宜者理应被淘汰。

九二：井谷射鲋，瓮敝漏。

《象》曰：井谷射鲋，无与也。

[解读]：井底漏水，注入溪流，只能供养小鱼；犹如破旧的瓦罐，失去了本有的作用。

[象释]："九二"刚毅中正，如同喷涌的井水，可是与"九五"不相应，难于上升，于是只能与"初六"为邻。

[义理]：一些贤能之士，因为缺少上层人物的有力援引，始终混迹于平民之间，失去了本可以养人济物的应有作用。

九三：井渫不食，为我心恻。可用汲，王明，并受其福。

《象》曰：井渫不食，行恻也。求王明，受福也。

[解读]：井底的泥沙已经淘净，井水十分清澈，不食用未免可惜；可以赶快汲上来享用，君王圣明，是大家的福气。

[象释]："九三"阳爻阳位得正，在下卦的最上位，又与"上六"阴阳相应，犹如清洁的井水且有上引铅趋势。

[义理]：有些贤士，尽管血气方刚，充满活力，一心想有所作为，替国家人民出力，但未必能及时被发掘使用。这类贤士若能被及时发现、重用，实在是国家之幸、人民之福。

六四：井甃，无咎。

《象》曰：井甃无咎，修井也。

[解读]：用砖石砌井壁，不会有灾祸。

[象释]："六四"以阴居阴，位得正；但是以柔居柔，性偏弱。"六四"以其性弱而处于井之中部，唯不断自修，充实力量，方可免咎。

[义理]：有济世之志的贤士，务须注意不断进修充实自身力量，等待时机，厚积薄发。

九五：井冽，寒泉食。

《象》曰：寒泉之食，中正也。

[解读]：井水甘洁、清凉，可以饮食。

[象释]："九五"以阳刚居于上卦之中位，刚毅中正，如井水甘洁清凉，尽善尽美，提供人们饮用。

[义理]：贤明君子居于至尊地位，正是造福于人民之时。

上六：井收勿幕，有孚元吉。

《象》曰：元吉在上，大成也。

[解读]：修整水井的事完成后，不要盖住井盖，以便他人前来汲水，存此诚信利人之心，必有大吉。

[象释]："上六"是本卦最上位，象征井水已被提汲上来，大功告成了，所以"元吉"。因为井水以出井利用为最终目的，所以，在六十四卦中，唯有此卦与《鼎》卦一样上爻象征功成业就。

[义理]：贤能之士处于最高位时，应当始终如一，继续诚心实意地为民服务。

䷰ 革卦

【题解】

本卦阐释了变革的原则。任何政治，都有一个盛极而衰的过程，当败象显露时，即须采取变革的行动，以适应时势民心的需要。变革是一件牵动全局的大事。在条件尚未成熟的时候，应慎审时势，积聚力量，巩固自己，不可轻举妄动；一旦条件成熟，就应抓住时机，果断行动；变革即使势在必行，也应首先取得民众的信任和支持。能否取得变革的成功，不仅变革者要具有不畏怯、不妄动的性格，而且变革者要赢得广大民众的信赖。

只有在变革之先自己进行变革，才可能变革周围的人和环境；变革决非修饰，变革必须彻底；当变革成功之后，上下洗心革面，休生养息，保持安定团结，开始新的生活。

【原文】

革①：己日乃孚。元亨，利贞，悔亡。②

初九：巩用黄牛之革。③

六二：己日乃革之，征吉，无咎。

九三：征凶，贞厉。革言三就，有孚。④

九四：悔亡。有孚，改命吉。⑤

九五：大人虎变，未占，有孚。⑥

上六：君子豹变，小人革面；征凶，居，贞吉。⑦

【注释】

①革：卦名。下离上兑，象征变革。

②己日乃孚：到己日才有变革的诚心。己，十天干之一，居第六位，过天干十日之半。

③巩：固。革：皮革。

④革言三就：变革必须慎重，经过多次计议才能采取行动。三，多。就，成。

⑤改命：改革天命，指改朝换代。

⑥虎变：变革之际像老虎那样威猛。

⑦豹变：像豹子那样迅捷。

【译文】

革卦：象征改革。时至己日，再下定改革的决心。大吉大利，利卦，危厄将自行消解

初九：以黄牛皮绳牢固拴住，以免轻举妄动。

六二：到了己日断然实行改革，必获吉祥，而没有灾祸。

九三：冒进会有凶险。变革一定要慎重行事，经过多次计议才能采取行动，而且行动时必须具有诚信之心。

九四：危难窘迫将自行消解。胸怀诚信之心，毅然变革，必获吉祥。

九五：大德大才之人在改革之时气势像老虎那样威猛。不经占问就知道他具备诚信心。

上六：君子在改革之时行动像豹子那般迅速，庶民也改变往日的面目；此时如果持续变革而不停息，必有危险，而居家守中，可获吉祥。

【解析】

革：己日乃孚。元亨，利贞，悔亡。

《象》曰：泽中有火，革。君子以治历明时。

[解读]：变革在"己日"发动，才能获得民众的拥护，并且非常顺利，朝着有利于正义的方向发展，危厄不会再发生。

[象释]：上卦"兑"是泽，下卦"离"是火，兽皮在水中浸、火上烤，制成皮革；又，下卦形似灶，上卦形似被烘烤的皮，其中两阳爻是坚实部分，一阴爻是要除去的毛及松软部分。经过加工，皮革面目一新，但实质未变。又，上卦"兑"是泽，有水；下卦"离"是火。水浇火，水盛则火灭；火烧水，火盛则水干。水、火不相容，相克相生，产生变革之象。又，上卦"兑"是少女，下卦"离"是中女，两女同住一起，彼此不能相让，便发生家庭革命。

[义理]：变革必须适时；变革的方式，必须正当，依循自然法则进行。天地由变革而形成四季变化，生育万物；历来的社会变革，如殷汤王、周武王的变革，顺乎天时，应乎民心，推动了社会的发展。

初九：巩用黄牛之革。

《象》曰：巩用黄牛，不可以有为也。

[解读]用黄牛皮强拴住，不使妄动。

[象释]："初九"虽在变革的卦体中，但居于革卦之初"九四"同阳不应，变革的时机尚未成熟；"初九"的位置最低，其地位尚不足以掀动变革之风；以阳居阳，其性刚烈易于躁动，故有"用黄牛之革"的告诫。

[义理]：变革是一件掀天揭地的大事，在酝酿变革的时候，务必谨慎，蓄积力量，巩固自己，不可轻启变革之端。

六二：己日乃革之，征吉，无咎。

《象》曰：己日革之，行有嘉也。

[解读]：在己日进行变革，前进必然吉利，不会有灾祸。

[象释]："六二"以阴居阴，具有文明中正的德性；处在下卦"离"即文明的中部，象征改革的主体；且与"九五"阴阳相应，正是发动改革的最佳时刻。

[义理]：一旦条件成熟，就应该抓住时机，果断地采取变革的行动。

九三：征凶，贞厉。革言三就，有孚。

《象》曰：革言三就，又何之矣。

[解读]：急躁冒进会有凶险，即使行动正当亦难免危险；关于变革的言辞务须深思熟虑，再三讨论，意见一致，才能付诸行动。

[象释]："九三"阳爻阳位，过于刚强，又离开中位，到达了下卦的最上位，故有躁急过甚之象；其位属上下卦分离之处，正是变革行动之际。不革不行，非革不可，于是便有"凶"、"厉"之告诫。幸而"九三"与"上六"阴阳相应，故有"三就"、"有孚"之语。

[义理]：变革即使势在必行，也应深思熟虑，慎之又慎；采取任何行动，都应得到群众的充分理解、信任和支持。

九四：悔亡。有孚，改命吉。

《象》曰：改命之吉，信志也。

[解读]：悔恨消除，仍需得到民众的信任、支持，才能吉祥。

[象释]："九四"以阳居阴，其位不正，故有悔象；然而毕竟已经进入上卦，变革已经过半，进入逆转的边缘；且"九四"阳居阴，刚柔兼具，既不畏怯也不妄进，颇有改革家的风度，因而有悔变无悔。

[义理]：改革能否成功，不仅需要改革者具有不畏怯的心理、不妄进的性格和准确把握时机的能力，更需要赢得广大民众的普遍信赖。

九五：大人虎变，未占，有孚。

《象》曰：大人虎变，其文炳也。

[解读]：领袖人物像猛虎一般发动变革，即使未占问前途如何，民众仍然相信变革能够成功。

[象释]："九五"阳爻阳位居中，是"大人"变革的主体；与"六二"阴阳相应，象征"大人"刚健中正的变革能得到民众的响应与追随。

[义理]：领导变革的伟大人物，在变革之先必须自己先行变革，然后才可能变革周围的人和环境；变革必须彻底，给人以面目一新的感觉，并且将变革之理昭示天下，使民众看得清楚，感到改革的顺天应人、至公至正。凡是取得民众信任的变革，都一定能够顺利进行、获得成功。

上六：君子豹变，小人革面；征凶，居，贞吉。

《象》曰：君子豹变，其文蔚也。小人革面，顺以从君也。

[解读]：君子像豹子般迅速地进行变革，庶民也应旧貌换新颜；继续前进有凶险，安静无为才合乎正道而吉祥。

[象释]："上六"是本卦的终点，象征变革已经完成，进入守成之时。"上六"与"九三"阴阳相应，皆有"征凶"之辞，但"九三"又曰"贞厉"，至"上六"则曰"贞吉"，是因为"九三"处在变革前，"上六"处在变革后，"九三"忌妄动，

"上六"忌再动。

[义理]：变革既已成功，君子应当随着时代的进步，继续革新自己，跟上时代的步伐；而庶民百姓，也应革除邪恶，顺应时势，追随领袖，享受改革之后的成果。在变革之后，不可再采取激烈的行动，而应与民休息，保持安定团结的政治局面。

鼎卦

【题解】

本卦借烹物化生为熟，比喻事物调剂成新之理，其中侧重体现行使权力，"经济天下"、"自新新人"、"革故鼎新"的意义。

同时，本卦六爻的正反面喻象集中揭示了本卦的中心思想：鼎器功用之所以能成，事物新制之所以成立，必须依赖贤能。起用贤能，方能除旧布新。而升擢人才，必须知人善任。小人成事不足，败事有余，不足以担当重任，必须排除。《大象传》盛称"君子"应当端正居位、严守使命，这是非常正确的。贤能不必心灰意冷，坚守正道，终必定有施展抱负的一天。明智的君王，刚毅的辅臣，刚柔相济，相得益彰，无往而不利。

【原文】

鼎①：元吉，亨。

初六：鼎颠趾，利出否；得妾以其子，无咎。②

九二：鼎有实，我仇有疾，不我能即，吉。③

九三：鼎耳革，其行塞，雉膏不食；方雨亏悔，终吉。④

九四：鼎折足，覆公餗，其形渥，凶。⑤

六五：鼎黄耳，金铉，利贞。⑥

上九：鼎玉铉，大吉，无不利。

【注释】

①鼎：卦名。下巽上离，象征鼎器。

②鼎颠趾：鼎颠覆，足朝上。利出否：利于倾倒无用之物。否，不，指无用之物。以其子：因其子。以，因。

③实：此指食物。仇：匹配，此指妻子。

④革：革除，这里是失去的意思。塞：阻塞，引申为困难。雉膏：用雉肉做的美味食物。方雨亏悔：天刚下雨阴云又散去。方，刚刚。亏，少。悔，通"晦"，指阴云。

⑤覆公餗：将王公的八珍粥倾倒出来。公，王公。餗：八珍菜粥。其形渥：洒得遍地都是。渥，沾濡之状。

⑥金铉：铜制鼎耳的吊环。

【译文】

鼎卦：象征鼎器。大吉大利，亨通顺畅。

初六：大鼎翻倒，其足向上，宜于倒掉无用之物；就如娶妾生子，其妾因子而被扶作正室，必无灾祸。

九二：鼎中盛满食品，心中充满仇恨但不为邪恶所动，可获吉祥。

九三：大鼎丢失了鼎耳，移动非常困难；美味的雉膏也不能吃；天刚降雨乌云就突然散去，终会获得吉祥。

九四：大鼎难负重荷而断折鼎足，王公的美食倾倒出来，鼎身沾满污物，定有凶险。

六五：大鼎配备上黄色鼎耳，鼎耳配备铜制吊环，有利之卦。

上九：鼎耳配备玉制的吊环，大吉大利，无所不利。

【解析】

鼎：元吉，亨。

《象》曰：木上有火，鼎。君子以正位凝命。

[解读]：革故鼎新，十分吉祥、亨通。

[象释]：鼎卦的形象似鼎："初六"爻为鼎足，"六五"爻为鼎耳；下卦"巽"是木，上卦"离"是火，象征燃木煮物，有革新之意，故称之为"鼎"。又："六五"爻与"九二"爻相应，象征"九二"贤士被"六五"君王所赏识。鼎有镇邪、颁布法律等作用。

[义理]：与"革"卦的改革旧政权不同，"鼎"卦侧重于巩固新政权；巩固新政权，莫过于养贤。古代任一新朝创立，首先铸鼎、书以律令，由此宣告新时代的开始；鼎所象征的，不仅仅是端正、凝重的历史使命，更涵有供养圣贤之士的意义。

初六：鼎颠趾，利出否；得妾以其子，无咎。

《象》曰：鼎颠趾，未悖也。利出否，以从贵也。

[解读]：鼎颠倒其足，能消除掉鼎中秽物因而有利；就像讨妾生育了儿子，使本来不好的事情又当别论。

[象释]："初六"爻在鼎卦的最下位，故有"趾"之喻。"初六"爻又与"九四"爻相应，以致足朝上而呈"颠"状，使鼎为之倾倒。

[义理]：本文以颠倒鼎为喻，说明布新必先除旧的道理；只有清除陈旧、腐败，才能储备人才，开创新的事业。清除腐败，必然要打破旧的秩序，往往会遭到非议，但毕竟合乎社会发展规律，应该理直气壮。

九二：鼎有实，我仇有疾，不我能即，吉。

《象》曰：鼎有实，慎所之也。我仇有疾，终无尤也。

[解读]：鼎中装满实物，心中充满仇恨，不为邪恶所诱惑，吉祥。

[象释]："九二"阳爻为实，居下卦中位，如在鼎中，象征鼎中充满实物；因"初六"爻以阴居阳不正，如患有疾病，致"九二"怕受传染而生仇恨之心，且"九二"刚毅处中，亦不屑与"初六"小人接近，而与上位的"六五"相应。

[义理]：即使本身有才气、有能力，对于前进的方向仍应谨慎地把握；养贤的一个重要方面，是对小人的拒斥。

九三：鼎耳革，其行塞，雉膏不食；方雨亏悔，终吉。

《象》曰：鼎耳革，失其义也。

[解读]：鼎没有了耳，移动起来就有困难，即使鼎内有美味的鸡肉，也难以享受；但是就像下雨总有天晴时，最终会吉祥。

[象释]："九三"为鼎之腹，阳爻而充实，如同鼎中装满佳肴；阳爻阳位，过于刚强而易折，因而有："鼎耳革"之警。然而因其得位，有坚守正道之象，故"终吉"。

[义理]：贤路阻塞，人才虽然一时未能被重用，但总有云开雾散的时候，贤能只要坚守正道，总有被赏识、重用的机会，有施展抱负的一天。

九四：鼎折足，覆公𫗧，其形渥，凶。

《象》曰：覆公𫗧，信如何也。

[解读]：鼎足折断，打翻了王公的美食，溅得一身淋漓，凶险。

[象释]：居于高位的"九四"与象征鼎足的"初六"相应，然而"初六"成事不足，连累"九四"，其源盖出于"九四"位不正。

[义理]：任用人才，须量才录用，此所谓知人善任。如果任人惟亲，让才疏学浅者来担当重任，必然力不能支，其结果，不仅害了他本人，也势必连累自己。

六五：鼎黄耳，金铉，利贞。

《象》曰：鼎黄耳，中以为实也。

[解读]：黄色的鼎耳，坚固的吊环，则革新能够顺利进行。

[象释]："六五"象征鼎耳，处在上卦的中位，因而说鼎耳为黄色；"六五"有"九二"相应，"九二"刚毅处中，因而以"金铉"为喻。

[义理]：为君者明智公正，为臣者刚毅忠勇，这样的君、臣倘若通力合作，便能相得益彰，革新事业必能顺利进行，取得成功。

上九：鼎玉铉，大吉，无不利。

《象》曰：玉铉在上，刚柔节也。

[解读]：鼎的耳环是玉料所镂，则革新大吉，无所不利。

[象释]：鼎之用在于食烹而出鼎，故"上九"为最佳。"上九"以阳居阴，体刚而履柔，如温玉之性，故有"玉铉"之喻。

[义理]：革新之举，在于刚柔兼备，就像坚硬而又温暖的玉，刚毅而又不失温情。这样，革新既势不可挡，又给人以如沐春风的感觉。

䷲ 震卦

【题解】

本卦的中心思想，在于阐释震惊的应对之道。

在发展进步的过程中，难免发生意外的重大事故，以致震惊。唯有汲取教训，凡事戒慎恐惧，才能有法则可循，发挥刚毅的力量，镇定而从容地对付，不致惊慌失措。即或遭受灾难，也可将损失减至最小。

平时谨慎，经常反省检讨，保持高度警觉，即可防患于未然。

【原文】

震①：亨。震来虩虩，笑言哑哑。震惊百里，不丧匕鬯。②

初九：震来虩虩，后笑言哑哑，吉。

六二：震来厉，亿丧贝。跻于九陵，勿逐，七日得。③

六三：震苏苏，震行，无眚。④

九四：震遂泥。⑤

六五：震往来厉，亿无丧，有事。

上六：震索索，视矍矍，征凶。震不于其躬于其邻，无咎。婚媾有言。⑥

【注释】

①震：卦名。下震上震，象征震动。

②虩虩：恐惧之状。哑哑：笑声。匕：勺，匙。鬯：祭祀用的香酒。

③厉：迅猛。亿丧贝：将会大量失去钱财。亿，古制，十万为亿，这里是极多的意思。贝，古代货币。跻于九陵：登上九重高陵。跻，登。

④苏苏：不安的样子。震行：震恐而行。眚：灾祸。

⑤遂：附。

⑥索索：发抖的样子。矍矍：不敢正眼看。躬：亲身。有言：闲言碎语。

【译文】

震卦：象征震动。亨通顺利。雷霆轰响，震得事物惊恐惶惧，随后却又谈笑风生。雷声惊闻百里，而匙中的美酒却没有洒出。

初九：雷霆急响震得万物惊恐惶惧，随后又谈笑风生，必获吉祥。

六二：雷霆剧响，必有危险，巨盗劫取大量钱财后逃之夭夭；不要前往追寻，七天之内自会失而复得。

六三：雷霆震动，惊惶不安，震惧而行，却不会有什么灾难。

九四：雷霆震动，惊慌失措而落入泥沼之中。

六五：雷霆震动，上下往来，都有危险；没有重大损害，但会发生事故。

上六：雷霆震动，瑟索发抖，两眼惶恐不安，唯恐有凶险，若还未震及自身，而仅震及近邻，就预防，则没有灾祸。但是如果谋求婚配，将招致闲言碎语。

【解析】

震：亨。震来虩虩，笑言哑哑。震惊百里，不丧匕鬯。

《象》曰：洊雷，震。君子以恐惧修省。

[解读]：当惊雷滚滚而来，君子能处惊不变，依然谈笑风生；即使雷震百里，也不会失落手中的勺子与酒食。

[象释]：上下卦均为"震"即雷，双雷重叠，其声必烈；震由坤爻变而来，象征地下阳气滋生，因而大地震动；又象征纯阴之母与纯阳之父首次交合得子，故"震"又象征家庭中的长子。

[义理]：迅雷烈风，能使人变色。但是，如果平时能戒慎恐惧，当震惊突然来临时，便不会惊慌失惜，而能镇定自若；担当国家重任者，都应该具备这样的心理素质。如果灾难来临时惊恐万状，灾难一过又全然忘记不知警惕，那么，下一次灾难再来临时，仍会惊慌失措。

初九：震来虩虩，后笑言哑哑，吉。

《象》曰：震来虩虩，恐致福也。笑言哑哑，后有则也。

[解读]：当惊雷初次滚滚而来时，必然惊惧；以后惊雷再来时倘能谈笑自若，则吉祥。

[象释]："初九"以阳居阳，是下卦的主爻，也是整个卦的初始，象征着雷的首次发动。

[义理]：能惧然后能不惧。有的人所以具有处惊不乱的素质，是因为在初次遇惊之后能够吸取教训，时时以恐惧修身，以致在危难尚未来临之际，便已有了充分的心理准备。人有了这种涵养，方能够化险为夷、转危为安，在危难之中始终保持"泰山压顶不弯腰"的大无畏精神。

六二：震来厉，亿丧贝。跻于九陵，勿逐，七日得。

《象》曰：震来厉，乘刚也。

[解读]：巨盗临门，十分凶恶，劫夺钱财，往深山峻岭中流窜；丧失的钱财不必去追夺，七天之后自然会失而复得。

[象释]："六二"阴爻阴位，很柔弱，因而有被夺之象；况且"六二"邻近"初九"，突发事件中一定首当其冲。然而，"六二"处下卦的中位，有中正之德，故而又有失而复得之象。

[义理]：在大的危难来临时，应该审时度势，不可作无谓的抗争。必须失掉的，就让它失去；不应失去的，即便失去还会重新获得。有了这样的心态，方能处惊而不易色。

六三：震苏苏，震行，无眚。

《象》曰：震苏苏，位不当也。

[解读]：惊雷骤起不免筋酥骨软，一旦听惯了响雷，也就不会再惊惶失措了。

[象释]："六三"阴爻阳位，与"上六"又不相应，势单力薄，不中不正，以致惊雷一起，便会恐惧不安。

[义理]：古人说："白天不做亏心事，夜半敲门心不惊。"心地不正的阴险小人，往往会产生"草木皆兵"的感觉，在震惊之事发生时，心理承受能力显得特别薄弱；即便如此，当震惊接踵而至，习以为常之后，"草木皆兵"之辈也能镇定下来。由此可见平时的戒惧是多么重要。

九四：震遂泥。

《象》曰：震遂泥，未光也。

[解读]：惊雷滚滚动地而来，让人因慌乱而陷入泥淖中。

[象释]："九四"是第二个雷即上卦的主干，其声之烈，尤甚于下卦之雷；与"初九"同为阳爻，不应而应，故有"遂泥"之势。

[义理]：君子处在双重的震惊事件之中时，不可被其势所欺而丧志，而应该发挥自己的刚毅之性，才能经受住高度的震慑和冲击。

六五：震往来厉，亿无丧，有事。

《象》曰：震往来厉，危行也。其事在中，大无丧也。

[解读]：惊雷往来不息，其势危险，不会丧失什么东西，但会有什么不测之事发生。

[象释]："六五"阴爻阳位，不正；它的上位是震惊的极点，它的下位是重叠之雷的主爻，故有往来皆厉之象。然而，"六五"处中，具有不偏不激的中庸德性，或可免遭雷击之灾。

[义理]：处在震惊的中心时，如能持守正义，坚持不偏不激的中庸原则，便可有惊而无险，将损害降低到最小限度。

上六：震索索，视矍矍，征凶。震不于其躬于其邻，无咎。婚媾有言。

《象》曰：震索索，中未得也。虽凶无咎，畏邻戒也。

[解读]：灾难如同惊雷一样突然而至，不免心惊肉跳，左右惶顾，唯恐凶险临身。结果灾难未曾加诸其身，而仅震及近邻，则安然无事。如果谋求婚配，将会惹得怨声顿起。

[象释]："上六"以阴居阴，不中不正，又在震惊的极点，因此所遇震惊最迅烈。然而，其阴柔无比，警觉甚敏，而为有惊无险之象。

[义理]：经验有直接与间接两种，当别人遭受灾难时，自己应迅速作出由彼及此的反应，及时警觉，防患于未然。

䷳ 艮卦

【题解】

《艮》卦，是强调自发的停止。"时止则止，时行则行"，时当行则行，是以时势造英雄也。时当止之时，言语亦不妄发，其行亦不妄动也。

"君子以思不出其位"，这就是注意力止于其位。何况"不在其位，不谋其政"（《论语·泰伯》）也。是以可行则行，可止则止，行之无不利，止之无不吉，知行知止，此之谓行止之法门也。止应当止于行动未开始之前，才不会失当，才不会身不由己。不能适可而止，或勉强追随，必然不愉快。倘若刚强过度，应止不止，或止而不当，必将忧患。惟有达到不为外物所动，不为私欲所动的人我两忘境界，才能成功。

【原文】

艮①：艮其背，不获其身；行其庭，不见其人，无咎。②

初六：艮其趾，无咎，利永贞。③

六二：艮其腓，不拯其随，其心不快。④

九三：艮其限，列其夤，厉熏心。⑤

六四：艮其身，无咎。

六五：艮其辅，言有序，悔亡。⑥

上九：敦艮，吉。⑦

【注释】

①艮：卦名。下艮上艮，象征抑止。

②庭：庭院。

③趾：脚趾。

④腓：小腿肚。拯：举。

⑤限：胯，腰部。列：裂。夤：夹脊肉。熏：烧灼。

⑥辅：面颊。

⑦敦：深厚敦厚。

【译文】

艮卦：象征抑止。抑止背部，使整个身体不能动弹，在庭院里行走，却看不到人，没有灾祸。

初六：抑止脚趾而使之难于起步，没有灾祸，利于卜问长久之事。

六二：抑止小腿肚的运动，勉强举步追赶应该追随之人，心中不能舒畅。

九三：抑止腰胯的运动，以至于撕裂了夹脊肉，使人心急如焚。

六四：抑止身体使其不能乱动，必无灾难。

六五：没有胡言，讲话有条有理，没有灾祸。

上九：用敦厚的美德压抑邪欲恶念，必获吉祥。

【解析】

艮：艮其背，不获其身；行其庭，不见其人，无咎。

《象》曰：兼山，艮。君子以思不出其位。

[解读]：人的背部静止，整个身体也便难以移动；内心安静，即便进入有人的庭院也视若无睹。稳且静，人就不会有过失。

[象释]："艮"是山，寓安重坚实之意；本卦上下均"艮"，象征两山重叠，极其稳固，肖然不动。又，经卦"艮"一阳在上、二阴在下；二阴不动，一阳已升至极点，亦须停止，故"艮"有"止"义。上、下卦相同，对应的阴阳爻相同而不相应，故有"不见其人"，亦即视而不见之辞。

[义理]：形体保持稳定状态的关键在于背部，行动保持稳定状态的关键在于内心。内心宁静，不受外界环境所影响，就不会妄动；即便有所行动，也会谨守本分，冷静思考，应止则止。

初六：艮其趾，无咎，利永贞。

《象》曰：艮其趾，未失正也。

[解读]：首先要控制住脚趾上的动作，脚趾稳定则不失足，其益在于有始有终。

[象释]："初六"处在最下位，故以"趾"为喻。人有行动，必先动趾；若使趾的行动受到控制，则不会发生超越规矩的行为，然则"初六"阴爻居阳位，不中不正，故有"永贞"之戒。

[义理]：当行则行，当止则止。什么事不应该做，这从事情一开始就把握和控制。否则，差之毫厘，失之千里。如果自始至终都能够把握住当止则止的尺度，不半途而废，那么必然获益。

六二：艮其腓，不拯其随，其心不快。

《象》曰：不拯其随，未退听也。

[解读]：腿停止不动，却不能阻止其上位者的冒进而只得勉强相随，因而心中不会愉快。

[象释]："六二"属于下卦的中位，相当于人的腿部，因而有"腓"，即腿肚之喻。"六二"阴爻阴位，居中得正，懂得当止则止的道理，但它的行动却受制于"九三"；"九三"刚愎自用，不会听从"六二"关于当止则止的劝告，因而"六二"只能违心相随。

[义理]：由于缺少主动权，明知应止却不能止，违心地追随别人继续冒进，其心情必然抑郁不舒畅。无论在政治还是经济领域中，这类情况屡见不鲜。

九三：艮其限，列其夤，厉熏心。

《象》曰：艮其限，危熏心也。

[解读]：抑止腰部的活动，两胁的肌肉便像被分裂开来一样，不能活动，其难受犹如烟火熏心肺。

[象释]："九三"在上、下卦分界处，相当于人的腰部；阳爻阳位，又离开了中位，有刚强过甚而偏激之象。"九三"上下两个阴爻，被"九三"从中分裂开来，象征"九三"与上下、左右的人不能和睦相处，因而危机重重。

[义理]：当止则止。然而，任何停止都是相对的，停止是暂时的，停止中寓有行动。如果将停止绝对化，认为讲停止就是绝对的止，那么动、止便会失当，以致造成众叛亲离的局面。

六四：艮其身，无咎。

《象》曰：艮其身，止诸躬也。

[解读]：能够自我控制其身体，便不会有过失。

[象释]："六四"已进入上卦，故以"身"比喻；阴爻阴位，得正，故有守静不躁动之性。

[义理]：停止有一个时间与空间的问题。什么时候应该停止，停止在什么样的场所，只有做到心中有数，才能自我约束，"止"得恰到好处。

六五：艮其辅，言有序，悔亡。

《象》曰：艮其辅，以中正也。

[解读]：说话谨慎，条理清晰，后悔之事便不会发生。

[象释]："六五"处于卦的上方，故以"辅"，即颔关节比喻。其阴爻居阳位，不正，应有后悔之事，然而又处中，言辞中肯在理，所以后悔之事又消除。

[义理]：俗话说："病从口入，祸从口出。"言语能表达思想，却又能致祸，因而说话务须小心谨慎，也有一个当止则止的问题。只有适可而止，才能避免"祸从口出"。

上九：敦艮，吉。

《象》曰：敦艮之吉，以厚终也。

[解读]：以谨慎敦厚抑制私欲，吉祥。

[象释]："上九"以阴爻居于《艮》卦，即止的极处，其笃于止的心情，达到了极点。别的卦至于极点的都要朝着反面转化，而本卦"上九"却不仅不转化为动，反而表现出了对于"止"的敦厚笃实，其源盖由于《艮》为兼山之卦，"上九"为稳之又稳的众山之巅。

[义理]：凡事贵在坚持，愈近终点愈是坚定于既定的宗旨，才能功德圆满。然而世人往往很难做到这一点。例如，学业快要结束时，便会放松自己；人一生谨慎，到了晚年却容易堕落。如果到了晚年仍能努力克制和严格约束自己，也就真正实现了善始善终。

䷴ 渐卦

【题解】

《渐》卦阐释由停顿转向前进时，必须采取渐进的原则。

前进才能建功，前进当然要刚毅，但也要把握中庸原则。不可以勉强，不可以冒进，应当稳当，依据状况，把握时机，循序渐进，动静顺乎自然，才能安全，行动不会被动。倘若刚强过度，不停地冒进，就有脱离群众的危险。

当然，在渐进中，必有阻碍，宜以正当的方式，进退由心，切实掌握事物发展过程中"循序渐进"的原则，切不可"揠苗助长"也。

【原文】

渐①：女归，吉，利贞。②

初六：鸿渐于干，小子厉，有言，无咎。③

六二：鸿渐于磐，饮食衎衎，吉。④

九三：鸿渐于陆，夫征不复，妇孕不育，凶，利御寇。⑤

六四：鸿渐于木，或得其桷，无咎。⑥

九五：鸿渐于陵，妇三岁不孕，终莫之胜，吉。⑦

上九：鸿渐于陆，其羽可用为仪，吉。⑧

【注释】

①渐：卦名。下艮上巽，象征渐进。

②女归：女子嫁人，归嫁。

③鸿：鸿雁即大雁。干：河岸。小子：指幼童。

④磐：大石头。衎衎：高兴，和乐。

⑤陆：指较矮的山顶。

⑥或：有的。桷：木椽，引申为直树枝。

⑦陵：山陵。

⑧陆：指高山之顶。

【译文】

渐卦：象征渐进。女子出嫁循礼渐进，可获吉祥，有利之卦。

初六：幼小的鸿雁在河岸边活动，有种恐惧感，有流言蜚语把他非难，但是并无灾祸。

六二：鸿雁落到巨石之上，安享饮食和悦欢快，必获吉祥。

九三：鸿雁落到小峰顶上，就像丈夫随军出征一去不再回返，妻子怀孕又流产，如此，定有凶险。但却利于防御贼寇。

六四：鸿雁飞行渐进，有的落到大树上面，有的落到直树枝上面，都没有灾祸。

九五：鸿雁飞行渐进落到山丘之上，犹如妻子三年不怀孕，但未受丈夫责难，必获吉祥。

上九：鸿雁在高空翱翔，羽毛非常美丽，可以用作仪饰，十分吉祥。

【解析】

渐：女归，吉，利贞。

《象》曰：山上有木，渐。君子以居贤德善俗。

[解读]：女子出嫁，按照婚嫁的礼节循序渐进，就能吉祥，其利在于这些礼节合乎正道。

[象释]：下卦"艮"是山，上卦"巽"是木，山木为"止"义，但是山上有木，木渐渐成长，于是山也随着渐渐增高，所以卦名取"渐"。又，自"六二"至"九五"，其四爻各得其位，象征嫁女过程中合乎正道、循序渐进的一系列礼仪。

[义理]：渐进的重点在"渐"，渐是进取时的一种表现形式。任何事物都有一个循序渐进的过程。

初六：鸿渐于干，小子厉，有言，无咎。

《象》曰：小子之厉，义无咎也。

[解读]：幼小的鸿雁停留在水涯边上活动，像小孩子蹒跚学步那样有一种恐惧感，于是便有嘲笑它胆小的言语出现，其实鸿雁这种不急于上岸高飞的做法并不错。

[象释]："初六"是渐进之始，阴爻柔弱，尚无能力一下子登岸，更无能力振翅飞翔，只能量力而行在水边磨砺自己；"六四"与"初六"同阴，相互拒斥，既无力应援"初六"，又因"初六"力弱，跟随不上其步伐而怨声不已。

[义理]：凡事都应该量力而行，不可勉强；即便力量还很薄弱，只要循序渐进，就不会发生什么失误。

六二：鸿渐于磐，饮食衎衎，吉。

《象》曰：饮食衎衎，不素饱也。

[解读]：鸿雁爬到岸边的大石板上栖息，在欢乐地寻觅食物，没有灾祸。

[象释]："六二"的位置比"初六"高了一层，且"六二"柔顺中正，又与"九五"相应，其处境如磐石一般稳定，其心情亦很和乐。

[义理]：在成长过程中，要脚踏实地，依靠自己的力量循序渐进，但并不排斥通过正常途径争取外界的应援。

九三：鸿渐于陆，夫征不复，妇孕不育，凶，利御寇。

《象》曰：夫征不复，离群丑也。妇孕不育，失其道也。利用御寇，顺相保也。

[解读]：鸿雁渐渐地走上陆地，此时就像丈夫出征不还家，妇女怀孕流了产，十分危险，但是居高望远，有利于防御贼寇。

[象释]："九三"以阴居阳，虽正而过刚，有宁折不弯之象，故尔有"征不复"之辞；又与"上九"同阳而不应，只得与"六四"相比相求，这种相亲相求不合正道，因而又有孕而不育之象。然而"九三"毕竟是得位之爻，其阳刚之性尚能用于正道。

[义理]：当自身力量还不足以一展宏图时，切不可躁急冒进，而应该寻找一个比较平安的环境，渐渐地壮大自己，耐心地等待瓜熟蒂落这一时刻的到来。

六四：鸿渐于木，或得其桷，无咎。

《象》曰：或得其桷，顺以巽也。

[解读]：鸿雁渐渐飞上了高树，有的还在树枝上平安地栖息。

[象释]：上卦"巽"为木，"六四"由于处在上卦的下位，与下卦相邻，因而以树为喻；其阴爻阴位，柔弱温顺，因与二个阳爻比邻而有依靠之象。

[义理]：处于位高而力弱的不安稳之境，惶恐之心在所难免，但只要柔顺灵活地处世，必能得到强者的援助，渐渐地丰满自己。

九五：鸿渐于陵，妇三岁不孕，终莫之胜，吉。

《象》曰：终莫之胜，吉，得所愿也。

[解读]：鸿雁飞上山丘，犹如三年不怀孕的妇女，从未受到过丈夫的责难欺凌，终必吉祥。

[象释]："九五"阴阳相应，因而以"陵"为喻；刚健而中正，又与"六二"阴阳相应，其象甚佳；虽然两爻之间有"九三"、"六四"阻隔，但"九五"与"六二"心心相印，执信如一，所以有"吉"兆。

[义理]：事物的发展壮大，不可能一帆风顺，即便成功的事业，其间也有诸多曲折，犹如姻缘美满有时却不能生育子女一般，认识到发展中有曲折、美满中有不足也是一种客观规律，就不至于自寻烦恼。

上九：鸿渐于陆，其羽可用为仪，吉。

《象》曰：其羽可用为仪，吉，不可乱也。

[解读]：鸿雁在天空中飞翔，羽毛漂亮得可以做装饰品，吉祥。

[象释]："上九"处在本卦最上位，象征循序渐进终于实现了最高目标。"上九"处极位而刚健，象征宏图之志的施展，前程似锦，故又有"仪"之一辞。

[义理]：经历漫长的渐进，终于羽毛丰满，可以一遂凌云之志了。有的人到了这个境地便会生出高处不胜寒之感，惟有循序渐进者，具有雄厚的实力和足以眩人耳目的魅力，他的前程仍然未可限量。

䷵ 归妹卦

【题解】

妹，少女也。女嫁日归。少女从长男，其情不正，说而动，皆非正也。《序卦传》说："进必有所归，故受之以《归妹》。"《中庸》曰："君子之道，造端乎夫妇。"是也。《渐》与《归妹》，即此之谓也。二卦皆三阴三阳卦，其一成一败，善不善之结果，祇以位之当不当，随之前与后，则有天渊之别也。一阴一阳之谓道，合乎天地中正之大义也。

【原文】

归妹①：征凶，无攸利。

初九：归妹以娣，跛能履；征吉。②

九二：眇能视，利幽人之贞。③

六三：归妹以须，反归以娣。④

九四：归妹愆期，迟归有时。⑤

六五：帝乙归妹，其君之袂不如其娣之袂良。月几望，吉。⑥

上六：女承筐，无实；士刲羊，无血。无攸利。⑦

【注释】

①归妹：卦名。下兑上震，象征嫁出少女。归，嫁。

②归妹以娣：少女出嫁，其妹从嫁。古代习俗，一夫多妻，姐姐出嫁，妹妹可以随同姐姐同嫁一夫，此称"娣"。

③眇：眼盲失明。幽人：安恬幽居之人。

④须：通"媭"，姐。反归：回娘家。

⑤愆期：延误时日。愆，延误。迟：晚。

⑥君：这里指正室即大妻。袂：衣袖，指衣饰。良：好。几望：既望，每月十六日。

⑦筐：竹器，指盛嫁妆的奁具。实：指嫁妆。刲：割。

【译文】

归妹卦：象征嫁出少女。向前行进必有凶险，没有什么益处。

初九：少女出嫁作偏房，就像跛足者奋力前行；兴兵征讨可获吉祥。

九二：眼盲者勉强注视；安恬隐居之人，利于守正。

六三：少女出嫁，姐姐从嫁作偏房；事发后，又以妹妹的身份从嫁作偏房。

九四：少女迟迟不嫁，为的是等待时机。

六五：帝乙嫁女，正室的服装反而不如陪嫁妹妹的服装华美；成亲日期定在既望之日，十分吉祥。

上六：少女手捧礼筐，却无东西可盛；新郎杀羊，却没有放出血来，不会有什么好处。

【解析】

归妹：征凶，无攸利。

《象》曰：泽上有雷，归妹。君子以永终敝。

［解读］：象征嫁出少女，发展下去无益处。

［象释］：下卦"兑"是少女，上卦"震"是长男，卦象为少女嫁给长男，所以卦名"归妹"。少女与少男结合方称般配，而今少女与长男结合，显然不般配；且下卦"兑"是悦，上卦"震"是动，为少女主动取悦长男使之心动之象，与夫唱妇随的常理不合，因此这类婚嫁包含着凶险。

［义理］：男大当婚、女大当嫁是天地之间的第一正事，因而不可违逆常理；人们应该通过违理现象看未来的结果，尽可能避害趋利，防患于未然，使得正事正办，以维护正常的夫唱妇随的家庭秩序。

初九：归妹以娣，跛能履；征吉。

《象》曰：归妹以娣，以恒也。跛能履吉，相承也。

［解读］：少女出嫁做偏房，就像跛足者勉力行走，仍能获得吉祥。

［象释］："初九"在本卦最下方，象征该女子地位低贱，因而有"娣"（妾）之谓；与"九四"同阳不应，只能靠自己的力量奋斗，因而有跛子行路之艰；地位虽低贱，却因为阳爻阳位，而有一股刚烈之性，能坚守正道。

［义理］：不计较名誉和地位，顺其自然，忠于职守，并且坚持始终，这样的人虽然一时位卑身贱，终将会有好的结局。

九二：眇能视，利幽人之贞。

《象》曰：利幽人之贞，未变常也。

［解读］：盲人眼睛不好使，仍能看清东西；幽居之人，利于守正。

［象释］："九二"处中，有坚定的贞操和良好的妇德；与"六五"阴阳相应，然而"六五"阴居阳位，其性阴柔而其位不正，"九二"有遇非其人之象，因而有一目失明和幽居不得意之象。

［义理］：人无完人，有贤德可是有生理缺陷。然而有失必有得，娶这样的妻子，往往更勤于料理家务、更体贴照顾丈夫；由于不能抛头露面，少与外界接触，就更有利于贞操的持守和妇德的完美。

六三：归妹以须，反归以娣。

《象》曰：归妹以须，未当也。

［解读］：少女冒充其姊出嫁作正室，事发后仍以妹妹的身份从姊陪嫁作妾。

［象释］："六三"以阴居阳，有不甘人下的倔强之性；其位不正，因而有"以

须"即冒充其姊的不正当之举，然而邪不胜正，最后还是重归"娣"即偏室的位置。

[义理]：才德不足以重任，但应安守本分，位其所位，实其所实；否则，落得一个自取其辱的结果。

九四：归妹愆期，迟归有时。

《象》曰：愆期之志，有待而行也。

[解读]：少女迟迟不嫁，是为了等待更好的机遇。

[象释]："九四"与"初九"同阳不应，尚无配偶之象；以阳居阴，内柔而外刚，节操坚强，不肯轻易许嫁，以致延娱了婚期。不嫁的原因在于"九四"本身的意愿，与"六三"之被退返全然不同。

[义理]：有才德者才有择人而配的主动权，贤士才有择明主而仕的资格。当然，所择必须适度；只有适度，方能"有时"。

六五：帝乙归妹，其君之袂不如其娣之袂良。月几望，吉。

《象》曰：帝乙归妹，不如其娣之袂良也。其位在中，以贵行也。

[解读]：帝乙将女儿出嫁，大女儿的衣着不如从嫁的妹妹的衣着那样华丽；成亲时间定在既望之日，十分吉祥。

[象释]："六五"阴爻君位，相当于君王之女；与"九二"相应，象征下嫁给臣子；阴爻处中，又在高位，象征该女子具有中庸的德性和高贵的气质。

[义理]：俗语"佛靠金装，人靠衣装"，此言有谬；衣装若与人的品德相比，后者更重要；尤其是妇德，更为人们所看重。

上六：女承筐，无实；士刲羊，无血。无攸利。

《象》曰：上六无实，承虚筐也。

[解读]：新娘子托着盛放礼品的篮子拜见公婆，篮内却没有什么东西；新郎举行割羊仪式，羊却流不出血；一切都是那样的不顺利。

[象释]："上六"以阴居阴，柔极而无坚定的德性；与"六三"同阴而不应，象征婚姻不会成功，因而以女"无实"、士"无血"隐喻婚姻不顺利的因素来自男女双方。

[义理]：婚姻关系应该建立在男女相爱的基础之上，如果男、女双方都缺少诚意，一定不会相扶到老。

丰卦

【题解】

《丰》，大也。以明而动，盛大之势也。六五阴柔中正。阴主利，故丰裕也。《序卦传》说："得其所归者必大，故受之以《丰》；丰者大也。"

《丰》卦是在阐释盛衰无常的道理，虽然卦名是盛大的《丰》，但全卦却暗无天日，谆谆告诫盛极必衰，必须警惕。应该居安思危，以诚信启发人民，精诚团结，任用贤能，积极作为，才能持盈保泰，享受丰盛的成果。

【原文】

丰①：亨，王假之，勿忧，宜日中。②

初九：遇其配主，虽旬无咎，往有尚。③

六二：丰其蔀，日中见斗。往得疑疾，有孚发若。吉。④

九三：丰其沛，日中见沫。折其右肱，无咎。⑤

九四：丰其蔀，日中见斗。遇其夷主，吉。⑥

六五：来章，有庆誉，吉。⑦

上六：丰其屋，蔀其家，窥其户，阒其无人，三岁不觌，凶。⑧

【注释】

①丰：卦名。下离上震，象征丰厚盛大。

②亨：通"享"，祭祀。假：到。日中：中午。

③配主：堪与匹配之人，即佳偶。旬：均，相当。《易经》崇阳抑阴，所以"旬"并不是最佳状态。尚：通"赏"。

④蔀：遮光之物。斗：星斗。疑疾：即疑嫉，猜忌。发：去。若：语助词，无义。

⑤沛：暗而无光的样子。沫，昏暗。肱：臂。

⑥夷主：相类似的人。夷，平，均。

⑦章：通"彰"光明。庆誉：喜庆和美誉。

⑧阒：空。觌：见。

【译文】

丰卦：象征丰厚盛大。举办祭祀大典，君王亲自去宗庙主祭，不必忧虑，宜考虑事业继续走向昌隆。

初九：碰到佳偶，尽管延迟一些也没有灾祸。

六二：光明被遮，正午出现北斗星。有所举动定受猜忌，心怀诚信能够消除猜忌，十分吉祥。

九三：光明被遮蔽，中午一片昏黑，此时折断了右臂，也没有什么灾祸。

九四：光明被遮，就像中午出现北斗星。碰上自己的同类，则十分吉祥。

六五：光明重现，带来了喜庆和赞誉，十分吉祥。

上六：高大的房屋，居室遮掩着，对着窗户往室内窥视，里面空无一人，三年之内一直没人露面，必有凶险。

【解析】

丰：亨，王假之，勿忧，宜日中。

《象》曰：雷电皆至，丰。君子以折狱致刑。

［解读］：盛大意味着亨通；举办祭祀大典，君王值此盛极之时，不应该整天担忧，而应该积极设法使盛大的事业保持下去。

［象释］：下卦"离"是明，上卦"震"是动，光明而活跃，乃盛大之象征；下卦"离"是电闪，上卦"震"是雷，电闪雷鸣，气势盛大，故卦名为"丰"。丰，高杯盛物，盛大之义。

［义理］：盛大的东西既有喜的一面，也有忧的一面。忧的原因，在于盛大至极点必然要向衰落转化。然而，忧是消极的态度；我们不应持这种消极态度，应竭尽全力使盛势延长。

初九：遇其配主，虽旬无咎，往有尚。

《象》曰：虽旬无咎，过旬灾也。

［解读］：只要能够遇见与自己相般配的人，即使延迟一些时间也无妨。

［象释］："初"与"四"对应，"初"称"四"为"配主"；"初九"与"九四"同阳不应，但是在下卦"离"是电闪、上卦"震"是雷的情况下，"初九"与"九四"如同雷电一样紧密合作，且有电闪愈明雷声愈大的相若般配关系。

［义理］：对盛大的追求应积极主动，且需要有耐心。

六二：丰其蔀，日中见斗。往得疑疾，有孚发若。吉。

《象》曰：有孚发若，信以发志也。

［解读］：太阳被巨大的帘子遮住，以致中午也能看见北斗星；有所行动，将会受其怀疑犯忌。但是，待之以诚信，启发其良知，仍可吉祥。

［象释］："六二"以阴居阴，处下卦"离"之中，为日中之象；与"六五"同阴不应，"六五"以阴柔居至尊位，象征昏庸的君王，中正的"六二"倘若追随"六五"，必遭猜忌；但"六二"毕竟是"离"即明的主脑，能以中正之心感化昏庸的"六五"，所以结语为"吉"。

［义理］：盛大中包含着衰败，为维护盛大之不衰，惟有深入到盛大的内部，以光明正大驱除昏暗不明。

九三：丰其沛，日中见沫。折其右肱，无咎。

《象》曰：丰其沛，不可大事也。折其右肱，终不可用也。

［解读］：太阳被遮蔽，以至中午时一片昏黑；即使折断了右臂，也没有灾祸。

［象释］："九三"以阳居阳，又处在下卦"离"即明的最上方，本身是光明正大的；但是，它所遇到亦即与之相应的"上六"却阴柔不明，又处在上位的"震"之极端，刚毅中正的"九三"只得以无所作为自保无咎。

［义理］：当政治出现极端的昏暗时，贤德之士不应该强自出头，而应该忍辱负重，保存实力，以待明时的到来。

九四：丰其蔀，日中见斗。遇其夷主，吉。

《象》曰：丰其蔀，位不当也。日中见斗，幽不明也。遇其夷主，吉行也。

［解读］：太阳被巨大的帘子遮蔽，以致中午也能看见北斗星；碰见志同道合者，吉祥。

［象释］："九四"以阳居阴，不中不正，有处身于昏暗不明环境之象；与"初九"同阳，虽无感应，却是同道，既为上卦"震"即动之主爻，便有主动与"初九"相济的姿态。

［义理］：在政治昏暗时期，身居高位的有志之人，应该主动接近下层的志同道合者，相扶相济，为突破黑暗、挽救危局、恢复盛势而协力行动。

六五：来章，有庆誉，吉。

《象》曰：六五之吉，有庆也。

［解读］：光明重现，会得到喜庆和美誉，因而吉祥。

［象释］："六五"阴爻而君位，象征昏昧的君王，本身无庆誉可言；然而与之对应的"九二"是刚健中正之士，"六五"有柔顺中正之德，因而能主动亲近、招揽"九二"，能在追求盛大中赢得一些庆誉。

［义理］：居于领导地位的人，本身缺少智慧，见事不明，但是，只要有不耻下问的虚心，有招揽容纳能人的胸襟，同样可以使事业兴盛起来。

上六：丰其屋，蔀其家，窥其户，阒其无人，三岁不觌，凶。

《象》曰：丰其屋，天际翔也。窥其户，阒其无人，自藏也。

［解读］：房屋高大，窗户都用帘子遮蔽着，从门缝中往里窥视，静悄悄地没有人影。一连三年，不见有人出入，必有凶险。

［象释］："上六"以阴居阴，又处丰之极，象征阴柔而自大；与下卦"离"最为疏远，为远离光明之象；"上六"孤高自负，长期不与明德君子"九三"交往，其蔽之甚，不可自拔。

［义理］：小人得志，其事业也能够盛极一时，但长期不结交明德之士，自己孤立自己、蒙蔽自己，最终其盛大之业亦将被自己所毁。

周易今注今译

䷷ 旅卦

【题解】

《旅》卦阐释求安定的原则、态度。在不安定的状态中，一切都容易不正常，必须守正。应当从大处着眼，先求安定，不可斤斤计较于细节，必须翔实检讨，审慎决策，有万全准备，然后行动。更顺以谦逊的态度，结合群众，获得一切的支持与助力，措施应该正当得力。态度光明磊落，柔和顺其自然，把握中正原则，才能转危为安；切不可有恃无恐，倔强倨傲，得意忘形，能执其中，可谓智矣。

【原文】

旅①：小亨，旅，贞吉。

初六：旅琐琐，斯其所取灾。②

六二：旅即次，怀其资，得童仆贞。③

九三：旅焚其次，丧其童仆，贞厉。④

九四：旅于处，得其资斧，我心不快。⑤

六五：射雉，一矢亡，终以誉命。⑥

上九：鸟焚其巢，旅人先笑后号咷，丧牛于易，凶。⑦

【注释】

①旅：卦名。下艮上离，象征行旅。

②琐琐：猥琐卑贱。斯：此。

③即次：住进客店。即就。次，旅店。童仆：仆人。贞：忠贞。

④焚：失火。

⑤处：止，此指旅行受阻。

⑥誉：美名。命：爵命。

⑦易：通"埸"，田边。

【译文】

旅卦：象征行旅。小旅亨通顺利。出外旅行，心地纯正，吉祥。

初六：出外旅行，出门就猥猥琐琐，小家子气，这会招来灾祸。

六二：旅人住入客店，怀中揣着钱财，并得到童仆的忠心侍奉。

九三：客店失了大火，童仆也跑掉了，十分危险。

九四：旅行遭遇阻碍，尽管后来幸有钱财之助，利斧之防，但是内心依然不快。

六五：射杀野鸡，却丢了一支箭，不过最后还是获得赞誉。

上九：树上的鸟被毁，旅人先欢笑后哭号；在田边丢掉了耕牛，定遇凶险。

【解析】

旅：小亨，旅，贞吉。

《象》曰：山上有火，旅。君子以明慎用刑而不留狱。

［解读］：旅行之事，有亨通；出门在外，心地纯正，吉祥。

［象释］：下卦"艮"是山，上卦"离"是火，山上有火，不停地蔓延如同旅行，因而卦名"旅"。"六五"阴爻处上卦之中，柔顺中正，兼具刚毅之性，然与下卦之中"六二"同阴不应，所以只能有小的亨通。

［义理］：古人之旅行，原因多为失业、犯罪、迁徙或其他不得意之事，是一种生活不安定的行动。当人处在这种情况之下颠沛流离，举目无亲，惟有持纯正的态度，诚恳地待人，才能逢凶化吉，遇难呈样。

初六：旅琐琐，斯其所取灾。

《象》曰：旅琐琐，志穷灾也。

［解读］：在旅途开始时便猥琐吝啬，这是招来灾祸的原因。

［象释］："初六"以阴爻居本卦之初，象征猥琐鄙陋之人。

［义理］：人无远虑，必有近忧，尤其处在不安定的环境中，不可只顾眼前利益，而应从大处着想，识大体，顾大局，于屈中求伸。

六二：旅即次，怀其资，得童仆贞。

《象》曰：得童仆贞，终无尤也。

［解读］：投宿在旅店中，怀揣充足的费用，并有忠实的仆童。

［象释］："六二"以阴居阴，处于下卦之中，有柔和中正之德，因而有即次、怀资、童仆贞之遇；"初六"比于"六二"，是其"童仆"。

［义理］：在不安定的环境中，寻找一个住处，是容易办到的事情，难的是能得到忠诚的照顾。人间的真情，可遇而不可求。

九三：旅焚其次，丧其童仆，贞厉。

《象》曰：旅焚其次，亦以伤矣。以旅与下，其义丧也。

［解读］：投宿的旅店失火，跟随的童仆丧失，充满着危险。

［象释］："九三"以阳居阳，位正，故有"贞"之断语。然而以阳居阳，刚直过甚；又偏离了下卦的中位，不仅有失中庸之道，而且过于高傲，以至失去了安定的住所，童仆亦不辞而去。

［义理］：处在不安定的环境中，不能过于刚直任性，更不可倨傲待人，而应以谦虚的态度，争取周围人们的帮助，在危机四伏的环境下求得生存和发展。

九四：旅于处，得其资斧，我心不快。

《象》曰：旅于处，未得位也。得其资斧，心未快也。

[解读]：旅途中虽然有栖身之处，并且得到了生活所必需的钱财和斧头等工具，但是我的心情并不愉快。

[象释]："九四"阳爻阴位，刚柔兼具，又处在上卦"离"即明的下位，头脑比较清醒，因此在旅途中能筹措到足够的旅费和生活必需品；然而毕竟阳爻居阴，位不正，象征不能一遂志愿而有抑郁之感。

[义理]：在不安定的生活中，要用柔能下，顺应环境，要做到贫、富皆不丧志。

六五：射雉，一矢亡，终以誉命。

《象》曰：终以誉命，上逮也。

[解读]：射猎时，一支箭被负伤而去的山鸡带走，但他终于博得了善射的美名。

[象释]："六五"是上卦"离"即明的主爻，因而以羽毛光彩鲜丽的山鸡为喻；阴柔处中，有柔顺中庸之德；虽与"六二"同阴不应，但同德，所以都有所收获。

[义理]：柔顺中庸，是旅人应该具备的品格；具有了这一品格，不仅可以自保，亦因此可以兴旺发达。

上九：鸟焚其巢，旅人先笑后号咷，丧牛于易，凶。

《象》曰：以旅在上，其义焚也。丧牛于易，终莫之闻也。

[解读]：鸟的巢穴被火烧掉；旅行中的人先是欢颜喜悦，后来却号啕痛哭；农人在田畔丢失了牛，十分凶险。

[象释]："上九"处在最高位，所以用飞得高高的鸟作喻。上卦"离"是火，所以有"焚"之喻。阳刚而处在最高位，象征高傲自负，失去了柔顺之德，因而又以"丧牛"为喻。

[义理]：倨傲自负，是旅人最忌的态度。倔强傲睨，就会遭到别人的厌恶，这对于一个漂泊的旅人来说，实在太危险了。即便一时发迹，占居了高位，但最终还是找不到一所栖身之地。

巽卦

【题解】

《巽》卦阐释谦逊的道理。在不安定中，必须谦逊，才能招揽人心，得到助力，始能转危为安。何况谦逊、顺从也是做人应有的态度，惟有谦逊、顺从，才能进入他人心中，进入万物之中，而被接纳。谦逊是顺从，但并非盲从，必须择善而从。谦逊亦非优柔寡断，更非自卑畏惧，当然也不是虚伪，而是应当正当，应当进取，事前叮咛周详，事后检讨得失，唯恐有所偏差的慎重态度；又必须恰如其分，不可过当。

【原文】

巽①：小亨，利有攸往，利见大人。

初六：进退，利武人之贞。②

九二：巽在床下，用史巫纷若，吉，无咎。③

九三：频巽，吝。④

六四：悔亡。田获三品。⑤

九五：贞吉，悔亡，无不利，无初有终。先庚三日，后庚三日，吉。⑥

上九：巽在床下，丧其资斧，贞凶。

【注释】

①巽：卦名。下巽上巽，象征顺从。

②进退：进进退退。武人：勇武之人。

③巽在床下：比喻顺从过分。史：祝史，专门从事祭祀活动的官。巫：即巫师。纷若：勤勉异常的样子。若，样子。

④频：一次接一次。

⑤田：田猎。三品：三类，指三种禽兽。

⑥先庚三日，后庚三日：庚前三日为丁日、戊日、己日，庚后三日即辛日、壬日、癸日。

【译文】

巽卦：象征顺从。柔弱者亨通顺利，宜于有所行动，顺从的对象是大德大才之人。

初六：进进退退，犹豫不前，应效仿勇敢之人。

九二：顺从过分而屈居君主床下，就像祝史、巫师勤勉忙碌的样子，会十分吉祥，没什么灾祸。

九三：一而再，再而三地顺应他人，定然招灾。

六四：危难困窘将会消解。打猎时捕获很多野兽。

九五：预示吉祥，危难困窘自行消除，无所不利，起初虽然不顺利，最后却能畅通无阻。法令实施前后均有所行动（令前通告，令后执行），定获吉祥。

上九：顺从过分而屈居床下，结果失掉了钱财之助和利斧之防，会有凶险。

【解析】

巽：小亨，利有攸往，利见大人。

《象》曰：随风，巽。君子以申命行事。

[解读]：顺从他人，只能小有亨通，有利于所要做的事情，但是顺从的对象应是有德有才的领袖人物。

[象释]：上、下卦都是巽，都是一阴爻附伏在二阳爻之下，象征阴顺从阳，符合自然之理；"巽"是风，上、下卦都是风，风随着风，无孔不入，象征国家法令的贯彻，君子德行的深入人心。

[义理]：顺从是谦逊的一种表现；具有谦逊的品德，就容易被人所接纳，有利于事业的发展。但是，也应有所选择，不能盲目。

初六：进退，利武人之贞。

《象》曰：进退，志疑也。利武人之贞，志治也。

[解读]：在进退两难的时候，应当效法勇武之人。

[象释]："初六"即阴柔又在下位，有过度谦逊柔顺之象，又与"六四"同阴无应援，因而进退犹豫，举足不定。

[义理]：柔顺不等于优柔寡断，柔顺应与坚强的意志相结合。

九二：巽在床下，用史巫纷若，吉，无咎。

《象》曰：纷若之吉，得中也。

[解读]：匍伏在君主的卧榻旁，就家史官、巫婆跪在神台前一样的恭顺谦卑，吉祥无灾。

[象释]："九二"阳爻阴位，有自卑之象；处下卦之中，其谦卑恭顺出自内心。

[义理]：谦卑柔顺应该出自内心，态度真诚。

九三：频巽，吝。

《象》曰：频巽之吝，志穷也。

[解读]：频频地表示出谦卑顺从，会招致祸患。

[象释]："九三"阳爻阳位，本性刚强有余；又离开了下卦的中位，位正而不中，因而有言不由衷之象。

[义理]：过分的恭顺表现为虚伪，虚伪的人将不会得到别人的信任。

六四：悔亡。田获三品。

《象》曰：田获三品，有功也。

[解读]：悔恨消失了，外出打措获得了很多野兽。

［象释］："六四"阴爻夹于阳爻之间。下与"初六"同阴无援，本应有悔，然而阴爻阴位得正，又接近"九五"之尊，有顺乎阳刚、持守正道之象，因而不仅"悔亡"，且多有收获。

［义理］：谦卑合乎常情，就会收到良好效果，有利于建功立业。

九五：贞吉，悔亡，无不利，无初有终。先庚三日，后庚三日，吉。

《象》曰：九五之吉，位正中也。

［解读］：因刚健中正而吉祥，悔意消失，事无不利，开始时不顺利，但终究会顺利。法令实施之前要晓谕群众，法令实施之后要检查执行情况，才能取得吉祥的效果。

［象释］："九五"以刚居刚，这种刚健之性本不适宜于柔顺之卦意，但是"九五"虽刚而中正，其刚健之性有如法令，终究会被人们理解和接受。

［义理］：谦逊柔顺不是无原则的。处于领袖地位的谦逊的人，只要所制定的政策法令合乎正道，颁布后公正地执行，同样会受到人们的尊重、出自内心的顺从。

上九：巽在床下，丧其资斧，贞凶。

《象》曰：巽在床下，上穷也。丧其资斧，正乎凶也。

［解读］：旅客匍伏在床下，结果失掉了钱财之助和利斧之防，难免凶险。

［象释］："上九"阳爻居阴位，谦恭到了极点，以至过分而沦为自卑自贱。

［义理］：谦逊柔顺应当恰如其分，一旦过了度便是自卑自贱。

䷹ 兑卦

【题解】

《兑》，说也。一阴升于二阳之上，说之见于外也。其为泽象，坎水云其下流之象。《序卦传》说："入而后说之，故受之以《兑》；兑者，说也。"轻歌悦耳，美景悦目，是人情之所"欣悦"之事。《兑》卦所阐释者，乃"欣悦"之道。强调以"刚中柔外"为悦，即刚为柔本、悦不失正。使人欣悦、欢乐，可促使人际关系和谐，使人民欣悦、欢乐，就能诚心诚意服从领导，不辞辛劳，不畏牺牲。

这是顺天应人的道理，但动机必须纯正，正当有利，明辨是非，光明磊落，内刚外柔，坚持原则，诚信为本。

【原文】

兑①：亨，利贞。

初九：和兑，吉。

九二：孚兑，吉。悔亡。

六三：来兑，凶。②

九四：商兑未宁，介疾有喜。③

九五：孚于剥，有厉。④

上六：引兑⑤。

【注释】

①兑：卦名。下兑上兑，象征欣悦。《周易正义》："兑，说也。"说，通"悦"。

②来兑：前来谄媚取悦。

③商：计议，讨论。介：隔绝。疾：患，指谄媚求悦之患。

④剥：指损伤正道。

⑤引：引导，引诱。

【译文】

兑卦：象征欢悦。亨能顺利，利卦。

初九：和颜悦色待人接物，非常吉祥。

九二：心怀诚信，别人喜悦，十分吉祥，危难困窘将自行消除。

六三：前来献媚以求欢悦，定有凶险。

九四：和睦欢娱时，保持警惕；一旦不可相悦，就要分离。

九五：施诚取信于损害正道者，则会有危险。

上六：引诱他人与自己一起欢悦。

【解析】

兑：亨，利贞。

《象》曰：丽泽，兑。君子以朋友讲习。

[解读]：愉悦，通畅；执于正道而使人愉悦，才会有利。

[象释]：上、下卦都是"兑"即泽，两个泽连在一起，泽水相连流通，滋润万物，所以其象为"亨"；"兑"的一阴爻上升到了二阳爻之上，有愉悦之情由内及外溢于言表之象。

[义理]：凡事以使人愉悦为先；领袖恩泽于民众，民众的心情愉悦，就会不辞劳苦、追随领袖。

初九：和兑，吉。

《象》曰：和兑之吉，行未疑也。

[解读]：和谐相处，使人喜悦，吉利。

[象释]："初九"阳爻阳位，位虽低下而其性刚毅，与"九四"同阳不应，有光明正大、随遇而安、与人和谐相处之象。

[义理]：即使地位低下，也不应向别人奉承谄媚，恬淡清静，与周围的人和谐相处，融融乐乐。但是，不能因为保持和谐的关系而与别人同流合污。

九二：孚兑，吉。悔亡。

《象》曰：孚兑之吉，信志也。

[解读]：以诚信赢得别人的喜悦，吉利，即使有危厄也会消除。

[象释]："九二"阳爻居阴位，又与"六三"阴柔相比邻，因而有"悔"。但是，"九二"处在下卦的中位，内心诚信，故其"悔"消亡。

[义理]：以诚待人产生的喜悦，能经受住考验，当遇到阴险小人时，也应以诚相待来感化对方。

六三：来兑，凶。

《象》曰：来兑之凶，位不当也。

[解读]：故意讨人欢心，必然凶险。

[象释]："六三"阴爻阳位，不中不正，与"初九"、"九二"同处下卦，因为上无应援，只好向下取悦于两阳，有专事媚悦之象。

[义理]：不择手段地讨人欢悦，有害无益。

九四：商兑未宁，介疾有喜。

《象》曰：九四之喜，有庆也。

[解读]：与人相悦时，务须保持警惕；一旦发现不可悦，便迅即分离。

[象释]："九四"阳爻居阴位，位不正，又比于阴柔的"六三"，不免与之相

悦；"九四"又有阳刚的一面，当发现"六三"之悦不可靠时，即弃之而与刚毅中正的"九五"相悦。

[义理]：当发现不可与其相悦时，应断然分离。

九五：孚于剥，有厉。

《象》曰：孚于剥，位正当也。

[解读]：对阴邪小人的巧言信以为真，必有危险。

[象释]："九五"以阳居阳，处上卦之中，刚毅而中正，因在君位，有被亲近的"上六"蛊惑之险。

[义理]：处于领袖地位的人，一旦被阴邪小人用谄媚取悦的手段迷惑，则权政倾覆，国家破碎的局面便会旋踵即至。

上六：引兑。

《象》曰：上六引兑，未光也。

[解读]：引诱别人愉悦。

[象释]："上六"以阴居阴，处《兑》卦之极，象征以十分隐蔽的手段取悦于人，最大目标当然是诱惑"九五"。

[义理]：对于那种不择手段取悦于人的危险，必须时刻警惕戒惧，尤其身居高位，大权在握之人，更须提高警惕。

䷺ 涣卦

【题解】

《涣》，离散也。下坎上巽，风行水上，离披解散之象。《序卦传》说："说而后散之，故受之以《涣》；涣者离也。"《涣》卦所谓"涣散"，并非立义于"散乱"，而是兼从对立的角度揭示"散"与"聚"互为依存的关系。在富裕宽松的条件下，在丰盛安逸的环境中，人心容易涣散，以致离心离德，重私利而忘公益，使风气败坏，破坏团结，必须及时拯救。

因此，在初度显露涣散迹象时，就必须以强有力的措施和对策，及时挽救。首先应顺乎民情，先求安定；并且消除私心，消灭派系，抑止私欲，革除弊端，为大众造福。惟有牺牲"小我"，完成"大我"，才能促成大团结，重新获得安定团结。

【原文】

涣^①：亨，王假有庙，利涉大川，利贞。

初六：用拯马壮，吉。^②

九二：涣奔其机，悔亡。^③

六三：涣其躬，无悔。^④

六四：涣其群，元吉。涣有丘，匪夷所思。^⑤

九五：涣汗其大号，涣王居，无咎。^⑥

上九：涣其血去，逖出，无咎。^⑦

【注释】

①涣：卦名。下坎上巽，象征大水流散。

②用拯马壮：用壮马拯救。

③机：几，几案，供祭祀之用。

④躬：身。

⑤群：众人。丘：山陵。匪夷所思：不是平常所能想的。匪，非；夷，平，平常。

⑥大号：王命。居：占有。

⑦血去：忧虑过去。血，通"恤"，忧虑。逖：即惕，惊惧。

【译文】

涣卦：象征大水流散。进行祭祀大典，君王亲自去宗庙祭祀祖先，宜于涉越大江大河，利卦。

初六：乘强壮之马去救济患难，极为吉祥。

九二：涣散局面来监时，如能有个安全场所，危难困窘自会消除。

六三：清除私欲，不会遭逢困厄。

六四：解散私党，促成空前的团结，可不是常人所能想到的。

九五：像发汗一样出而不复地颁布君王的诏命，并疏散君王聚敛的财富以救助天下万民，必无灾祸。

上九：人心涣散，发生流血事件，远远避开，必无灾祸。

【解析】

涣：亨，王假有庙，利涉大川，利贞。

《象》曰：风行水上，涣。先王以享于帝，立庙。

[解读]：人心涣散时，也有亨通，因为君王到宗庙去祈祷，既使民众看到君王希望上下团结的诚意，又获得了祖宗神灵的保佑；利于去冒涉大川那样的险，但必须坚守正道。

[象释]：下卦"坎"是水，上卦"巽"是风、是木。风吹水面而使之破裂、水波离散，因而卦名为"涣"；水上有木，象征有利于渡河。

[义理]：在人心涣散时，领导者有责任将民众的离乱思想加以稳定和引导，使之形成一股向心力、凝聚力；有了凝聚力，正义的事业也就能够成功。

初六：用拯马壮，吉。

《象》曰：初六之吉，顺也。

[解读]：骑上健壮的马去救济患难，吉祥。

[象释]："初六"以阴居阳，其位不正，是涣的开始；而且"初六"柔弱，与"六四"又同阴不应，无力拯救涣散的局面，幸而与"九二"相邻相亲，"九二"有能力拯救"初六"。

[义理]：在开始涣散时，就应该积极采取措施，努力来挽救。

九二：涣奔其机，悔亡。

《象》曰：涣奔其机，得愿也。

[解读]：涣散之际，倘能有个安全场所，悔恨也就消除了。

[象释]："九二"以阳居阴，其位不正，又处在下卦"坎"即险的中间，本来应有悔恨之事，但是"九二"与"初六"阴阳亲比，相依相济，"九二"有此社会基础，稍有安全之感。

[义理]：当涣散的局面来临时，最好的办法是迅速寻找一个安全的地方，藉以自保。

六三：涣其躬，无悔。

《象》曰：涣其躬，志在外也。

[解读]：清除私欲，如同清洗掉身上的污垢一样，不会有什么后悔。

[象释]："六三"以阴居阳，不中不正，有自私之心；但是，"六三"所居阳位，且在"坎"之上部，与"上九"相应，因而又有涣散私心救济时弊的志向。

[义理]：挽救涣散的局面，必须去掉自身的私欲。

六四：涣其群，元吉。涣有丘，匪夷所思。

《象》曰：涣其群，元吉，光大也。

[解读]：解散私党便能促成如同山丘那样为常人难以想象的大团结。

[象释]："六四"阴爻阴位得正，上与"九五"接近，象征君王身边担当拯救涣散的重任之人；下与"初六"同阴不应，象征下无私党。

[义理]：挽救涣散，必须解散掉那些因私利而结成团伙的派系，将割据分治的局面归于一统。

九五：涣汗其大号，涣王居，无咎。

《象》曰：王居无咎，正位也。

[解读]：君王发出的命令要像人出汗那样不可收回；君王积聚的财富，要及时散发给人民，这样做不会有什么祸患。

[象释]："九五"以阳居阳，处上卦的中位，象征君王刚毅中正，在非常时期有挽救危局的雄才大略。

[义理]：在人心涣散的情况下，政府颁布的法令要有权威性，还应将平时聚敛的财富发散给贫困的民众，尽可能多地为公众造福。

上九：涣其血去，逖出，无咎。

《象》曰：涣其血，远害也。

[解读]：由于人心涣散而发生流血事件时，只要远远地避开，就不会有什么危难。

[象释]："上九"已是涣散的极点，因而有流血的可能；但是，"上九"距离下卦"坎"即险最远，因而又有可以避免灾害之象。

[义理]：当涣散已经到达顶巅，外在势力随时都可能伤害你时，应迅速采取措施，远离危险之地。

䷼ 节卦

【题解】

《节》卦阐释节制的原则。节制是美德，但盲目节制，就有危险；欲望无穷，难以满足，必须节制，使之不越常规。

节制过度与不及，都将造成伤害，必须恰如其分。来知德将"甘节"誉为"节之尽善尽美"，"立法于今，而可以垂范于后也。"

【原文】

节①：亨，苦节，不可贞。②

初九：不出户庭，无咎。③

九二：不出门庭，凶。

六三：不节若，则嗟若，无咎。

六四：安节，亨。④

九五：甘节，吉，往有尚。⑤

上六：苦节，贞凶，悔亡。

【注释】

①节：卦名。下兑上坎，象征节俭。

②亨：通"享"，祭祀。

③户庭：内院。

④安节：安于节俭。

⑤甘节：即甘于节俭，以节俭为乐。甘，甘美，快乐。

【译文】

节卦：象征节省。但也不必过分节省。

初九：脚不踏出前院，没有灾祸。

九二：脚不踏出家门，必有凶险。

六三：不能把握节俭尺度，而能悔过，就不会有过失。

六四：安守于节俭，亨通顺利。

九五：以节俭为乐事，可获吉祥，有所行动必将得到奖励。

上六：以节俭为苦事而过分节俭，必有凶险，但若能觉悟，困窘会自行消解。

【解析】

节：亨，苦节，不可贞。

《象》曰：泽上有水，节。君子以制数度，议德行。

［解读］：节制可以亨通。但节制应适当。

［象释］：下卦"兑"是泽，上卦"坎"是水；水往泽中流，必须有所节制，不加节制会泛滥成灾，过分节制又会造成泽的干涸，因上、下卦之间的关系含有节制之义，故卦名为"节"。本卦包含有三阳三阴，上、下卦都是以阳居中，象征节制适度而能亨通。

［义理］：节制是人们对自我行为的控制。节制得当，不仅可以确保社会秩序的安定，也可以使自己诸事顺遂。但是，过度的节制会成为人们的负担和痛苦。

初九：不出户庭，无咎。

《象》曰：不出户庭，通塞也。

［解读］：不走出庭院，不会有灾难。

［象释］："初九"阳爻阳位，与"六四"阴阳相应，有走出下卦"兑"而与上卦"六四"相应的能力和意愿。然而，"初九"为得位的节制之始，知道上升的时机尚未来临，因而自我节制，安然若素。

［义理］：自我节制，首先是对前进道路通塞与否的认识，然后才是当节则节的把握。

九二：不出门庭，凶。

《象》曰：不出门庭凶，失时极也。

［解读］：过分节制而不敢迈出家门，凶险。

［象释］："九二"阳刚居中，可以外出，却因为阳爻居阴位，与"九五"同阳不应而仍自我节制，以致丧失时机。

［义理］：自我节制包含通则行的一面，倘若前途通畅却自我节制，有害无益。

六三：不节若，则嗟若，无咎。

《象》曰：不节之嗟，又谁咎也？

［解读］：不能把握节制尺度，而能嗟叹自悔，就不会再发生过失。

［象释］："六三"以阴居阳，不中不正，不能自我节制；但是"六三"柔顺而处于"兑"即悦之上位，尚有自我懊悔之心。

［义理］：应当节制而不能节制，必然造成不良后果；但是，只要有悔过之心，则"沉舟侧畔千帆过，病树前头万木春"。

六四：安节，亨。

《象》曰：安节之亨，承上道也。

［解读］：安然地节制自己，遇事亨通。

［象释］："六四"以阴居阳，能合乎正道地顺从"九五"至尊；"六四"又居于上卦"坎"即水的下部，有向下流淌顺乎自然之象。

［义理］：依从上级的意图或思想，节制自己的行为，就不会有什么障碍或麻烦。

九五：甘节，吉，往有尚。

《象》曰：甘节之吉，居位中也。

［解读］：愉快地节制，一定吉祥，能创建受人敬重的业绩。

［象释］："九五"阳爻居于君位，象征以刚毅中正君临天下，所以举国上下都能心甘情愿受其节制。

［义理］：居于最高地位的人，如果能节制自己，那么，上下都会心悦诚服地受其节制。万众一心，何事不成？

上六：苦节，贞凶，悔亡。

《象》曰：苦节贞凶，其道穷也。

［解读］：过分的节制会给自己带来痛苦，坚持下去还会有凶险；及时觉悟，则能避免凶险。

［象释］："上六"是节制的极端，因而有"苦节"之语；然苦极则思悔，"上六"以阴居阴，位正，故又有"悔亡"之象。

［义理］：过度地节制自己，久则生悔。

䷼ 中孚卦

【题解】

"孚"，信也。本卦二阴在内，四阳在外，二五阳刚皆得中，中虚外实，皆孚顺之象。《中孚》卦的中心思想，在于阐明"中心诚信"的意义和原则。

孔子曾经反复以"信"德施教，《论语》二十篇屡屡强调这一宗旨，如"敬事而信"（《学而》），"主忠信，徙义崇德也"（《颜渊》），"人而无信，不知其可也"（《为政》）。诚信是人立身处世的根本。

【原文】

中孚①：豚鱼吉。利涉大川，利贞。②

初九：虞吉，有它不燕。③

九二：鸣鹤在阴，其子和之；我有好爵，吾与尔靡之。④

六三：得敌，或鼓，或罢，或泣，或歌。⑤

六四：月几望，马匹亡，无咎。⑥

九五：有孚挛如，无咎。⑦

上九：翰音登于天，贞凶。⑧

【注释】

①中孚：卦名。下兑上巽，象征内心诚信。

②豚鱼：豚和鱼。豚，小猪，此指祭品。

③虞：安。它：别的，指事端。燕：通"晏"，安。

④阴：通"荫"。和：应和。好爵：美酒。爵，酒器，借指酒。尔：你。靡：共享。

⑤得敌：遭遇强劲的对手。敌，对手。或：有的。罢：通"疲"。

⑥亡：丧失。

⑦挛如：拘系的样子。

⑧翰音：鸡鸣之声。翰，古代祭祀宗庙，依礼，祭品中必有鸡，称翰。

【译文】

中孚卦：象征内心诚实。心怀诚信，可获吉祥。利于涉越大江大河，利卦。

初九：安守诚信之德就可获吉祥，但是假若另有他求则不会安宁。

九二：鹤在树荫之下鸣叫，小鹤应声随和；我有美酒一杯，愿和你共享其乐。

六三：打败了强大的敌手，有人击鼓奋进，有人疲惫不前，有人悲愤啜泣，有人慷慨高歌。

六四：月儿将圆时，走失一匹好马，没有什么灾祸。

九五：胸怀诚信，与人携手并肩，没有灾祸。

上九：鸡鸣之声响彻天空，必有凶险。

【解析】

中孚：豚鱼吉。利涉大川，利贞。

《象》曰：泽上有风，中孚。君子以议狱缓死。

[解读]：心中诚信可感鬼神，涉大川时也会风平浪静，因为纯正总会使人受益。

[象释]：本卦上下各有两阳，中间则为两阴，为中心空虚亦即虚心之象。上下两卦分而视之，"九二"、"九五"均为阳爻居中，为中心充实之相。上卦"巽"是风是木，下挂"兑"是泽是悦；木浮泽上，故有利涉大川之言；和风吹着静止的湖面，因而又寓有感动之义。

[义理]：诚信能够感动一切。诚信之人，无论做什么事情，都能如愿以偿，无论遇到什么困难都能克服。

初九：虞吉，有它不燕。

《象》曰：初九虞吉，志未变也。

[解读]：安于诚信则吉；一旦另有所求就不得安宁。

[象释]："初九"为诚信之初，它所考虑的是对方能否信赖；对方"六四"既与之阴阳相应，就不可迟疑，疑则"不燕。"

[义理]：初次交往的人，必须慎重地加以揣度，观察，这是信而不疑的基础；一旦相信，就应当坚信而不可再存疑虑。

九二：鸣鹤在阴，其子和之；我有好爵，吾与尔靡之。

《象》曰：其子和之，中心愿也。

[解读]：鸣叫的鹤儿在树荫下，小鹤应声和鸣；我有一杯美酒，愿与你一起畅饮。

[象释]："九二"与"九五"在内外卦得中，均为阳刚充实，虽然分别处在内外卦中，仍能互相呼应。"九二"所居之位低于"九五"，且在"六三"、"六四"覆盖之下，故谓"在阴"；下卦之中，故"有好爵"。

[义理]：至诚相交，便能同气相应，同类相召，互相感应。

六三：得敌，或鼓，或罢，或泣，或歌。

《象》曰：或鼓或罢，位不当也。

[解读]：战胜了敌寇，有的人击鼓庆贺，有的人倒地休息，有的人悲泣，有的人高歌。

[象释]："六三"以阴居阳，位不当，虽然与"上九"阴阳相应，却举止失措，难以和谐协凋。

[义理]：诚信必须出内心，坚定纯正，否则不仅难以取信于人，而且会乱了自己的方寸。

六四：月几望，马匹亡，无咎。

《象》曰：马匹亡，绝类上也。

[解读]：月儿即将圆满，良马走失，没有任何失误。

[象释]："六四"阴爻阴位，得正，是最接近君位的忠良大臣，故以"月几望"力喻；本来遇"初九"相应，如同两匹马匹配，然而"六四"在"初九"与"九五"的选择中，做出了取上绝下的抉择。

[义理]：诚信亦须选择对象，应该与平庸无能的人断绝关系，而追随于伟大人物的左右。

九五：有孚挛如，无咎。

《象》曰：有孚挛如，位正当也。

[解读]：彼此诚信，成为携手并肩的朋友，没有任何失误。

[象释]："九五"以阳居阳，处上卦之中位，刚毅中正，与"九三"同气相应，遥相应和；"九五"不仅是上卦的主爻，也是整个卦的主爻，象征君王以诚信感召天下至诚君子。

[义理]：处在领袖地位的人，应该更加懂得诚信的功能，惟其诚信方能感召天下贤能之士，与其共度危难，同创伟业。

上九：翰音登于天，贞凶。

《象》曰：翰音登于天，何可长也？

[解读]：雄鸡司晨，声音高亢，难免凶险。

[象释]："上九"是诚信的极端，不免自信过度；而阳居于阴位，又象征处于极端的诚信已经不纯正了，如雄鸡一般，声虽高登于天而实体仍在地面，以致司晨有信却名实不相符。

[义理]：诚信须来自本心，不可对诚信过于自信，更不可孤高自赏。过于自信，便会名实相怨；孤高自赏，就会失去同人。

䷽ 小过卦

周易全书

【题解】

　　《小过》卦的中心思想，在于阐释"过"与"敛"的道理。信心十足，必然会有行动，行动有时难免过度，但过度与收敛的分际，必须明辨。在消极方面，对自己要求稍为过度，有益无害。然而，在积极方面，则不宜过度，好高骛远，自不量力，甚至招致杀身之祸。因而，过与敛、刚与柔，相应时机，适当节制，变通运用，即或是正义，也不可过度固执，以致处置过当，反而造成伤害。过度不足以成大事，极端过度，将为自己招致灾祸。古人云：无过无不及，可谓识时务者，为俊杰也。

【原文】

　　小过①：亨，利贞。可小事，不可大事。飞鸟遗之音，不宜上，宜下，大吉。②

　　初六：飞鸟以凶。③

　　六二：过其祖，遇其妣；不及其君，遇其臣，无咎。④

　　九三：弗过防之，从或戕之，凶。⑤

　　九四：无咎，弗过遇之，往厉，必戒，勿用，永贞。⑥

　　六五：密云不雨，自我西郊，公弋取彼在穴。⑦

　　上六：弗遇过之，飞鸟离之，凶，是谓灾眚。⑧

【注释】

　　①小过：卦名。下艮上震，象征小有过错。

　　②飞鸟遗之音：鸟飞去以后，其鸣遗音犹存。

　　③以：与，带来。凶：凶兆。

　　④过：越过。祖：祖父。妣：祖母。

　　⑤从或戕之：放纵自己会有被人杀害的危险。从，即纵；戕，害。

　　⑥弗过遇之：不要过分求进而强求遇合。

　　⑦公弋取彼在穴：王公射鸟，在穴中找到了鸟。弋，带丝绳的箭，射中猎物可以拉回。

　　⑧离：网罗；这里用作动词，捕。

【译文】

　　小过卦：象征小有过错。亨通顺利，利卦。能够做寻常小事，不可行军国大事；飞鸟过去之后，其悲鸣遗音不绝，此时不宜往上强飞，而宜于在下安栖，如此，大吉大利。

　　初六：飞鸟带来危险兆头。

　　六二：逾越祖父，而和祖母相见；不到君王那里，而与臣下接触，没有灾祸。

九三：不肯严加防范，就会有被人杀害的危险，定有凶险。

九四：没有灾祸，不过分求进而强和他人遇合。有所行动便有危险，必须加以警惕。占问长久之事，筮得此爻不宜施行。

六五：浓云密布却不下雨，云气从自己城池的西郊升起，君王动武，在一个洞穴里边寻找到他。

上六：不要过分求进勉强与他人遇合，这样就象飞鸟容易被射中、捕获，非常凶险，这就叫做灾祸。

【解析】

小过：亨，利贞。可小事，不可大事。飞鸟遗之音，不宜上，宜下，大吉。

《象》曰：山上有雷，小过。君子以行过乎恭，丧过乎哀，用过乎俭。

[解读]：小的过度，可以亨通，有利于正道；但是，小事可有小的过度，大事不可以有小的过度。飞鸟过去之后，其悲鸣遗音不绝，此时不宜强飞而应安栖，才得吉利。

[象释]：下卦"艮"是山，上卦"震"是雷，山上响雷，威而不猛，故谓"小过"。二阳爻处在四阴爻中间，阴爻须通过二阳爻才能合会；因为上、下卦均有阴爻处中，而二阳爻"九三"不中，"九四"不正，所以有小事可通而大事不可通之论。又，二阳爻处在中间，上、下各有二阴爻，其形如飞鸟，所以又有飞鸟遗音之喻。

[义理]：小的过度能够亨通而利于正，如态度稍过于恭敬，服丧稍过于哀伤，家用稍过于俭约，均可获得良好的效果；至于国家大事，则容易差之毫厘而失之千里，切不可稍有过度。

初六：飞鸟以凶。

《象》曰：飞鸟以凶，不可如何也。

[解读]：飞鸟好高骛远，凶险。

[象释]："初六"在下卦"艮"即止的下部，应当栖息之时；且其形处在翅的末梢，柔弱无力，却因为与"九四"相应而一意上攀，有好高骛远却力不从心之象。

[义理]：凡事皆宜量力而行，好高骛远、一意孤行，难免遇厄致险。

六二：过其祖，遇其妣；不及其君，遇其臣，无咎。

《象》曰：不及其君，臣不可过也。

[解读]：超越祖父，与祖母团聚；不追赶君王，甘与其臣为伍，则没有灾祸。

[象释]："六二"遇"六五"同阴，"六五"为阴而有遇妣之喻；"六二"阴爻阴位，又处于下卦的中位，具柔顺中正之德，因而不与"六五"君王攀比，宁与"九三"、"九四"之臣为伍。

[义理]：凡事应适时而行；只要切合时宜，运用得当，无论"过"还是"不及"，皆中规中矩。

九三：弗过防之，从或戕之，凶。

《象》曰：从或戕之，凶如何也？

［解读］：需要严加防范，否则就有被别人杀害的危险。

［象释］："九三"以阳居阳，有刚直之象；与之相应的"上六"以阴居阴，有阴柔之象；"九三"刚直而不作过分的防范，难免要被阴柔的"上六"所害。

［义理］：与阴险之徒相处，必须加倍警惕防范，尤其与善于玩弄权术的位高之人相处，更须谨慎，在防范方面宁可过而勿不及。

九四：无咎，弗过遇之，往厉，必戒，勿用，永贞。

《象》曰：弗过遇之，位不当也。往厉必戒，终不可长也。

［解读］：没有过失，是因为未过分求进。如果继续前进便有危险。若属长久之事，则说明不宜施行。

［象释］："九四"以刚居柔，刚柔相济，无呈强过甚之象；紧靠君位，倘若再进便有犯上之嫌。

［义理］：不应"过"的时候，一点儿也不可以"过"；此时倘若稍有过分之举，便难免厄运光临。

六五：密云不雨，自我西郊，公弋取彼在穴。

《象》曰：密云不雨，已上也。

［解读］：天上布满乌云却不下雨，云气飘自西郊；君王动用武器，将他从洞穴中抓来。

［象释］："六五"在君位而不正，阴而力弱，如同"密云不雨"一样难以成就大事；与之对应的"六二"有中正之德又不愿出仕，"六五"只得用强逼迫。

［义理］：凡事不可过于勉强。过分地强求也未必能心甘情愿竭诚帮助。

上六：弗遇过之，飞鸟离之，凶，是谓灾眚。

《象》曰：弗遇过之，已亢也。

［解读］：别过分求进，勉强自己，就像不自量力的飞鸟已经离地太高，险象环生。

［象释］："上六"以阴居阴，阴弱至极，却处于君位之上；其形为飞鸟的翅膀，不宜高飞却高飞，其险无比。

［义理］：不自量力，一意孤行往上攀，是谁也不会去拯救，谁也拯救不了的。

䷾ 既济卦

周易今注今译

【题解】

这一卦的"卦辞",并不吉祥,以下六爻占断,也都有警惕的语气。宇宙间一切最美好的事情,也愈隐藏着危机。由这一卦,就可以看出《易经》含义的深长和阴阳消长的变易。

成功,往往是令人十分兴奋的时刻,然而,物极必反的规律,却难以违背。创业固然艰辛,守成更加不易。在创业的时期,朝气蓬勃,人人奋发有为,可是,一旦成功,就会骄纵,满足现状,以致暮气沉沉,不可能有大的作为。终于,内忧外患接踵而来。

大自然的奥秘,就在于错综复杂,推演变化于无穷,始能生生不息。极度完成,变化规律就失去应有的弹性,反而僵化,丧失活力,走向没落。所以一切最美丽的事业,潜伏着极大的变化。

【原文】

既济①:亨,小利贞。初吉,终乱。
初九:曳其轮,濡其尾,无咎。②
六二:妇丧其茀,勿逐,七日得。③
九三:高宗伐鬼方,三年克之,小人勿用。④
六四:繻有衣袽,终日戒。⑤
九五:东邻杀牛,不如西邻之禴祭,实受其福。
上六:濡其首,厉。

【注释】

①济:卦名。下离上坎,象征事功已成。济,渡河,引申为成功。
②曳:拖拉。尾:车尾。
③茀:泛指妇人首饰。
④高宗伐鬼方:殷高宗讨伐鬼方。鬼方,殷代西北边境上的部落。
⑤繻有衣袽:华服将变成破衣。繻:彩色丝帛,这里指华服;袽:败衣。

【译文】

既济卦:象征事业已成。亨通顺利,利于卜问小事。起初吉祥,最后危乱。
初九:牵引着车轮前行,水弄湿了车尾,但是并无灾祸。
六二:妇人丢失了首饰,不要去寻找它,七日以内自会失而复得。
九三:殷高宗兴兵征伐鬼方之国,经历三年才打败了它,事关重大,不能重用小人。
六四:美服行将变成破衣,应当终日戒惕以防灾祸。

九五：东面邻国杀牛举行盛大祭祀，不如西边邻国只举行比较简单的祭祀那样更享福祜。

上六：水沾湿了头颅，定有危险。

【解析】

既济：亨，小利贞。初吉，终乱。

《象》曰：水在火上，既济。君子以思患而豫防之。

[解读]：成功，意味着一切亨通，有利于正义事业。成功的初期虽然吉祥，发展到后来难免又会陷入混乱。

[象释]：本卦中的阳爻都在奇数位，阴爻都在偶数位，是六十四卦中惟一六爻皆正的卦象，因而象征成功，故名为"既济"。然而，阳、阴爻各安其位，又背离变化法则，走向了保守与衰败。又：上卦"坎"是水，下卦"离"是火，水在火上，象征烹饪，成功之后得享受；但是，水克火，水倘若倾倒，火就会熄灭，就会享受不成。

[义理]：在事业成功的时候，不可整天沉溺于喜悦之中，而应保持清醒的头脑，作好防范未然的思想准备和物力准备。

初九：曳其轮，濡其尾，无咎。

《象》曰：曳其轮，义无咎也。

[解读]：拉住车轮节制进程，沾湿车尾，但是不会发生灾祸。

[象释]："初九"以阳居阳，又为"离"即火之初，其上进之意甚切，所以有止进的"曳"与"濡"。

[义理]：成功之后，须多思慎行，周详考虑。

六二：妇丧其茀，勿逐，七日得。

《象》曰：七日得，以中道也。

[解读]：妇女丢失了首饰，不必急于寻找，七天之后即可复得。

[象释]："六二"以柔居柔，故有"妇"之喻；"六二"居中得正，与"九五"君王相应，本可顺而得志，无奈"既济"之君王已非往昔，无意再重用中正的贤能之士，因而"六二"不必急于闻达，宜待时而动。

[义理]：当事业既成，君王乐于享受而无意作为时，贤能之士亦宜淡泊宁静，不必急于求进。

九三：高宗伐鬼方，三年克之，小人勿用。

《象》曰：三年克之，惫也。

[解读]：殷高宗讨伐鬼方，经过三年苦战取得胜利，但是并不重用那些小人。

[象释]："九三"以阳居阳，刚毅而又合于正道，故以商代的英明君主高宗伐鬼方做比喻；"九三"又是本卦的第三爻，故以"三年克之"比喻"既济"来之不易。

[义理]：能够在战场上逞勇立功的武士，不是守成治国良才。所以，只可赏于财

物，切不可委以重任。更不可让他在政治上形成一定势力，如果不明此理，既济很快将转为不济。

六四：繻有衣袽，终日戒。

《象》曰：终日戒，有所疑也。

[解读]：美服变成了破衣衫，应当时时谨慎，防患于未然。

[象释]："六四"以阴居阴，有遇事细心、思虑周详的特点；邻近"九五"君王，身在是非之地，更须谨慎戒惧。

[义理]：功成名就，更须思患防患。

九五：东邻杀牛，不如西邻之禴祭，实受其福。

《象》曰：东邻杀牛，不如西邻之时也。实受其福，吉大来也。

[解读]：东边邻居杀牛祭祀，不如西边邻居的心诚薄祭，更能得到神的福佑。

[象释]："九五"阳爻阳位，居上卦之中，又是君位，本应刚毅中正，然而处在"既济"的顶巅时期，功成名就之际，只知讲究排场而不想继续努力，因而有"杀牛"盛祭之喻；"西邻"指与"九五"相应的"六二"，"六二"为"既济"之基础，因而有奋发精神，"六二"阴爻阴位，阴主西方，故有"西邻"之喻。

[义理]：功成名就，天下太平之时，切莫以为天下已在掌握之中而可以傲睨万物乃至暴殄天物。在我国历史上，有多少帝王因此而丧失既得的天下。

上六：濡其首，厉。

《象》曰：濡其首厉，何可久也？

[解读]：渡河时，水深浸顶，十分危险。

[象释]："上六"在本卦最上位，相当于人的头部；上卦"坎"最险，而且是水造成的险，因而有水浸及头部之象。

[义理]：长久地沉浸在成功的欢乐之中是很危险的。就如沉溺于河水中一样，稍不留神，便会遭致丧生之祸。

未济卦

【题解】

未济，事至坏之时也。火上水下。水火不相为用，六爻阴阳，皆失其位，故为《未济》也。《序卦传》说："物不可穷也，故受之以《未济》终焉。"

成功，为极度的完成，但宇宙间的一切，不可能永远圆满，就此中止。始终处于酝酿之中，必然由亏而盈，由满而损，反复循环，继续演变，发展于无穷，具备无限潜力。未来永远充满光明与希望，因而成为积极奋发的动力。

在成功与未成功的边缘，更是危机四伏，是艰苦的关键时刻，成功与失败，往往就在这一刹那之间，突然到来。因此更应当坚守正道，把握中庸原则，刚柔并济，不可掉以轻心；必须量力，适度节制，不可逞强，以防功亏一篑。

【原文】

未济①：亨。小狐汔济，濡其尾，无攸利。②
初六：濡其尾，吝。
九二：曳其轮，贞吉。
六三：未济，征凶。利涉大川。
九四：贞吉，悔亡。震用伐鬼方，三年有赏于大国。③
六五：贞吉，无悔。君子之光，有孚，吉。④
上九：有孚，于饮酒，无咎。濡其首，有孚，失是。⑤

【注释】

①未济：卦名。下坎上离，象征事功未成。
②汔：接近。
③震用：动用，指兴兵征战。震，动。大国，指殷商，又称大邦，大殷。
④光：光辉。
⑤孚：通"浮"，罚。此句两个"孚"字均为此义。

【译文】

未济卦：象征事业未成。小狐狸渡河接近成功，却淋湿了尾巴，没什么好处。
初六：沾湿了尾巴，将会有艰难之事发生。
九二：向后拖曳车轮而不使急进，吉祥之卦。
六三：事业未成，急于求进，定有凶险。有了这样的认识，宜于涉越大江大河。
九四：吉祥，危厄将会消解。就像兴兵讨伐鬼方之国，三年获胜而获封赏。
六五：君子的光辉在于忠诚信实，具备这种美德至为吉祥。
上九：满怀信心去饮酒，没有灾祸。让酒沾湿脑袋，就应受到责罚，因为失掉了正道。

【解析】

未济：亨。小狐汔济，濡其尾，无攸利。

《象》曰：火在水上，未济。君子以慎辨物居方。

［解读］：未成意味着发展，因而亨通；小狐狸渡河接近对岸时，尾巴不慎浸湿，它的前途不会顺利。

［象释］：本卦六爻都不正：阴爻居阳位，阳爻居阴位。然而，正由于阴阳爻都不在其位，蕴含着回归正位的要求，使得未来充满着变化的可能和希望；由于各爻都能阴阳相应，又使得本卦充满着活力。其中，上卦"离"是火，下卦"坎"是水，火往上窜，水往下流，上、下卦背道而驰，象征事业未成；但是，火与水各循自己的本性而动，象征本卦所蕴含的变化符合自然发展规律。

［义理］：当一个事业完成时，则意味着另一事业开始了。虽然前途充满着新的希望，但是必须记住前进道路上荆棘丛生，要谨慎走好每一步。

初六：濡其尾，吝。

《象》曰：濡其尾，亦不知极也。

［解读］：弱小的狐狸渡河时浸湿了尾巴，将有不幸的事发生。

［象释］："初六"以阴居阳，在卦的最下方，相当于弱小的狐狸；与"九四"阴阳相应，有必欲上行之象，然而"九四"不中不正，不会应援"初六"。于是，处于"坎"即险之下部的"初六"，便难免遭到濡尾之险。

［义理］：当力量尚不足以成就事业时，如果莽撞地行动，难免会陷险。

九二：曳其轮，贞吉。

《象》曰：九二贞吉，中以行正也。

［解读］：拉住车轮，使之不离正道而致吉祥。

［象释］："九二"以刚居柔，处于下卦中位，刚柔相济，有中庸之德，且与"六五"阴阳相应，所以虽处"坎"险之中而仍能获"吉"。

［义理］：创业的道路上虽然充满艰难险阻，但是只要处处小心谨慎，坚持正道，就一定能吉祥如意。

六三：未济，征凶。利涉大川。

《象》曰：未济征凶，位不当也。

［解读］：事业尚未成功，发展下去还有很多凶险，有了这样的认识，即便涉大川也会顺利。

［象释］："六三"阴居阳位，不中不正，因而有"凶"之象；但"六三"已处下卦"坎"的上方，有即将脱险之象，且与"上九"阴阳相应，能得到"上九"援助，因而宜于积极谋求脱离险境。

［义理］：在即将脱险的时刻，既要估计到面临的种种不利因素，作好涉险的准

备，同时又要考虑到种种有利条件，以增强战胜险阻的信心和勇气。

九四：贞吉，悔亡。震用伐鬼方，三年有赏于大国。

《象》曰：贞吉悔亡，志行也。

[解读]：坚持不懈则吉祥，就像振奋军威讨伐鬼方，坚持了三年终于取得胜利，为世人所颂扬。

[象释]："九四"以阳居阴，不中不正，本应有"悔"，然而其位已在"坎"之上，君位之下，未济刚刚过去，既济即将来临，"九四"阳爻应发挥其刚毅之性。

[义理]：成功在于坚持之中，在希望与成功之间，有一个坚持不懈、努力争取的奋发阶段。成功的光荣，只属于那些在崎岖山道上不畏艰险不懈攀登的人。

六五：贞吉，无悔。君子之光，有孚，吉。

《象》曰：君子之光，其辉吉也。

[解读]：君子的光辉德性，如能保持始终产生信誉，就能获得吉祥。

[象释]："六五"阴居阳位，居于上卦的中位，故似有"悔"而实无"悔"；上卦"巽"是火为光明，居于君位的"六五"为上卦的主爻，故有"君子之光"一语：与"九二"阴阳相应，象征君王能以明德感召贤士，故又有"有孚"之论。

[义理]：在由大乱到大治的关键时刻，作为领袖更应注重以谦虚、诚信的道德精神感化民众，使贤德之人聚积在自己的身边，从而可确保未济向既济转化的顺利进行。

上九：有孚，于饮酒，无咎。濡其首，有孚，失是。

《象》曰：饮酒濡首，亦不知节也。

[解读]：满怀信心去饮酒，不会有失误；但是，如果饮酒过度，就应受到责罚，因为失掉了正道。

[象释]："上九"阳爻居阴位，未济的极点，大乱必将达到大治，因而有"有孚"之辞；但是，"上九"上位，有失控的可能，因而又有"濡其首"的警语。

[义理]：有信心，是事业成功的重要因素；但是，仅有信心还不够，还需有自知、自控能力。

附录一：历代《周易》研究名家介绍

孟喜

　　孟喜，生于汉昭、宣帝之时，字长卿。东海兰陵（今山东苍山县西南）人。其父孟卿善治《礼》、《春秋》，后世所传《后氏礼》、《疏氏春秋》皆出孟卿。孟喜遵父之命习《易》，与施仇、梁丘贺同学于田王孙，为汉代第一位易学家田何的再传弟子。他自称得田王之真传，"师田王孙，且死时枕喜膝，独传喜"（《汉书·儒林传》）。

　　其实，这是孟喜为了假借其老师声望抬高自己在当时的地位而编造的故事。同门的梁丘贺曾疏通证明之："田生绝于施仇手中，时喜归东海，安得此事？"（同上）孟喜学有师法，这是事实。但他并不是田何的正宗传人，而是一位叛离儒家师门、敢于接受异端邪说的易学家。他"得易家候阴阳灾变书"，以阴阳灾异解说《周易》。正因为如此，起初汉举博士，"众人荐喜，上闻喜改师法，遂不用"（同上）。讫于宣帝时，孟氏易才列于学官，与施仇、梁丘贺并称汉初三大家，"繇是《易》有施、孟、梁丘之学。"（同上）从经学言之，他属今文经派，曾参加过汉宣帝召集的经学讨论会，"与五经诸儒杂论同异于石渠阁。"根据《汉书·艺文志》载，著作有：《孟氏京房》十一篇，《灾异孟氏京氏》六十六篇，《章句施、孟、梁丘氏》各二篇，已亡佚。《隋书·经籍志》有"《孟氏易》八卷，残阙"。清人马国翰《玉函山房辑佚》有《孟氏章句》一卷，今天我们研究孟喜的易学思想，主要凭借唐·僧一行《卦议》所引孟喜思想。

焦延寿

　　焦延寿，西汉梁人（今河南省商丘县南），字赣。家贫贱，因好学而得到梁敬王的资助。学成之后，为郡吏察举，补小黄令（小黄，为西汉陈留郡之属县，今河南兰考附近）。任职期间，常先知奸邪，而使为盗者不敢轻举妄动。后因"爱养吏民，化行县中"，被举荐，升迁外地为官。三老官属上书挽留，得到批准，并使官职增高。最后死于小黄。于《周易》自称学于孟喜，其学生京房也认为"延寿《易》即孟氏学"。而孟喜正传弟子"瞿牧、白生不肯，皆曰非也"。其实，"焦延寿独得隐士之说，托之孟氏，不相与同"。"其说长于灾变，分六十四卦，更直用事，以风雨寒温为候，各有占验。"（以上所引，见《汉书·京房传》）这些思想后来被其弟子汉代著名易学大师京房继承和发挥。焦氏的易学著作有《易林》、《易林变占》。《隋书·经籍志》载有焦氏撰《易林》十六卷，梁又本三十二卷。《易林变占》十六卷。《旧唐书·经籍志》载有焦氏《易林》十六卷，《新唐书·艺文志》、《宋史·艺文志》亦有著录。今存焦氏著作有《易林》。

京房

西汉两位京房，于易学皆有研究。一位受学于杨何，官至太中大夫、齐郡太守。其学传梁丘贺，《汉书·儒林传》云："梁丘贺，字长翁。……从太中大夫京房受易。房者，淄川杨何弟子也。房出为齐郡太守，贺更事田王孙。宣帝时，闻京房为易明，求其门人，得贺。"另一位是西汉今文易、京氏之学创始人。这里所言的是后者。

京房（公元前77～前37年），东郡顿丘（今河南清丰西南）人。字君明，本姓李，好音律，推律自定为京氏。元帝时立为博士，官至魏郡太守。屡次上疏，以卦气、阴阳灾异推论时政，后因劾奏中书令石显专权，为石氏所忌恨，被捕下狱处死。死时年四十一。于易学师从梁人焦延寿，对《周易》象数多有发明，言纳甲、八宫、世应、飞伏、五星四气等。而且能够运用象数理论进行占验。据其弟子说："房言灾异，未尝不中。"（《汉书·京房传》）死后，其学传与东海段嘉、河东姚平、河南乘弘，形成了西汉易学中的"京氏之学"。

京氏一生撰写了不少的易学著作，《汉书·艺文志》载有：《孟氏京房》十一篇，《灾异孟氏京房》六十六篇，《京氏段嘉》十二篇。而《五行志》又引京房《易传》、《易占》二书。《隋书·经籍志》载有：《京房周易章句》十卷、《周易错》八卷、《周易占》十二卷、《周易妖占》十三卷、《周易飞候》九卷、《周易混沌》四卷、《周易占事》十二卷、《风角五音占》五卷、《周易飞候六日七分》八卷、《周易守林》三卷、《周易集林》十二卷、《周易四时候》四卷、《周易逆刺占灾异》十二卷、《周易委化》四卷、《逆刺》一卷、《方正百对》一卷、《晋灾异》一卷、《占梦书》三卷等。《唐书·艺文志》载：《京氏章句》十卷、《占候》三十三卷。《经典释文·序录》载：《京房章句》十二卷。以上京氏著作大多佚失，今只存《京氏易传》三卷。"考《汉志》作十一篇、《文献通考》作四卷，均与此本不同。然《汉志》所载古书卷帙多与今互异，不但此篇，《通考》所谓四卷者，以晁、陈二家书目考之，盖以《杂占条例》一卷，合于《易传》三卷，共为四卷，亦不足疑，惟晁氏以《易传》为即《错卦》、《杂占条例》为即《逆刺占灾异》，则未免臆断无据耳。"（《四库提要》）然今存《京氏易传》与《汉书》所引《易传》大不相同。前者言与纳甲筮法相关的内容，后者言卦气、灾异。故知二者是京氏两本不同的《易》著。清人对京氏佚失的书有辑录。马国翰《玉函山房辑佚书》辑有《周易京氏章句》一卷，黄奭《汉学堂丛书》、孙堂《汉魏二十一家易注》也有辑录。

郑玄

郑玄（127～200），字康成，北海高密（今属山东）人。世称"后郑"，以别于郑兴、郑众父子。他一生博学多师，兼通今古文："师事京兆第五元先，始通《京氏易》、《公羊春秋》、《三统历》、《九章算术》。又从东郡张恭祖受《周官》、《礼记》、《左氏春秋》、《韩诗》、《古文尚书》。以山东无足问者，乃西入关，因涿郡卢植，事扶风马融"。（《后汉书·郑玄列传》）在外游学十余年，后回乡里聚徒讲学，其门生"相随已数百千人"。后因政治上反对宦官专权而被禁锢。

自此，他闭门不出，潜心著述，通过注释、研究诸经和当时流传下来的历史文献，而创立了郑学。根据《后汉书》记载，郑玄著作很多，其中有反驳何休而作的《发墨守》、《箴膏肓》、《起废疾》，有其弟子撰郑氏答弟子问五经的《郑志》八篇。"凡玄所注《周易》、《尚书》、《毛诗》、《仪礼》、《礼记》、《论语》、《孝经》、《尚书大传》、《中候》、《乾象历》，又著《天文七政论》、《鲁礼禘祫义》、《六艺论》、《毛诗谱》、《驳许慎五经异义》、《答临孝存周礼难》，凡百余万言"，均佚。清袁钧《郑氏佚书》、马国翰《玉函山房辑佚书》有辑本。孔广森《通德遗书所见录》、黄奭《高密遗书》也有辑载。据历代史志记载，其易学著作主要有《周易注》、《易赞》、《易论》、《易纬注》，现存的有《易纬注》，其余佚失。郑玄的易学思想主要见于《易纬注》及唐·李鼎祚《周易集解》，宋·王应麟、清·丁杰、张惠言等人辑有《周易郑康成注》、《周易郑注》、《周易郑氏注》等书。清·惠栋作《易汉学》、张惠言作《周易郑荀义》对郑氏易学皆有阐发。通观郑氏易学，主要有四方面的内容：爻辰说、礼象说、易数说、易学训诂。

荀爽

荀爽（128～190），东汉人，字慈明，一名谞。颖川颖阴（今河南许昌）人。幼而好学，年十二能通《春秋》、《论语》。时人称："荀氏八龙，慈明无双。"延熹九年拜郎中。献帝即位，就任平原相，后晋升司空。政治上，因反对宦官专权，而遭党锢，后又参入谋除董卓之乱。一生对经学皆有著述。据《后汉书·荀爽传》记载，"著《礼》、《易传》、《诗传》、《尚书正经》、《春秋条例》，又集汉事成败可为鉴戒者，谓之《汉语》，又作《公羊问》及《辩谶》，并它所论叙，题为《新书》。凡百余篇，今多所亡缺。"《隋志》有荀氏《周易注》十一卷，新旧《唐志》有荀氏《周易注》十卷，皆佚。其易学思想主要见于李鼎祚《周易集解》所辑荀氏《易注》。清人对荀氏易注多有辑录。如马国翰《玉函山房辑佚书》辑有《周易荀氏注》三卷，孙堂《汉魏二十一家易注》辑有荀氏《周易注》一卷。惠栋撰《易汉学》，张惠言撰《周易荀氏九家义》等对荀氏易学皆有阐发。

荀氏易学，就其学派而言，当属于西汉费直一派。西汉由于官方倡导，学易之风大盛，易学派别林立，《汉书·艺文志》载，西汉主要易学派别，官方有施、孟、梁丘和京广氏之学，民间有费直、高相两家。官方四家在东汉趋于衰微，而费氏易逐渐兴盛，传费氏《易》者绵延不绝。《后汉书·儒林传》："建武中，范升传孟氏《易》，以授杨政。而陈元、郑众传费氏《易》，其后马融亦为其传。融受郑玄。玄作《易注》，荀爽以作《易传》。自是费氏兴，而京氏遂衰。"荀氏虽治费氏《易》，然从其思想渊源看，远非费氏一家，而是兼收当时各家之说。剖析荀氏易学思想体系，我们可以看到，他一方面继承了费氏《易》的家法，以十篇之传文解说经意；另一方面又吸收了西汉以来孟喜、京房等人的易学思想，并在此基础上，独辟蹊径，建构起以乾坤阴阳为骨架的易学思想体系。

虞翻

虞翻（164～232），汉末三国时会稽余姚（今属浙江）人。字仲翔，他少而好学，有高气。最初，为会稽太守王朗之功曹，孙策征会稽，王朗败绩，虞氏归孙策。

孙策复命为功曹，待以交友之礼。自此，他追随孙策左右，驰骋疆场。后州举茂才，汉召为侍御史，因司空曹操举存而不就。孙策死后，其弟孙权主事，以其为骑都尉。

虞氏性情疏直，多次犯颜谏争，且性多不协俗，屡使孙权大怒，先后被谪到丹杨泾县和交州等地。他虽然常有失君臣之礼的行为，然十分注重封建礼教，尤其崇尚一臣不事二君的忠君思想，即使遭他奚落的降将于禁，内心也十分佩服他，魏文帝因此也常为他设坐。

虞氏一生虽处乱世，亲自参与了三国争霸的战争，但于学问孜孜以求，从未间断。特别是晚年在交州期间，讲学不倦，门生常数百人。据《三国志》及其注载，虞氏为《老子》、《论语》、《国语》作过训注，并著《明扬释宋》。考《隋书经籍志》："梁有《古文论语》十卷，郑玄注；又王肃、虞翻、谯周等注《论语》各十卷。"唐·陆德明《经典释文·叙录》："《论语》虞翻注十卷。"此即《论语》训注。隋唐志著录，有虞氏《春秋外传国语注》二十一，此为《国语》训传。又隋唐志著录，并有虞氏《太玄注》十四卷，此即为《易扬释宋》（扬，扬雄。宋，宋衷）。《经典释文·叙录》："《老子》虞翻注二卷"，《隋书经籍志》著录相同，此即《老子》训注。此外，虞氏还为《孝经》、《周易参同契》作过注，唐玄宗御注《孝经序》云："韦昭，王肃先儒之领首。虞翻、刘邵抑次焉。"《经典释文》卷二载虞注《参同契》云："易字从日下月。"即是其证。

虞氏于《周易》造诣最深。这主要得之于世代家传易学和他本人处战习易而不辍，博览众家之易说。他曾说过："臣闻六经之始莫大阴阳，是以伏羲仰天县象，而建八卦，观变动六爻为六十四，以通神明，以类万物。臣高祖父故零陵太守光，少治孟氏《易》，曾祖父故平舆令成，缵述其业，至臣祖父凤为之最密。臣亡考故日南太守歆，受本于凤，最有旧书，世传其业，至臣五世。前人通讲，多玩章句，虽有秘说，于经疏阔，臣生遇世乱，长于军旅，习经于鞄鼓之间，讲论于戎马之上，蒙先师之说，依经立注。又臣郡吏陈桃梦臣与道士相遇，散发被鹿裘，布《易》六爻，其三以饮臣，臣乞尽吞之。道士言《易》道在天，三爻足矣。岂知臣受命，应当知经！所览诸家解不离流俗，义有不当实，辄悉改定，以就其正。"（引自《虞翻别传》）以上所言，说明了虞翻易学源于家传孟氏易及当时诸家易学。也证明了虞氏明学与道教有着千丝万缕的联系。

虞氏精通筮法，能够灵活自如地运用《周易》占断。据《三国志·吴书·虞翻传》载，他曾为关羽筮之，"得兑下坎上，《节》。五爻变之《临》。"他说："不出二日，必当断头。"果然如此，孙权曾称赞他"不及伏羲，可与东方朔为比矣。"裴松之引《虞翻别传》云虞翻放弃南方，"依易设象，以占吉凶。"可见虞氏擅长运用《周易》预测。

虞氏的易学代表著作为《易注》。据虞氏本传称，此书作成后，曾示于少府孔融等人，且受到了孔融的称赞。虞氏别传也明确说，他曾将《易注》献给当时的统治者。《隋书·经籍志》、《旧唐书·经籍志》著录虞注《周易》九卷，《新唐书·艺文志》、《经典释文》有虞注《周易》十卷，这是虞氏《易注》。

另外，据唐代史志文献记载，虞氏还撰有《周易日月变例》六卷，《京氏易律历注》一卷，《周易集林律历》一卷等易学著作。以上所列虞氏著作（包括非易学著作）皆亡佚。现存虞氏易注主要见于李鼎祚《周易集解》。清·孙堂《汉魏二十一家易注》辑有虞翻《周易注》十卷，《附录》一卷，黄奭《逸书考》辑有虞翻《周易注》一卷，清·惠栋著《易汉学》，张惠言著《周易虞氏义》九卷、《周易虞氏消息》二卷、《虞氏易礼》二卷、《虞氏易事》二卷、《虞氏易候》二卷、《虞氏易言》二卷，曾钊撰《周易虞氏易笺》九卷，方申作《虞氏易象汇编》一卷，纪磊作《虞氏易义补注》一卷、《附录》一卷、《虞氏易象考正》一卷，胡祥麟撰《虞氏易消息图说》一卷，李锐作《周易虞氏略例》一卷，民国徐昂撰《周易虞氏学》六卷，对虞氏易学皆有阐发，是研究虞氏易的必备之书。

陆绩

陆绩（187～219），三国吴郡吴县（今属江苏）人，字公纪。出身官宦世家。考《后汉书·独行传》《后汉书·陆康列传》：陆闳"建武中为尚书令"，其孙陆续"仕郡户曹史"，后"辟为别驾从事"。陆续生三子，长子稠，广陵太守；中子逢，乐安太守；少子褒，"力行好学，不慕名，连征不就。"褒子康为庐江太守，陆康少子为陆绩。陆绩"敦《诗》《书》，长玩《礼》《易》。"（《三国志·陆绩传》）一生博学多识，星历算数无不概览。他与当时名士交往甚密，"虞翻旧齿名盛，庞统荆州令士，年亦差长，皆与绩友善"（同上）。在孙权执政时，"辟为奏曹掾，以直道见惮，出为郁林（今广西服林县）太守，加偏将军，给兵二千人"。（同上）他有躄疾，又志在儒雅，故虽有军务，却著述不废，以"学善政，见称当时"（《后汉书·陆康列传》）。自知亡日，仍作辞自悼，死时三十二岁。一生撰写了不少著作，据《三国志·吴书》记载，曾作《浑天图》、注《易》及《太平经》。《隋书·经籍志》录有：《周易注》十五卷，《周易日月变例》六卷（与虞翻同撰），《太平经注》十卷。陆德明《经典释文·叙录》也录有：陆绩《周易述》十三卷。两唐志有：陆氏《易注》十三卷。郑樵《通志·艺文略》录有：《京氏易传》三卷，陆绩注。陈振孙《书录解题》著录《京房易传》三卷、《积算杂占条例》一卷，题云吴郁林太守陆绩公纪注。但是陆氏著作，除了《京氏易传注》外，其它皆亡佚。明清时对陆氏易注多有辑录。明·姚士麟采李鼎祚《周易集解》、陆德明《经典释文》所引陆氏易注及陆氏《京房易传注》，得佚文一百五十余条，而成《陆氏易解》一卷，清人张惠言、孙堂、马国翰、黄奭等对姚氏《陆氏易解》皆有增补。张惠言《易义别录》辑有《周易陆氏》一卷、孙堂《汉魏二十一家易注》辑有《周易述》一卷、马国翰《玉函山房辑佚书》辑有《周易陆氏述》三卷、黄奭《逸书考》另有《易述》一卷。

陆绩的易学由汉代象数易学发展而来。易学发展到西汉，形成了形态各异的易学体系，根据汉《易》方法划分，主要有六大家：官有施、孟、梁丘、京氏之学，民有费、高之学。东汉在传授西汉易学基础上，又多有创新和发展，象数易学趋于完备，并居于显赫地位，也正因为如此，象数易学否定自身，开始式微。三国之际，长期受象数易学薰陶的陆绩，目睹了汉末象数易学由鼎盛和向衰败转变，以重振象数易学为己任，毅然选择了晦涩难解、日趋失传的象数易学作为自己研究的对象。其中一个重要的研究方向就是京氏易学，故他的象数易学思想是主要通过诠释《京氏易传》而补充阐发出来。

姚信

姚信，《三国志》、《晋书》未列其传。其生平事迹散见于史传和其它文献中。陆德明《经典释文》云："姚信，字德佑。"阮孝绪《七录》称："字元直，吴兴人，吴太常卿。"他与三国时陆绩、陆逊有亲戚关系。案《三国志·陆逊传》："逊少孤，随从祖江太守康在官。……逊年长于康子绩数岁，为之纲纪门户。"可知陆绩是陆逊堂叔，且陆绩少于陆逊数岁。而姚信又为陆逊之外甥（《三国志陆逊传》），那么陆绩为姚信堂外祖父。姚信在《集》中所称赞的陆绩之女郁生（见《三国志·陆绩传》注），当为姚信的堂姨母。孙权即位时，姚信为太子孙和之官属，后太子和被废，他因亲附太子而被流徙在外。孙和之子孙皓继帝位，追其父孙和为文皇帝，姚信被召回，任太常卿，受命孙和之神灵，而倍受尊敬。《三国志·陆逊传》云："及求诣都，欲口论适庶之分，以匡得失。既不听许，而逊外生顾谭、顾承、姚信，并以亲附太子，枉见流徙。"《三国志·吴主五子传》云："休薨，皓即阼，其年追谥父和曰文皇帝，改葬明陵，置园邑二百家，令、丞奉守。……宝鼎二年七月，使太守大匠薛羽营立寝堂，号曰清庙。十二月，遣守丞相孟仁、太常姚信等备官僚中军步骑二千人，以灵舆法驾，东迎神于明陵。"

姚信师从钱唐范平，研究《坟》《索》。《晋书·范平传》云："范平字子安，吴郡钱塘人也。平研览《坟》《索》，遍识百民，姚信、驾邵之徒皆从业。吴时举茂才，敦悦儒学。"于易学，清儒张惠言疑为虞翻之徒。他说："其言乾坤致用，卦变旁通，九六上下，则与虞氏之注，若应规矩；元直岂仲翔之徒欤？抑孟氏之传在吴，元直亦得旧闻欤？异其所传者止此，无以证之。"（《易义别录》卷二）张氏根据姚氏易与虞氏易"若应规矩"，推测姚信为虞翻之徒，恐怕难以置信。考姚氏易注，不仅有与虞氏易相同者，而且也有与其它家相同者，如《萃·象》云："君子以除戎器。"王肃、姚、陆云："除犹修治。"（《经典释义》）《丰》："亨，王假之。"马融曰："假，大也。"（《周易集解》）《大畜》九三："良马逐。"郑本作"逐逐"，姚云"逐逐"。（《经典释文》）《明夷》六二云："明夷于右。"姚注："自辰右旋入丑。"（同上）是取京氏易爻辰说。因此单凭姚氏易与虞氏易有相同者说明姚氏为虞氏之徒，证据不足。

姚信生卒年代，因《三国志》未列传，故亦无法考订出其准确时间。据台湾学者简博贤考证，顾谭坐徙交州，见流二年，年四十二卒于交趾（谭弟承年三十七卒）。是谭卒在赤乌十年（247），年四十二，逆数推之，当生于建安十二年（207）。姚信与二顾并为陆逊外甥，与谭同居选部，《陆逊传》置姚信于二顾之后则其生年当不早于建安十二年。宝鼎二年（267），姚信以太奉使迎神，时年六十左右，则卒年又在其后。即姚信当生活在207年至267年这一区间前后。（见《今存三国两晋经学遗迹考》，三民书局）此考可信。

根据史志记载，姚信易学著作有《周易注》。《隋书·经籍志》、《旧唐书·经籍志》、《新唐书·艺文志》、《经典释文·叙录》皆著录，并云"十卷"。阮孝绪《七录》谓之"十二卷"。此书宋志阙如，恐佚之宋代。清儒有辑本。孙堂《汉魏二十一家易注》辑《周易注》一卷，马国翰《玉函山房辑佚书》辑《周易姚氏义》

一卷。易注而外，隋唐志著录有《士纬》十卷，马国翰有辑本。晋宋隋书之《天文志》、《御览》并引姚氏《昕天论》，马国翰有辑本。《三国志·陆绩传》注引姚信《集》之文，《隋书·经籍志》著录二卷，两唐志并作十卷。严可均有辑本。《隋书·经籍志》著录姚氏《新书》二卷，两唐志载《新书》十卷。《艺文类聚》二十三引姚信《戒子》。

翟元

翟元（玄），史志无传，生平不详。唐·陆德明《经典释文》曾提到"翟子玄"，言《荀爽九家集注》"其序有荀爽、京房、马融、郑玄、宋衷、虞翻、陆绩、姚信、翟子玄，子玄不详何人，为《易义》。"唐·李鼎祚《周易集解》辑有翟元易注。清儒孙堂最先就翟子玄、翟元之名提出质疑：翟子玄《易义》不见于隋唐诸史《经籍志》，其世次亦无考，陆德明序九家姓 名列在姚信之后，疑亦魏晋间人，顾《释文》以为翟子元，《集解》又称为翟元，一人而两其名，何与？或云"元"其名，"子元"其字。陆德明引荀爽京房等八人，不称字，子元独称字，又何说？（《汉魏十一家易注》）

孙氏之问，发人深省，激发了后学对这一问题的研究。孙堂之后的易学家张惠言、马国翰曾就此问题进行发微。张惠言云："翟元，盖即子玄，李书讳玄为元，郑玄字亦如些。"（《易义别录》）马国翰云："古人多有名与字同者，如韩伯字康伯之类。或元字子元欤。"张氏、马氏在此定翟元与翟子元为一人，可以信从。但是，由此而产生另一个问题，即孙氏所谓"陆德明引荀爽、京房等八人不称字，子元独称字，又何说？"尚秉和对此给予否定："然九家于京房等皆称其名不应元独称其字，似亦不协。"（《续修四库全书总目提要》）而今人徐芹庭先生则提出了陆氏所引九家，于子元独称其字与辑荀氏九家有关。他说："而于子元称其字也，乃荀九家者有密切之关系，可断言也。翟元之易注，既取资于荀爽，面荀九家又以荀爽为主，而收翟元之注于其中。又独称其字，是知荀九家之作易者，非翟元之子侄晚辈，即其弟子或再传弟子也。"（《魏晋七家易学之研究》）以上虽无更多的资证明之，但其推论合乎情理，不失为一家之言。

应当指出，诸家对翟元见仁见智，有一点可以成为定论：陆氏列翟元于姚信之后，是谓翟元为魏晋时人。

翟玄易注早已佚推，今存者多散见于李鼎祚《周易集解》、陆德明《经典释文》。除此之外，吕祖谦《古易音训》、李衡《周易义海撮要》、郑刚中《周易窥余》、熊过《周易象旨决录》也有征引。清儒搜集翟氏易注，遂成辑本。在张惠言《易义别录》、马国翰《玉函山房辑佚书》、孙堂《治魏二十一家易注》、黄奭《黄氏逸书考》中皆有翟玄易注辑本。

蜀才

蜀才，史传无考，年籍未详。王俭《七志》谓王弼后人，张惠言信从。谢炅、夏侯该云为谯周。而颜之推、陆德明则以为范长生，颜之推云："《易》有蜀才注，江南学士遂不知是何人。王俭《四部目录》不言姓名，题云王弼后人。谢炅、夏侯该并读数千卷书，皆疑是谯周。而《李蜀书》一名《汉之书》云：'姓范名长生，自称蜀才。'南方以晋渡江后，北间传记皆名为伪书，不贵省读，故不见也。"（《家训·书证篇》）陆德明云："案《蜀李书》云：姓范，名长生，一名贤。隐居青城山，自号蜀才，李雄以为丞相。"（《经典释文·序录》）据近人柯劭忞和今人台湾学者博贤、徐芹庭等考证，王弼无子，故蜀才不为王弼后人。《三国志》不言谯周有易学之作，故蜀才为谯之说不可信从。笔者又案《经典释文·序录》有：《周易》十卷蜀才注，《论语》十卷谯周注，且不言陆德明在两本书下的注，单就两本书署名而言，二者使用了两个完全不同的名字。同一作者在不同书上署不同的名，这在古代很少有，至少在唐以前史志没有先例，故此两本书作者非一人，善《易》者即蜀才非谯周。

关于范长生生平事迹散见于史书及其它文献中。晋·常璩撰《华阳国志》云："范贤，名长生，一名延久，又名九重，一曰支，字元寿。涪陵丹舆人。"又有史料记载：范长生，名范寂，字无为，曾事蜀主刘备、刘禅。《方舆胜览》云："范寂，字无为，刘先主时栖止青城山中，以修炼为事，先主征之不起，就封为逍遥公，得长生久视之道，刘禅易其宅为长生观。列仙传言，寂得久视之术，年百余岁，蜀人奉为仙，奉为长生。"又案《晋书·载记》：晋武帝统一三国，传位于惠帝而天下大乱。永康元年，益州刺史据蜀作乱，为李特所平，但李特亦纵兵大肆杀掠，"是时蜀人危惧，并结屯堡，请命于特。"李特被杀，李流继位。"涪陵人范长生率千余家依青城山，尚参军涪陵徐 礨求为汶山太守，欲要结长生等，与尚掎角讨流。尚不许，礨怨之，求使江西，遂降于流，说长生等使资给流军粮，长生从之，故流军复振。"李流死，传位李雄，李雄笃信术数，求道养志，欲以长生为君而臣之，长生固辞。李雄于永兴元年称成都王，长生自西山乘索舆诣成都，雄迎之于门，执版延坐，拜为丞相，尊曰范贤。光熙元年，在长生劝说下，李雄称帝，国号大成，改元曰晏平，"加范长生为天地太师，封西山王。"（以上详见《李特》、《李流》、《李雄》）范长生曾注《周易》，隋唐《志》及《经典释文》皆著录：《周易》十卷，蜀才注。《宋史·艺文志》已不著录其书，恐已佚失。清人有辑本，张澍从《经典释文》和《周易集解》所引蜀才注，辑入《蜀典》之中。马国翰根据张澍之辑本，加以补正，著录为一卷，存在《玉函山房辑佚书》中。此外孙堂《汉魏二十一家易注》、张惠言《易义别录》、黄奭《黄氏逸书考》等皆著录其注。

干宝

干宝，字令升，新蔡（今河南省新蔡县）人。祖父干统，为吴奋武将军，父干莹为丹阳丞。干宝少勤学，博览群记，以才器召为佐著作郎，又因平定杜弢之乱有功，赐爵关内候。晋元帝即位，未置史官，由中书监王导举荐，干宝"始领国史"。"以家贫求补山阴令，迁始安太守。王导请为司徒右长史，迁散骑常侍"。（《晋书·干宝传》）他对史学有研究，著《晋纪》。《晋书》称："其书简略，直而能婉，咸称良史"；《文心雕龙》誉"干宝述纪以审正得序"，《史通》赞"理切而多功"。干宝"性好阴阳术数，留思京房、夏侯胜等传"，"博采异同，混虚实"，"集古今神祇灵异人物变化"，撰成《搜神记》三十卷，"又为《春秋左氏义外传》，注《周

易》、《周官》凡数十篇，及杂文集皆行于世。”（同上）

干宝于易学造诣极深，《晋书》明言注《周易》。《隋书·经籍志》载有：《周易》十卷，晋散骑常待干宝注，又《周易爻义》一卷，干宝撰，梁有《周易宗涂》四卷，干宝撰。其中《周易宗涂》《隋志》言已佚，两唐志皆不录。而《周易注》、《周易爻义》二书，两唐志皆收录之。另《经典释文·序录》、《宋史·艺文略·经类》及胡一桂《周易启蒙翼传》等也录《周易注》十卷。又根据《册府元龟》记载，《周易问难》二卷、《周易玄品》二卷，也为干宝撰。项皋谟、朱彝尊、马国翰等人皆信从。然《隋书·经籍志》明言《周易问难》二卷王氏撰，《周易元品》二卷不著撰人，故今人台湾学者黄庆萱等人关于《周易问难》《周易玄品》二书不为干宝所撰的考证属实（见《魏晋南北朝易学书考佚》九）。干宝的易学著作今皆散佚，其《易》注主要散见于唐人李鼎祚的《周易集解》、陆德明《经典释文》中。后人有辑本，“元时有屠曾者，始辑其佚。明下德间，其孙勋重订，其书刻在《盐邑志林》，即今孙堂《汉魏二十一家易注》所据而补订，武进张惠言梓入《易义别录》，历城马国翰、甘泉黄奭又据而参校习刊之，载《玉函山房辑佚书》、《汉堂丛书》中。孙、马、黄三家辑本，互有详略，然马、黄多者二事，孙多者七事，较其得失，孙本为优”。（尚秉和语，见《续修四库全书总目提要》）

另外，根据其它典籍记载：干宝还撰有：《易音》、《毛诗音》、《周官礼注》、《答周官驳难》、《周官音》、《后养议》、《春秋左氏函传义》、《春秋序论》、《正音》、《立言》等。

崔憬

崔憬，史传不载，生平不详。唐·李鼎祚《周易集解》多引其注，并对他的某些注有评论，故知崔氏生活在李氏之前。而其易注又引唐孔颖达《周易正义》，知他当生活在孔氏之后，即大约生活在唐朝李鼎祚之前、孔颖达之后。清人马国翰等人曾就其生平作过说明：憬，不详何人，《隋书·经籍志》《唐书·艺文志》俱不载，书亦不传。惟李鼎祚《集解》引之“大衍之数五十，其用四十有九节”，憬说述及孔疏，知为唐人，在孔颖达后，又鼎祚云：“案崔氏探元，病诸先达，及乎自料，未免小疵。”知《探元》为其书名。兹据题焉，《集解》于憬论有所驳斥而采取独多。盖其人不墨守辅嗣之注，而于荀、虞、马、郑之学，有所窥见，故遗象者，援据为言，第不知唐志何以佚之也。（《玉函山房辑佚书·经编·易类》）

崔氏易学，重易象和易数，不墨守王学，为李氏《集解》多引，据今人潘雨庭先生统计，《周易集解》采崔氏易注二百余节，仅次于荀爽易注（荀氏三百余节）（《周易集解纂疏·点校体例》，中华书局，1994年三月）。也就是说，在《周易集解》中，论其集易注的数量，除虞翻和荀爽外，就是崔氏易注。这说明了在孔氏《周易正义》官学统治之下，崔氏易学有独到之处，或“称为新义”，为李氏所推崇。其实他所谓的新义，就是在注重玄理的同时，也兼采象数。

崔氏以丰富的易学知识和一个易学家所特有的洞察力，对《周易》这部古老的典籍作了新的阐发。他不趋炎附势，不为名利所动，敢于以自己的易学“新义”与官学抗衡，表现了他非凡的胆识和高尚的易学情操。具体地说，理论上主张《易》以象为本，象尽意，辞尽言，纠正王弼"忘象""忘言"说对《系辞》本意的歪曲。注经方法上，发扬汉人易学传统，凡能用象之处，尽取易象，阐释易辞。他除了取汉人理论之外，更多地运用《易传》取象方法注《易》，既弥补了玄学易之不足，又避免了汉人夸大易象的倾向。

李鼎祚

新旧唐书无李鼎祚传，其生平不详，先儒多失考。明儒朱睦㮮云："鼎祚，资州人，仕唐为秘阁学士，以经术称于时，及阅唐列传与蜀志，俱不见其人，岂遗之耶？抑别有所载耶？因附论著于此，以俟博雅者考焉。"（引自《经义考》卷十四）清四库馆臣也云："鼎祚，《唐书》无传，始末未详。惟据《序》末结衔，知其官为秘书省著作郎。据袁桷《清容居士集》载，资州有鼎祚读书台，知为资州人耳。朱睦㮮《序》称为秘阁学士，不知何据也。其时代亦不可考。《旧唐书·经籍志》称录开元盛时四部诸书而不载是编。知为天宝以后人矣。"（《四库全书总目》卷一）然清刘毓崧撰《通义堂文集》有此书《跋》，作者在《跋》中，依据《周易集解》自序《元和志》、《寰宇记》、《舆地纪胜》、《通志》、《能改斋漫录》等书对李鼎祚生平仕履作了详尽考辨。今录之如下：

新旧《唐书》皆无李鼎祚传，据《集解》标题，知其为资州人。而蜀中志乘，亦罕见其名氏。今以《自序》及《元和志》、《寰宇记》、《舆地纪胜》，参之《通志》、《能改斋漫录》等书，其事迹官阶，尚可考见大略。盖鼎祚兄弟读书于山上，后人名其地为读书台。明皇幸蜀，鼎祚进《平胡论》，后召守左拾遗。肃宗乾元元年，奏以山川阔远，请制泸、普、渝、合、资、荣等六州界，置昌州。二年春，从其议兴建，凡经营相度皆躬与其劳，是时仍官左拾遗。尝充内供奉。曾辑梁元帝及陈乐产、唐吕才之书，以推演六壬五行，成《连珠明镜式经》十卷，又名《连珠集》。上之于朝，其事亦在乾元间。代宗登极后，献《周易集解》，其进为秘书省著作郎，仕至殿中侍御史。以唐时官品阶秩考之，左拾遗系从八品上阶，秘书省著作郎系从五品上阶，殿中侍御史系七品上阶。由左拾遗而为著作郎，固属超迁，由著作郎而为殿中侍御史，亦非左降，盖官职之要，据间散随时转移。……意者鼎祚亦以著作郎而兼殿中侍御史欤？是故综核其生平出处，方未仕之日，即献策以讨安禄山后，此召拜拾遗，当必固其所言有验。观于请建昌州之奏，若早虑及寇贼凭陵，故其州曾为兵火所焚，而节度使崔宁又奏请复置以镇压夷獠。盖其形势控扼险固，兵法所谓所必争也。则鼎祚之优于经济而好进谟猷，即此可以概见其改官御史建白必大有可观。惜乎，奏议之不传耳。迨身殁以后，资州人士为立四贤堂，绘其像以祀之。尤足征其德望素隆，为乡邦推重。在唐代儒林之内不愧为第一流人物，非独《集解》之书有功于易学已也。国史既不为立传，方志亦不详述其人。凡此记载之疏，安可以曲为解免也哉。

从以上考证中，可以清楚地看到以下几个问题：其一，李鼎祚是资州盘石人，今属四川资中县。生活在唐朝中后期，即经历唐玄宗、肃宗、代宗三代。从他献策讨伐安禄山看，他大约出生在天宝元年前后，甚至还可以往前一些。其二，政治上，李氏积极为统治者献计献策。安史之乱，他进《平胡论》，为讨伐安禄山等人出谋划策。为了加强对少数民族地区统治，防止叛乱，又上奏在泸、晋、渝、合、资、荣等六州界险要之地置昌州。其三，他勤于读书，精于经学，尤通象数易学，擅筮占。李氏兄弟曾读书天州东四明山，后人曾名其读书地为读书台。《蜀故》言他"以经学称于时"。（卷十二）在代宗登极后，将撰成的《周易集解》献于朝。同时，他曾推演六壬五行，撰成《连珠明镜式经》十卷，说明他对象数易学及术数理论颇有研究。据《蜀故》记载，他"预察胡人判亡之日期无爽毫发，象数精深，盖如此然"。（卷十二）由此他被召拜为拾遗。其四，他官至左拾遗、秘书省著作郎、殿中侍御史。这些官职皆随当时其政绩而授。如进《平胡论》，因其所言有验，而被召为左拾遗。建议设昌州，又充内供奉。撰《辖珠明镜式经》、《周易集解》献于朝，而为秘书省著作郎和殿中侍御史。由于这个缘故，《跋》中所猜测"鼎祚亦以著作郎而兼殿中侍御史"当合乎情理。其五，李鼎祚在当地德高望众，为当地民众所推崇，死后资州立四贤堂，"在郡治绘王褒、范崇凯、李鼎祚、董钧像"（《舆地纪胜·资州景物下·四贤堂》注）以祀之。故《跋》称他为"唐代儒林之内不愧为第一流人物，非独《集解》之书有功于易学已也。"

李氏及其易学在当地声誉如此高，那么为什么唐史不立传，方志亦不详其人？这其中必有原因。笔者管见，唐史不列其人，既非遗之，也非别有所载，恐与他从事的研究及其影响有关。唐朝易学尊崇王学，孔颖达等人奉命撰《周易正义》立为国学，每年明经依次考试，自唐至宋，明经取士，皆遵此本。由于功利所使，玄学易成为易学主流和正宗。为官者多习玄学易，掌管撰写史书者除了自身原因外自然更以政治理论需要为标准取舍人物。李氏致力于象数易学必然受到冷落而不为列传，这是其一。其二，李氏经术以《周易集解》而出名。而此书虽然也被载入史书中，但此书经集前人成果为主。其中每节集解之后，常附有"案语"，这些"案语"是对前人未尽之意作以补充，多宗荀虞，有见解者极少。从这个意义上说，《集解》是一部资料性的著作，与当时政治还有相当距离，无法与唐人其它注疏的易学著作相提并论，故逐渐被人遗忘，以致宋代贤良多不知。"庆历壬午相府策贤良六题，一出此书，素未尝见，贤良多下者。"（宋计用章《周易集解后序》）故后世修史不列李氏。其三，李氏官职不显。官职是否显要也是古人修史取舍的重要标准。李氏一生为官，最高是秘书省著作郎，为五品，较为重要的是殿中侍御史属七品，故从其官职看在当时是不显要的，在史书中没有列其传是合乎情理的。

李之才

李之才（？～1045），字挺之，青州（今山东青州市）人，《宋史》作"青社"。青社即青州，其性朴率直信，不肆不窘，偶傥不群。天圣八年举进士，初为孟州司户参军共城令，后升殿中丞金书泽州判官。他"能为古文章"，有大才却"安于卑位，无仕进意"，人推荐其升迁，而不能"决其归心"。学术上，事从河南穆修。穆修（979～1032），字伯长，汶阳（今山东汶上）人，官至颍州文学参军等职，师陈抟而传《易》。其性卞严寡合。之才虽常受到怒诃，但事之益谨，故于《易》得其真传。"时苏舜钦辈亦从修学《易》，其专授者，惟之才尔。"（《宋史·李之才传》）北宋大儒邵雍出自李之才门下。当时"邵雍筑室苏门山百丈源之上，布衣疏食，之才闻雍苦志好学，自造其庐"（见《东都事略·儒学传》），而授其"义理之学"和"物理之学"。"泽人刘羲叟晚出其门，受历法，亦为名士"（同上）。其生平见《宋史》、《东都事略》。

李之才的易学已失传，今能见的是保留在朱震《汉上易传》、黄宗羲《易学象数论》、胡渭《易图明辨》等书中的卦变图，因这种卦变图是讲卦与卦之间关系的，而这种卦与卦之间的关系通过卦象变化而表现出来，故李氏卦变图被称为"象学"。李之才的卦变图包括两个图：一是卦变反对图，一是六十四卦相生图。

李之才开了宋代卦变说研究的先河。由于他的倡导和传授，其卦变说很快为时人接受。朱震曾记述了李氏卦变传授的状况："康节之子伯温传之于河阳陈四丈，陈传之于挺之。"（《汉上易传·卦图卷上》）受其影响，苏轼、朱熹、林至等大易学家皆言卦变。在义理之学兴盛的时代，象数易学的卦变成为时人关注的问题，这当然归功于李之才。

陈抟

陈抟（871～989年），字图南，亳州真源（今安微亳县）人，或谓西蜀崇龛（今四川安岳）人。少年奋好学，"及长，读经史百家之言，一见成诵，悉无遗忘"。（《宋史·隐士传上》）后唐长兴中，举进士不第，遂不求禄仕，以山水为乐，过着隐居的生活。先在武当山九室岩，服气辟谷二十余年，后"移居华山云观台，又止少华室，每寝处，多百余日不起"。（同上）周世宗闻其名，召见命为谏议大夫，他辞而不受。北宋太平兴国时，太宗待之甚厚，曾三次派遣使者前往华山宣诏进京，前两次皆撰答诏诗以辞之。第三次"太宗召之，以羽服见开延英殿，甚礼重之，赐号'希夷先生'"。陈抟一生于《老》《易》皆有建树，他的老学"通过弟子张无梦传给陈景元，推动了宋代之后道教教理的研讨。"（詹石窗《道教文学史》上海文艺出版社1992年五月版）在易学方面，好读《易》，读之爱不释手，常自号"扶摇子"，以传《易》而闻名，宋人易图（包括龙图、太极图、无极图等）多传自陈抟。陈抟生平事迹主要见《宋史·陈抟传》、《东都事略·陈抟传》，陈抟著述很多，据《宋史·陈抟传》载，有《指玄篇》八十一章，又作《三峰寓言》及《高阳集》、《钓潭集》及诗六百余篇。又据郑樵《通志·艺文略》著录，陈抟著有《赤松子八诫录》一卷，《指玄篇》一卷，《九室指玄篇》一卷，《人伦风鉴》一卷。《宋史·艺文志》有《龙图易》一卷，《宋文鉴》有《龙图序》一文。今除了《龙图序》文，其他皆佚失。

陈抟龙图出现仍有它存在的价值和意义。其一，它复活了象数易学。象数易学发展到汉末达到了顶峰，一字一句必有其征的以象注《易》法已山穷山尽，经晋唐玄学易的冲击，很快趋向式微。陈抟从道家入手，参证易学，发明图说，彰显象数，一改象数学原有的繁琐、乏味的注经方式，使象数易学绝处逢生，再度向前发展，在易学史上占有重要的地位。其二，在总结前人研究成果基础上，以新的形式注经。陈抟的龙图说，是由《系辞》"河出图、洛出书"而发，故可以视为是对《系辞》图书的诠释。这种诠释有两个方面可以肯定：一方面把图书和数联系起来，以数衍图，以图表数，这是他的独创；另一方面紧紧围绕《周易》本义（即《易》为卜筮之书），来阐发其中蓍、卦、爻等问题，这对理清《周易》性质，批判玄学易有重要意义。其三，陈抟的图书之学对后世有深远的影响。由他开启的图书之学，经过师承传授，逐渐受到宋人关注，成为宋学一个重要组成部分。尤其当它被置入朱子《周易本义》之后，其声望随着朱子地位的升高而升高，这种来自道家的文化很快被儒家吸收，遂即成为正宗的官学，对中国文化发生了重要的影响。中国的医学、兵法、丹术、算学、文学、堪舆、遁甲等学科皆援引之、吸收之。因此，陈抟对易学乃至中国文化的贡献不可磨灭。

刘牧

刘牧（1011~1064），字先子，号长民。原杭州临安（杭州）人，后因祖父刘彦琛为吴越王将，"有功刺衢州，葬在西安"（王安石《刘君墓志铭》，见《王文公文集》卷九五），故又为西安（今浙江衢县）人。他"少则明敏，年十六求举进士不中"，（同上）故买书闭门读之，再考而为举首，调任衢州军事推官。后在范促淹、富弼等推举下，曾任兖州（今山东兖州）观察推官、大理寺丞、广南西路（今桂林）转运判官、湖北路（今湖北）转运判官、尚书屯田郎中等职。刘牧一生治盗贼，平叛乱，政绩显著。宋介石评价他治理馆陶之时说："若夫行乎仁义，使百里之内咨而嬉，癯而肥，疮而良，匮而昌，兹县令之事也。先之固能行之矣。"（《徂徕先生文集》卷十八）他为官极为清廉，"于财物无所顾计"，以至"家贫无以为丧，自棺椁诸物皆荆击士人为具"，但是他才学双全，为当时人所赞颂。《宋元学案称："先生既优于学，优于才，又为范、富二公所知，一时士大夫急誉之。"（卷二）学术上曾拜范仲淹为师，致力于实学。在任兖州观察推官时，"又学《春秋》，于孙复与古介为友"，"从学于泰山之间"，属宋代泰山学派，被《宋元学案》列入"泰山学案"中。其易学师承范谔昌，传陈抟河洛之学。《宋元学案》云："先生又受《易》学于范谔昌，谔昌本于许坚，坚本于种放，实与康节同所自出。"《东都事略·儒学传》云："陈抟读《易》以数学授穆修，以象学授种放。放授许坚，坚授范谔昌。"《宋史·朱震传》云："陈抟以先天图传种放，放传穆修，修传李之才，之才传邵雍。放以《河图》《洛书》传李溉，溉传许坚，坚传范谔昌，谔昌传刘牧。"从以上记载看，刘牧易学渊源师承分明，当来自道家。清朱彝尊《经义考》载其易学著作有：《卦德通论》一卷（《绍兴书目》作《统论》），新注《周易》十一卷（《绍兴书目》作十卷），《周易先儒遗论九事》一卷，《易数钩隐图》一卷（《读书志》、《绍兴书目》作三卷）。其门人"祕（吴祕）上其书于朝，黎献（黄黎献）序之"（《宋元学案》卷二）。其易注今不传，而《易数钩隐图》保存在《道藏·洞真部·灵图类》。其生平事迹主要见王安石撰写的《墓志铭》、《宋元学案》、《宋史翼》。

刘牧易学的形成对象数易学乃至整个易学有着重要的意义，主要表现在以下两个方面。其一，通过批判玄学易，纠正了易学发展中长期存在着忽视象数、义多浮华的问题。其二，通过对易数的阐发和改造，复活了象数易学。……刘牧易对当时及后世产生了重要的影响。由于刘牧易学属于泰山学派，与当时政治上反对新法，强化封建政权和理学强调道统相一致，故为当时学界所推崇。晁公武云："仁宗时，言数者皆宗之，庆历初吴祕献其于朝，优诏奖之。"（《郡斋读书志》卷一）不仅如此，随着理学的发展和它在中国封建社会意识形态中的地位的确立，刘牧的象数易学成为易学研究的一个焦点，"黄黎献作《略例隐诀》，吴祕作《通神》，程大昌作《易原》，皆发明牧 说，而叶昌龄则作《图议》以驳之，宋咸则作《王刘易辨》以攻之，李觏复有《删定易图论》，至蔡元定则认为与孔安国、刘歆所传不合，而以十为河图，九为洛书。朱子从之，著《易学启蒙》，自是以后，若胡一桂、董楷、吴澄之书宋朱蔡，牧之图几于不传。"（《四库全书总目提要》卷二）一直到清，关于刘牧之学的研究仍然很盛行，当然主流是持否定态度的，可见刘牧的图书之学影响之大。

周敦颐

周敦颐（1017～1073），字茂叔，原名淳实，因避宋英宗旧讳改。道州营道（今湖南道县）人。谥元，称元公。曾筑书堂于庐山莲花峰下，堂前有溪，洁清绀寒，遂寓名濂溪书堂，晚年退居书堂讲学，世称濂溪先生，其学被称为"濂学"。其官位不高，曾历任县主簿、县令、州判官、州通判、知州军等官职，多从事刑狱工作。据有关史料记载，他在处理刑狱时，尽心尽职，公平合理，果断不疑。他为分宁县主簿，能"一讯立辨"难决之疑狱。提点广南东路刑狱，务在矜恕，得罪者自以不冤。潘兴嗣作《墓志》，称其"为治研精密严恕，务尽道理"。（《周子全书》卷二十）蒲宗孟作《墓碣》则云："屠奸剪弊，如快刀健斧，落手无留。"（同上）可见，周敦颐以断刑狱而著称于当时，学术上，师承道家，传授易图。朱震等人详细地记载了他传授易图的情况。朱震云："陈抟以先天图传种放，放传穆修，修传李之才，之才传邵雍。……穆修以太极图传周敦颐，敦颐传程颐、程颢。"（《汉上易传表》）胡宏也称，周敦颐"推其道学所自，或曰传《太极图》于穆修也，传《先天图》于种放，种放传于陈抟。"（《通书序略》，《周子全书》卷十一）朱震和胡宏的论述虽有一定的差别，但有一点可以肯定，敦颐其学源于道家。然而，他并不是一个道家学者，而是一个新式的儒家代表人物，即杂揉儒道，将道家思想融入儒家之中，尤其是以《周易》为框架，兼取道家炼丹理论和儒家的《孟子》、《中庸》的思想，融旧铸新，建立了以诚为核心的思想体系。对于这一点，南宋张栻曾作过说明："濂溪始学陈希夷，后来自有所见，其学问如此。"（《南轩语录·答程子问》，《周子全书》卷十八）这里所谓"自有所见"，就是指他对儒家改造发展而言的。正因为他学有根源，又有心得，在当时有许多人追随其学，或与之论学。他在任合州判官时，"士心以从学者甚众"。宋代大儒程氏兄弟曾受其学。王安石遇之而"语连日夜"，"退而精思，至忘寝食。"（《年谱》，《周子全书》卷二十）

但是，与政绩人品比较，其学问在当时影响相对逊色一些。宋人黄庭坚曾对其人品给予很高评价："舂陵周茂叔人品甚高，胸中洒落，如光风霁月。"（《濂溪词并序》，《周子全书》卷十九）朱熹也明言："濂溪在当时，人见其政事精绝，则以为宦业过人。见其有山林之志，则以为襟袖洒落，有仙风道气，无有知其学者，惟程太中独知之。"（《周子遗事》，《周子全书》卷十八）

周敦颐易学著作，后人多有争议。潘兴嗣在《濂溪先生墓志铭》中指出：先生"尤善谈名理，深于易学，作《太极图·易说》、《易通》数十篇。"（《周子全书》卷二十）朱熹对潘氏记载做了解释："故清逸潘公志先生之墓，而所著述之书，特以作《太极图》为首称，而后乃以《易说》、《易通》系之，其知此矣。"朱熹自注云："先生《易说》，久矣不传于世，向见两本，皆非是：其一《卦说》，乃陈忠肃公所著；其一《系辞说》，又皆佛老陈腐之谈，其甚陋而可笑者，若曰易之冒天下之道也，犹狙公之罔众狙也。观此，则其决非先生所为可知矣。《易通》，疑即《通书》，盖《易说》既依经以解义，此则通论其大旨，而不系于经者也。"（《太极图说·通书书后》，《周子全书》卷十一）按照朱熹的理解，周子有《太极图说》、《易说》、《易通》三书，今人多信从。但另有学者则持不同的看法，认为朱熹解说"并不完全符合实际"，理由是《太极图·易说》南宋初刊时，附在《易通》后面，"按潘兴嗣所撰的墓志则叙在《易通》与《诗》十卷之前"，这表明了《太极图·易说》是一篇独立著作，即《太极图说》"非《太极图》并说之外，别有所谓《易说》。"

又考周敦颐与傅耆的通信，知周子有《姤说》、《同人说》。周子在判合州时，傅耆复书中写道："蒙示《姤说》，意远而不迁，词简而有法，杂之元结集中，不知孰为元，孰为周也。"（《年谱》，《周子全书》卷二十）后摄邵州事，傅耆又复书云："蒙寄贶《同人说》，徐熟读，较以旧本，改易数字，皆人意所不到处。"（同上）据此，有的学者认为周敦颐的著作有《姤说》、《同人说》。周氏的《姤说》、《同人说》早已佚失，宋人度正虽曾设法"访求之"，"仅得其目录"，（《年谱》，《周子全书》卷二十）未见其原作，而今其目录亦不可见，故确定两篇是否为独立著作无从考证。但从其篇目看，姤、同人是《周易》六十四卦中的两卦，而《姤卦说》《同人说》当是对两卦的解说，周子对《周易》作过系统研究，将两卦解说视为两部独立著作，似不太合乎情理，故笔者管见，他示两卦解说于人，说明他对此两卦有独到之处，即是他易书中最得意的部分。对于这一点宋人度正很有见地。他在跋周敦颐《贺傅伯成手碣》时云："按傅氏家集，濂溪在吾州，尝以《姤说》示之，其后在零陵，又寄所改《同人说》，二说当即所谓《易通》者。"（《周子全书》卷十七）又在《书晦庵太极图解》指出："闻之先生，今之《通书》，本名《易通》，则六十四卦，疑皆有其说，今考其书，独有乾、损、益、家人、睽、复、无妄、蒙、艮等说，而亦无所谓《姤说》《同人说》者，则其书之散遗亦多矣。"（《周子全书》卷五）

周敦颐改造儒家，建立一个全新的体系，主要表现在他的"太极图"的绘制。"太极图"是其思想的精髓，集中体现了他的易学观及儒家的价值理想趋向，而其它著作皆是训释和阐发"太极图"之义的。

易学史上，有郑玄、王弼为代表的两大派，"郑则多参天象，王乃全释人事。"（李鼎祚《周易集解序》）周敦颐试图克服这两种倾向，由象而释人事，而且将人事作为其理论的指归，这为宋代义理之学形成和发展奠定了基础。宋代二程兄弟、张载、朱熹等大易学家，以义理治《易》，重视易理的社会性、实践性，以此而建立起博大精深的理学体系，从而改变了易学研究的大方向，追根求源，当归功于周敦颐。同时，也正因为程朱等大儒竭力地阐扬，周子之学才得到历代统治者的推崇成为封建社会官方哲学，而周子本人也先后被封为"汝南伯"、"道国公"等，使其人其思想流传后世。

邵雍

邵雍（1011～1077），字尧夫，谥康节。祖籍河北范阳，后移衡漳（今河北南部），少时随父邵古迁共城（今河南辉县），晚定居洛阳。其父死于伊川，又称为伊川人。

少时刻苦自学，博览群书。史称："自雄其才，慷慨欲树功名。于书无所不读，始为学，即坚苦刻厉，寒不炉，暑不扇，夜不就席者数年。"（《宋史·道学传》）共城令李之才闻其好学，授其物理、性命之学。

其人品极高，"德气粹然，望之知其贤，然不事表襮，不设防畛，群居燕笑终日，不为甚异。与人言，乐道其善而隐其恶。有就问学则答之，未尝强以语人"。（同上）具有儒者大家之风范，在当时影响很大，"故贤者悦其德，不贤者服其化，一时洛中人才特盛，而忠厚之风闻天下"（同上）。他成为时人的楷模，受人尊敬。

一生不求功名，过着隐逸的生活。喜嘉佑之时，朝廷诏求天下遗逸名士，留守王拱辰和尹洛以邵雍应诏，授将作监主薄。吕海、吴克荐他补颍州团练推官，他皆以种种理由推托。富弼、司马光、吕公著等达官贵人十分敬仰他，常与之饮酒作诗，并买园宅送他居住。他依此过着耕种自给的生活，名其居曰"安乐窝"，自号"安乐先生"。

他勤于著书，著有《皇极经世》《观物内外篇》《渔樵问对》《伊川击壤集》等书。其思想渊源于陈抟道家思想，已成为定论，众家皆有论述。朱震说："陈抟以先天图传种放，放传穆修，修传李之才，之才传邵雍。"（《汉上易传·表》）而朱熹则认为邵雍传自陈抟，陈抟也有所承传。他说："邵子发明先天图，图传自希夷，希夷又自有所传。"（《周易参同契考异·附录》）从朱震、朱熹记功看，邵雍的思想源于道家系统，而直接传授者是李之才。关于这一点，张岷等人皆有说明。张岷在邵雍的行状略中指出："先生少事北海之才挺之，挺之闻道于汝阳穆修伯长，伯长以上虽有其传，未之详也。"（《邵子全书·附录》）

值得说明的是，邵子之学虽有渊源，但更多的是自己的体悟。《宋史·邵雍传》对此论述得极为清楚：邵雍"乃事之才，受河图、洛书、宓羲八卦六十四卦图像。之才之传，远有端绪，而雍探赜索隐，妙司神契，洞彻蕴奥，汪洋浩博，多其所自得者。"邵雍对于易学乃至整个思想文化的贡献不是承传道家思想或重复前人的思想，而是以数为框架建立起庞大的思想体系，即所谓"自得者"。

邵氏易学的价值不在于对传统象数易学的继承，而在于继承传统象易学基础上对易学所进行的精心的改造和创新。恰恰是这些不符合《易》之本文或与传统易学相违背的观点和思想表现出勃勃的生命力，推动易学不断地发展和臻于完善。如清儒全祖望所言："康节之学，别为一家。或谓《皇极经世》只是京、焦末流，然康节之可以列圣门者，正不在此，亦犹温公之造九分者，不在《潜虚》也。"（《宋元学案·百源学案》）也正因为如此，邵氏之学虽然遭到了种种攻击，而传者不绝于世。"南渡之后，如林栗、袁枢之徒，攻邵者尤众，虽象山陆氏亦以为先天图非圣人作《易》本指，独朱子与蔡氏阐发章秦，而邵学始显明于世，五百年来，虽复有为异论者而不能夺也。"（李光地《周易折中》卷十九）同时，邵子之后出现了许多研究著作，其子邵伯温撰《皇极系述》、《观物内篇解》，张元定撰《经世指要》，朱元升撰《邵易略例》，无俞琰撰《易外别传》，明黄畿撰《皇极经世传》，余本撰《皇极经世释义》，清·王植撰《皇极经世直解》等，对邵子之学加以诠释和阐发，使邵子之学成为专门之学，治此学者成为学界一个重要学派。清儒黄宗撰《宋元学案》专立"百源学案"，以述其思想渊流。另外，邵子的思想对义理之学形成也有一定的影响，如二程是宋代理学代表人物，而其思想形成从某种程度上也接受了邵子思想。对于这一点，朱熹早有察觉。他说："程、邵之学固不同，然二程所以推尊康节者至矣。盖信其道而不惑，不杂异端，班如温公、横渠之间。"（《宋元学案·百源学案》）这是说，二程之所以能以易学而与司马光、张载齐名于当时，并对后世发生影响，与他推崇邵氏，"信其道"有关，足见邵氏易学影响之深之远。

朱震

朱震（1072～1138），字子发，湖北荆门军（今湖北荆门县）人。生活在北宋末南宋初，靖康年间金兵入汴时，已五十五岁。历史记载他的活动主要在南宋。朱震曾于徽宗政和进登进士第，担任过州县官，这就是《宋元学案》所谓"登政和进士第，累仕州县"。北宋亡前一年，靖康元年（公元1126年），被朝廷召为太学《春秋》博士。南宋绍兴四年（1134年），在中书舍人侍讲胡安国和参知政事赵鼎的举荐下，被召为祠员外郎川陕荆襄都督府详议官。第二年恢复经筵，朱震连续擢升八次，名义是秘书少监、秘书少监兼侍讲、承议郎、起居郎、资善堂赞读、中书众舍人兼资善堂翊善、朝散郎、左朝请郎等。此年五月，龙图阁直学士杨时病殁，朱震上表曰："时学有本原，行无玷缺，进必以进，晚始见知。其撰述皆有益学者。"（《续资治通鉴·高宗绍兴五年》）由于他的上疏，高宗下诏取阅杨时的《三统义辨》，并赐其家银帛二百两匹。后杨时谥为"文靖"。绍兴六年（1136年），朱震除给事中，又转为左朝奉大夫。此年秋天，他把自己所著的《周易集传》九卷，《周易图》三卷及《周易丛说》一卷，共十三卷进献高宗皇帝，并撰写了《进周易表》。这些书后人合之称为《汉上易传》。同年底，朝内发生了左司谏陈公辅上疏反对理学宗师程颐的事件。朱震对此事沉默不语，引起理学中某些人不满。如史书所言："时朱震在经筵，不能诤，论者非之。"（《续资治通鉴·高宗绍兴六年》）绍兴七年（1137年），朱震看到理学局面不稳定，向宰阳张浚辞职，没有得到允许。胡安国对此事曾评论道："子发求去，未免晚矣。当公辅之说才上，若据理力争，则进退之义明。今不发一言，默言而去，平生读《易》何为也。"同年，朱震曾就举行明堂祭祀大典之事提出异议，未被采纳，他再次提出辞官，高宗一再挽留不许。第二年六月，朱震在临安去世。其生平见《宋史·朱震传》。

学术上，朱震受宋代理学家影响比较大。当时经过周敦颐、张载、二程等人极力倡导和阐扬，理学逐渐兴盛，至南宋初在朱震周围已形成了以尊崇二程学统的理学气氛。谢良佐是二程的学生，是有名的理学家，朱震曾偕弟朱巽拜见，饭余茶罢，为震讲《论语》，这说明朱震接受了二程及门人的思想。胡安国是宋代大理学家，以治《春秋》见长，推崇二程，其周围皆二程高足。"安国所与游者，游酢、谢良佐、杨时皆程门高弟"。（《宋史·胡安国传》）而朱震与胡安国关系友善，胡氏曾以朱震

"学术深博，廉正守道"举荐为祠部员外郎，故朱震受其影响，为学常以二程为正统。这一点从他的《周易表》中可以得到印证。他说："臣顷者游宦西洛，获观《遗书》，问疑请益，遍访师门，而后粗窥一二。造次不舍，十有八年，起政和丙申（公元1116年），终始兴甲寅（公元1134年），成《周易集传》九论。上采汉、魏、吴、晋、元魏，下逮有唐及今。包括异同，补直罅漏，庶几道离而复合。"这里所说的《易传》是指程颐的《伊川易传》。据今人统计，《汉上易传》于六十四卦注解中，朱震明引程颐《易传》之处，有一百条之多（见侯名庐等《宋明理学史》上卷）。这充分说明了他的易学与二程易学的关系。同时，从这里还可以看出另一个问题，即其易学除尊崇二程易外，还兼收并蓄、融合他以前包括宋在内的各家易学。这就是说，汉唐以来的诸派易学是他易学的重要渊源。当然，他所谓汉唐易学，主要是指象数易学，不是王弼易学。他认为王弼易尽黜象数，破坏了易学的传统，而他的易学宗旨是"复合""庶几道离"的易学。这一点极为重要。从其《汉上易传》内容看，无论是基本框架，还是资取的资料，更偏重于象数易。因此，与其说朱震易学源于程氏易，不如说渊于汉唐以来的象数易更为恰切。

朱熹

两宋时期，学术上造诣最深、影响最大的是朱熹。他总结了以往的思想，尤其是宋代理学思想，建立了庞大的理学体系，成为宋代理学之大成，其功绩为后世所称道。其门人黄榦曾总结曰："继往圣将微之绪，启前贤未发之机，辨诸儒之得失，辟异端之论谬，明天理，正人心，事业之大，又孰有加于此者。"（《行状》）又曰："自周以来，任传道之意，得统之正者不过数人。而能使斯道章章较著者，一二人而止耳。由孔子而后，曾子、子思日继其微，至孟子而始著。由孟子而后，周、程、张子继其绝，至先生而始著。"（同上）清人全祖望指出："致广大，尽精微，综罗百代矣。江西之学，浙东永嘉之学，非不岸然，而终不能讳其偏。"（《宋元学案·晦翁学案》）这些评价虽属溢美之辞，但真实地反映了朱熹在学术界的地位及其影响。朱熹死后，被谥为"文公"，赠宝谟阁直学士，又追封徽国公等。其思想被尊奉为官学，自元朝始，朱熹关于经学注释著作成为科举考试的依据。而其本身则与孔子圣人并提，称为"朱子"。正是由于这个原因，朱熹之言，则成为不能更改的、绝对的权威。易学是是如此。朱熹撰《周易本义》列河洛、先天图于卷首，又与弟子蔡氏父子（蔡元定、蔡沉）编撰《易学启蒙》笃信和诠释河洛、先天之学，后世皆以此立言，阐发朱子的河洛先天思想。从这个意义上讲，朱熹真正确立了河洛之学和先天之学在学界的地位而为后世大多易学家所认可。

朱熹（1130～1200），字元晦，一字仲晦，号晦庵，晦翁，别号紫阳，祖籍徽州婺源（今江西省婺源县）。生于建州尤溪（今福建省尤溪县）。父朱松，官至吏部郎，师从罗从 （二程弟子杨时学生），为程门三传弟子。因政治上与秦桧不和，出任尤溪县尉，后辞官隐退。朱熹十四岁，父去世，遵父遗命，他从学于父友胡原仲、刘致中、刘 冲。后刘致中以女许嫁朱熹。绍兴十八年（1148年），十九岁朱熹登进士第。二十一年，受左迪功郎、泉州同安主簿。二十三年，拜罗从 门人李侗为师。始知释老之说为非，学问而就平实。二十七年，朱熹自同安弃官回故里，致力学术，历二十余年。孝宗即位，曾多次召用，皆辞而不就。淳熙五年（1178年），四十九岁的朱熹出知南康军，八年，改除提举浙东常平盐公事。光宗即位后，又知漳州、潭州。宁宗即位，除焕章阁待制兼待讲。总之，朱熹一生自举进士至死，凡五十年，经历了高宗、孝宗、光宗、宁宗四朝，仕于外者共九年，立于朝者四十日，为宁宗讲《大学》。其余四十年过着讲学著书生活。其著作有《周易本义》、《启蒙》、《蓍卦考误》、《诗集传》、《大学中庸章句》、《四书或问》、《论语集注》、《孟子集注》、《太极图说解》、《通书解》、《西铭解》、《楚辞集注辨正》、《韩文考异》、《参同契考异》、《中庸辑略》、《孝经刊误》、《小学书》、《通鉴纲目》、《宋名臣言行录》、《家礼》、《近思录》、《河南程氏遗书》、《伊洛渊源录》等。此外，还有《文集》一百卷，《续集》十一卷，《别集》十卷，阁人辑录的《朱子语类》一百四十卷。其易学思想主要集中在《周易本义》、《易学启蒙》、《朱子语类》等书中。按朱熹《年谱》，《周易本义》成书于淳熙四年（公元1177年），《启蒙》成书于淳熙十三年（公元1186年）。据今人朱伯昆考证，"《本义》于《启蒙》前，并未成书。"（《易学哲学史》中册，北京大学出版社198年）此说可谓精确。需要说明的是，《易学启蒙》虽列朱熹名下，而并非他一人所为，是他与蔡元定通力合作的结果。蔡元定学生翁易在宋理宗淳佑七年（1247年）记载道："晦庵疏释《四书》，因先生论辨有所启发者非一。……六经、《语》、《孟》、《学》、《庸》之书，先生与之讨论讲贯则并驰其功焉。《易学启蒙》一书，先生研精覃思，屡年而后就，晦庵复删润之，始克成书。"（《蔡氏九儒书》卷首《蔡氏诸儒行实》）此"先生"是指蔡元定。翁易关于《易学启蒙》是由蔡元定起稿、朱熹删润而成的记载，在《宋史》中有同论。《宋史·蔡元定传》曰："熹疏释《四书》，及为《易》、《诗传》、《通鉴纲目》，毕竟与元定往复参订。《启蒙》一书，则属元定起稿。"这一点同时在未熹的言论中可以得到印证。朱熹在给蔡元定信中说："《启蒙》修了末？早欲得之。"（《文集·答蔡季通》）又说："《启蒙》所改是否？又天一地二一节，与天数五地数五相连，此是程子改定，当时不曾说破，今恐亦当添程说，乃明尔？"（《文集续集·答蔡季通》）朱熹在《启蒙序》中也明言："因与同志，颇辑旧闻，为书四篇，以示初学，使毋疑于其说云。"此"同志"即蔡元定。"为书四篇"中"书"即《启蒙》。由此可知，翁易所记可信。

蔡元定

蔡元定(1135～1198)字季通，建州建阳(今福建建阳)人。早年从父蔡发授程氏《语录》、邵氏《经世》、张氏《正蒙》。后闻朱熹之名，而师从之。因其博学，与朱熹对榻讲论诸经奥义，每至夜分。朱熹并未视其为门生，"此吾老友也，不当在弟子之列"（《宋史·蔡元定传》），尤袤、杨万里曾推荐为官，他以有病而推辞，故登西山筑室，发奋读书，学者称为"西山先生"。当时韩侂胄专权，设伪学之禁。朱熹与蔡元定皆为所谓伪学主要代表人物，故首先受到攻击的是朱熹，蔡元定牵连被发配道州。他一生"于书无所不读，于事无所不究，义理洞见大原，下至图书，礼乐，制度，无不精妙。古书奇辞奥义，人所不能晓者，一过目辄解。"（同上）曾协助朱熹著书立说。"熹疏释四书及为《易》、《诗传》、《通鉴纲目》，皆与元定往复参订；《启蒙》一书，则属元定起稿。"（同上）其平生问学，多寓于朱熹书集之中。撰有《大衍详说》、《律吕新书》、《燕乐》、《原辨》、《皇极经世指要》、《太玄潜虚指要》、《洪范解》、《八阵图说》等，其中《经世指要》、《大衍详说》、《易学启蒙》是易学著作。蔡元定的河洛思想主要见于《易学启蒙》，如前所言，《易学启蒙》是朱熹和蔡元定合作撰定的，由蔡氏起稿。其书代表了朱子和蔡氏两人的观点，此不再复述。书中也引了蔡元定的话，这些话基本的观点是以十为河图，以九为洛书，但两者又相互表理，其为一理，伏羲据河图而作《易》，出自天意。这与律吕数和干支数相类似，二者虽有别而相通。……蔡氏象数易另一个内容是对邵氏易的研究。邵氏先天之学之奥秘经过邵伯温、王是、张行成、祝泌等人解说而显于世。朱子对其先天易学加以阐述，解决了伏羲画卦及先天图排列的问题。而朱子这些成就与蔡元定是分不开的，表现在蔡元定参入了《易学启蒙》的撰定；其中对邵氏易的看法是由蔡元定改定的。如朱熹说："《启蒙》中欲改数处，今签出奉呈，幸更审之，可改即改为佳，免令旧本流布太广也。"（《文集续集·答蔡季通》）当然其中有许多观点与朱子不同，未写入《启蒙》中，如蔡氏主张伏羲先天图与六日七分说相合，因朱子极力反对而未被采纳。蔡氏研究邵氏易另一个成果是他的《皇极经世指要》。该书以《易》解说邵氏之学，皆得其要，从某些方面远超过了邵伯温的注释，故而成为学者学邵氏易必读之书。

吴澄

吴澄(公元1249～1333年)，抚州崇仁(今江西崇仁)人，字幼清，因"所居草屋数间，钜夫题曰草庐，故学者称为草庐先生"（《宋元学案·划庐学案》），谥文正。他出生在南宋末，但大部分时间是在元朝度过的。吴澄出身于世儒之家，受家庭薰陶，自幼读儒家著作。七岁诵《论语》、《孟子》，十岁读《中庸》、《大学》，十五岁读朱熹《大学章句》，十六岁拜临安书院山长程若庸为师，十九岁正式就读于临安书院。二十岁应乡试中选。元朝建立后，在临安书院学友程钜夫及左丞相董士选的极力推荐下，先后任翰林文字兼国史编修、江西提学副提举、国子监丞、司业，后迁翰林学士、太中大夫、经筵讲官等职。虽任过许多官职，但"旋进旋退"，时间很短，其大半岁月都是居于穷乡陋壤，孜孜于理学，"研经籍之微，玩天人之妙"。撰有《五经纂言》、《孝经章句》、《草庐精语》、《道德经注》等书，后人辑于《草庐吴文正公全集》，其易学著作有《易纂言》、《易纂言外翼》、《易叙录》。

吴澄学术渊源于朱熹和陆九渊。如前所言，他曾学于程若庸，而程若庸学饶鲁，饶鲁学于黄干，黄干是朱熹的弟子，故吴澄是朱熹的四传弟子。又因吴澄家居江西抚州心学发源地，曾师从程绍开，而程是陆九渊的弟子，因此吴澄接受了朱熹和陆九渊的思想，从其倾向看，更近朱子之学。如全祖望所言："草庐出于双峰，固朱学也，其后亦兼主陆学。盖草庐又师程氏绍开，程氏尝筑道一书院，思和会两家，然草庐之著书，则终近乎朱。"（《宋元学案·草庐学案》）

就象数易学言之，吴澄早年曾研究过邵雍《皇极经世》，并作《皇极经世续书》，订定《邵先生集》，作《邵子叙录》，自称"能因其言得其意"。故吴澄象数思想除继承了朱熹思想外，还汲收了邵雍的思想。今人徐志锐曾指出："吴澄的易学思想实得于朱熹和邵雍，在象数学方面多承于上述两家。"（《宋明易学概论》第三章：吴澄象数义理学）徐氏所言极是。

　　吴澄的象数思想主要见于《易纂言》和《易纂言外翼》，前者是《周易》笺注之作，后者是对前者易例的归纳和总结。如四库馆臣所言："澄所著《易纂言》义例散见各卦中不相统贯，卷首所陈卦画亦粗具梗概未及详言，因复作此书，以畅明之。"（《四库全书提要》卷四）

附录二：邵雍与《渔樵问对》

渔樵问对

渔者垂钓于伊水之上。樵者过之，弛担息肩，坐于磐石之上，百问于渔者。

曰："鱼可钩取乎？"

曰："然。"

曰："钩非饵可乎？"

曰："否。"

曰："非钩也，饵也。鱼利食而见害，人利鱼而蒙利，其利同也，其害异也。敢问何故？"

渔者曰："子樵者也，与吾异治，安得侵吾事乎？然亦可以为子试言之。彼之利，犹此之利也；彼之害亦犹此之害也。子知其小，未知其大。鱼之利食，吾亦利乎食也；鱼之害食，吾亦害乎食也。子知鱼终日得食为利，又安知鱼终日不得食为害？如是，则食之害也重，而钩之害也轻。子知吾终日得鱼为利，又安知吾终日不得鱼不为害也？如是，则吾之害也重，鱼之害也轻。以鱼之一身，当人之食，是鱼之害多矣；以人之一身，当鱼之一食，则人之害亦多矣。又安知钓乎大江大海，则无易地之患焉？鱼利乎水，人利乎陆，水与陆异，其利一也；鱼害乎饵，人害乎财，饵与财异，其害一也。又何必分乎彼此哉！子之言，体也，独不知用尔。

樵者又问曰："鱼可生食乎？"

曰："烹之可也。"

曰："必吾薪济子之鱼乎？"

曰："然。"

曰："吾知有用乎子矣。"

曰："然则子知子之薪，能济吾之鱼，不知子之薪所以能济吾之鱼也。薪之能济鱼久矣，不待子而后知。苟世未知火之能用薪，则子之薪虽积丘山，独且奈何哉？"

樵者曰："愿闻其方。"

曰："火生于动，水生于静。动静之相生，水火之相息。水火，用也；草木，体也。用生于利，体生于害。利害见乎情，体用隐乎性。一性一情，圣人能成子之薪。犹吾之鱼，微火则皆为腐臭败坏，而无所用矣，又安能养人七尺之躯哉？"

樵者曰："火之功大于薪，固已知之矣。敢问善灼物，何必待薪而后传？"

曰："薪，火之体也。火，薪之用也。火无体，待薪然后为体；薪无用，待火然后为用。是故凡有体之物，皆可焚之矣。"

曰："水有体乎？"

曰："然。"

曰："火能焚水乎？"

曰："火之性，能迎而不能随，故灭。水之体，能随而不能迎，故热，是故有温泉而无寒火，相息之谓也。"

曰："火之道生于用，亦有体乎？"

曰："火以用为本，以体为末，故动。水以体为本，以用为末，故静。是火亦有体，水亦有用也。故能相济又能相息，非独水火则然，天下之事皆然。在乎用之何如尔？"

樵者曰："用可得闻乎？"

曰："可以意得者，物之性也。可以言传者，物之情也。可以象求者，物之形也。可以数取者，物之体也。用也者，妙万物为言者也，可以意得，而不可以言传。"

曰："不可以言传，则子恶得而知之乎？"

曰："吾所以得而知之者，固不能言传，非独吾不能传之以言，圣人亦不能传之以言也。"

曰："圣人既不能传之以言，则六经非言也耶？"

曰："时然后言，何言之有？"

樵者赞曰："天地之道备于人，万物之道备于身，众妙之道备于神，天下之能事毕矣，又何思何虑！吾而今而后，知事心践形之为大。不及子之门，则几至于殆矣。"

乃析薪烹鱼而食之饫，而论《易》。

渔者与樵者游于伊水之上。渔者叹曰："熙熙乎万物之多，而未始有杂，吾知游乎天地之间，万物皆可以无心而致之矣。非子则孰与归焉？"

樵者曰："敢问无心致天地万物之方？"

渔者曰："无心者，无意之谓也。无意之意，不我物也。不我物，然后定能物物。"

曰："何谓我，何谓物？"

曰："以我徇物，则我亦物也；以物徇我，则物亦我也。我物皆致，意由是明。天地亦万物也，何天地之有焉？万物亦天地也，何万物之有焉？万物亦我也，何万物之有焉？我亦万物也，何我之有焉？何物不我？何我不物？如是则可以宰天地，可以司鬼神。而况于人乎？况于物乎？"

樵者问渔者曰："天何依？"

曰："依乎地。"

曰："地何附？"

曰："附乎天。"

曰："然则天地何依何附？"

曰："自相依附。天依形，地附气。其形也有涯，其气也无涯。有无之相生，形气之相息。终则有始，终始之间，其天地之所存乎？天以用为本，以体为末；地以体为本，以用为末。利用出人之谓神，名体有无之谓圣。唯神与圣，能参乎天地者也。小人则日用而不知，故有害生实丧之患也。

夫名也者，实之客也；利也者，害之主也。名生于不足，得丧于有余。害生于有余，实丧于不足。此理之常也。养身者必以利，贪夫则以身殉得，故有害生焉。立身必以名，众人则以身殉名，故有实丧焉。窃人之财谓之盗，其始取之也，唯恐其不多也，及其败露也，唯恐其多矣。夫贿之与赃，一物而两名者，利与害故也。窃人之美谓之徼，其始取之也，唯恐其不多也。及其败露，唯恐其多矣。夫誉与毁，一事而两名者，名与实故也。

凡言朝者，萃名之地也；市者，聚利之地也。能不以争处乎其间，虽一日九迁，一货十倍，何害生实霄之有耶？是知争也者取利之端也；让也者趋名之本也。利至则害生，名兴则实霄。利至名兴，而无害生实霄之患，唯有德者能之。天依地，地会天，岂相远哉！

渔者谓樵者曰："天下将治，则人必尚行也；天下将乱，则人必尚言也。尚行，则笃实之风行焉；尚言，则诡谲之风行焉。天下将治，则人必尚义也；天下将乱，则人必尚利也。尚义，则廉让之风行焉；尚利，则攘夺之风行焉。三王，尚行者也；五霸，尚言者也。尚行者必入于义也，尚言者必入于利也。义利之相去，一何如是之远耶？是知言之于口，不若行之于身，行之于身，不若尽之于心。言之于口，人得而闻之，行之于身，人得而见之，尽之于心，神得而知之。人之聪明犹不可欺，况神之聪明乎？是知无愧于口，不若无愧于身，无愧于身，不若无愧于心。无口过易，无身过难，无身过易，无心过难。既无心过，何难之有！吁，安得无心过之人，与之语心哉！"

渔者谓樵者曰："子知观天地万物之道乎？"

樵者曰："未也。愿闻其方。"

渔者曰："夫所以谓之观物者，非以目观之也，非观之以目，而观之以心也；非观之以心，而观之以理也。天下之物，莫不有理焉，莫不有性焉，莫不有命焉。所以谓之理者，穷之而后可知也；所以谓之性者，尽之而后可知也；所似谓之命者，至之而后可知也。此三知也，天下之真知也，虽圣人无以过之也。而过之者，非所以谓之圣人也。夫鉴之所以能为明者，谓其能不隐万物之形也。虽然鉴之能不隐万物之形，未若水之能一万物之形也。虽然水之能一万物之形，又未若圣人之能一万物情也。圣人之所以我一万物之情者，谓其圣人之能反观也。所以谓之反观者，不以我观物也。不以我观物者，以物观物之谓也。又安有我于其间哉？是知我亦人也，人亦我也。我与人皆物也。此所以能用天下之目为己之目，其目无所不观矣。用天下之耳为己之耳，其耳无所不听矣。用天下之口为己之口，其口无所不言矣。用天下之心为己之心，其心无所不某矣。天下之观，其于见也，不亦广乎！天下之听，其于闻也，不亦远乎！天下之言，其于论也，不亦高乎？天下之谋，其于乐也，不亦大乎！夫其见至广，其闻至远，其论至高，其乐至大，能为至广、至远、至高、至大之事，而中无一为焉，岂不谓至神至圣者乎？非唯一时之天下谓之至神奎圣者乎，而千万世之天下谓之至神至圣者乎？非唯一时之天下渭之至神至圣者乎，而千万世之天下谓之至神圣者乎？过此以往，未之或知也已。"

樵者问渔者曰："子以何道而得鱼？"

曰："吾以六物具而得鱼。"

曰："六物具也，岂由天乎？"

曰："具六物而得鱼者，人也。具六物而所以得鱼者，非人也。"

樵者未达，请问其方。

渔者曰："六物者，竿也，纶也，浮也，沉也，钩也，饵也。一不具，则鱼不可得。然而六物具而不得鱼者，非人也。六物具而不得鱼者有焉，未有六物不具而得鱼者也。是知具六物者，人也。得鱼与不得鱼，天也。六物不具而不得鱼者，非天也，人也。"

樵者曰："人有祷鬼神而求福者，福可祷而求耶？求之而可得耶？敢问其所以。"

曰："语善恶者，人也；福祸者，天也。天道福善而祸淫，鬼神岂能违天乎？自作之咎，固难逃已；天之灾，禳之奚益？修德积善，君子常分。安有余事于其间哉！"

樵者曰："有为善而遇祸，有为福而获福者，何也？"

渔者曰："有幸与不幸也。幸不幸，命也；当不当，分也。一命一分，人其逃乎？"

曰："何谓分？何谓命？"

曰："小人之遇福，非分也，有命也；当祸，分也，非命也。君子之遇祸，非分也，有命也；当福，分也，非命也。"

渔者谓樵者曰："人之所谓亲，莫如父子也；人之所谓疏，莫如路人也。利言在心，则父子过路人远矣。父子之道，天生也。利害犹或夺之，况非天必者乎？夫利害之移人，如是之深也，可不慎乎？路人之相逢则过之，固无相害之心焉，无利害在前故也。有利害在前，则路人与父子，又奚择焉？路人之能相交以义，又何况父子之亲乎！夫义者，让之本也；利者，争之端也。让则有仁，争则有害，仁与害，何相去之远也！尧、舜亦人也。桀、纣亦人也，人与人同而仁与害尔，仁因义而起，害因利而生。利不以义，则臣弑其君者有焉，子弑其父者有焉。岂若路人之相逢，一目而交袂于中逵者哉！"

樵者谓渔者曰："吾尝负薪矣，举百斤而无伤吾之身，加十斤则遂伤吾之身，敢问何故？"

渔者曰："樵则吾不知之矣。以吾之事观之，则易地皆然。吾尝钓而得大鱼，与吾交战。欲弃之，则不能舍，欲取之，则未能胜。终日而后获，几有没溺之患矣。非直有身伤之患耶？鱼与薪则二也，其贪而为伤则一也。百斤，力分之内者也，十斤，力分之外者也。力分之外，虽一毫犹且为害，而况十斤乎！吾之贪鱼亦何以异子之贪薪乎！"

樵者叹曰："吾而今而后，知量力而动者智矣哉！"

樵者谓渔者曰："子可谓知《易》之道矣。吾也问：《易》有太极，太极何物也？"

曰："无为之本也。"

曰："太极生两仪，两仪，天地之谓乎？"

曰："两仪，天地之祖也，非止为天地而已也。太极分而为二，先得一为一，后得一为二。一二谓两仪。"

曰："两仪生四象，四象何物也？"

曰："四象谓阴阳刚柔。有阴阳然后可以生天，有刚柔然后可以生地。立功之本，于斯为极。"

曰："四象生八卦，八卦何谓也？"

曰："谓乾、坤、离、坎、兑、艮、震、巽之谓也。迭相盛衰终始于其间矣。因而重之，则六十四卦由是而生也，而《易》之道始备矣。"

樵者问渔者曰："复何以见天地之心乎？"

曰："先阳已尽，后阳始生，则天地始生之际。中则当日月始周之际，末则当星辰始终之际。万物死生，寒署代谢，昼夜变迁，非此无以见之。当天地穷极之所必变，变则通，通则久，故《象》言'先王以至日闭关，商旅不行，后不省方'，顺天故也。"

樵者谓渔者曰："无妄，灾也。敢问何故？"

曰："则欺他，得之必有祸，斯有妄也，顺天而动，有祸及者，非祸也，灾也。犹农有思丰而不勤稼穑者，其荒也，不亦祸乎？农有勤稼穑而复败诸水旱者，其荒也，不亦灾乎？故《象》言'先王以茂对时育万物'，贵不妄也。"

樵者问曰："姤，何也？"

曰："姤，遇也。柔遇刚也，与夬正反。夬始逼壮，姤始遇壮，阴始遇阳，故称姤焉。观其姤，天地之心，亦可见矣。圣人以德化及此，网有不昌。故《象》言'后以施命诰四方'，履霜之慎，其在此也。"

渔者谓樵者曰："春为阳始，夏为阳极，秋为阴始，冬为阴极。阳则温，阳极则热；阴始则凉，阴极则寒。温则生物，热则长物，凉则收物，寒则杀物。皆一气别而为四焉。其生万物也亦然。"

樵者问渔者曰："人之所以能灵于万物者，何以知其然耶？"

渔者对曰："人之所以能灵于万物者，谓其目能收万物之色，耳能收万物之声，鼻能收万物之气，口能收万物之味。声色气味者，万物之体也。目耳口鼻者，万人之用也。体无定用，惟变是用。用无定体，惟化是体。体用交而人物之道于是乎备矣。然则天亦物也，圣亦人也。有一物之物，有十物之物，有百物之物，有千物之物，有万物之物，有亿物之物，有兆物之物。为兆物之物，岂非人乎！有一人之人，有十人之人，有百人之人，有千人之人，有万人之人，有亿人之人，有兆人之人。为兆人之人，岂非圣乎！是知人也者，物之至者也。圣也者，人之至者也。物之至者始得谓之物之物也。人之至者始得谓之人之人也。夫物之物者，至物之谓也。人之人者，至人之谓也。以一至物而当一至人，则非圣人而何？人谓之不圣，则吾不信也。何哉？谓其能以一心观万心，一身观万身，一物观万物，一世观万世者焉。又谓其能以心代天意，口代天言，手代天功，身代天事者焉。又谓其能以上顺天时，下应地理，中徇物情，通尽人事者焉。又谓其能以弥纶天地，出入造化，进退今古，表里时事者焉。噫，圣人者，非世世而效圣焉。吾不得而目见之也。虽然吾不得而目见之，察其心，观其迹，探其体，潜其用，虽亿万千年亦可以理知之也。人或告我曰：'天地之外，别有天地万物，异乎此天地万物。'则吾不得而知之也。非唯吾不得而知之也，圣人亦不得而知之也。凡言知者，谓其心得而知之也。言言者，谓其口得而言之也。既心尚不得而知之，口又恶得而言之乎？以不可得知而知之，是谓妄知也。以不可得言而言之，是谓妄言也。吾又安能从妄人而行妄知妄言者乎！"

渔者谓樵者曰："仲尼有言曰：殷因于夏礼，所捐益可知也；周因于殷礼所捐益可知也。其或继周者，虽百世可知也。夫如是，则何止于百世而已哉！亿千万世，皆可得而知之也。人皆知仲尼之为仲尼，不知仲尼之所以为仲尼，不欲知仲尼之所以为仲尼则已，如其必欲知仲尼之所以为仲尼，则舍天地将奚之焉？人皆知天地之为天地，不知天地之所以为天地。不欲知天地之所以为天地则已，如其必欲知天地之所以为天地，则舍动静将奚之焉？夫一动一静者，天地至妙者欤？夫一动一静之间者，天地人至妙至妙者欤？是知仲尼之所以能尽三才之道者，谓其行无辙迹也。故有言曰：'予欲无言'，又曰：'天何言哉！四时行焉，百物生焉。'其此之谓与？"

渔者谓樵者曰："大哉！权之与变乎？非圣人无以尽之。变然后知天地之消长，权然后知天下之轻重。消长，时也；轻重，事也。时有否泰，事有损益。圣人不知随时否泰之道，奚由知变之所为乎？圣人不知随时损益之道，奚由知权之所为乎？运消长者，变也；处轻重者，权也。是知权之与变，圣人之一道耳。"

樵者问渔者曰："人谓死而有知，有诸？"

曰："有之。"

曰："何以知其然？"

曰："以人知之。"

曰："何者谓之人？"

曰："目耳鼻口心胆脾肾之气全，谓之人。心之灵曰神，胆之灵曰魄，脾之灵曰魂，肾之灵曰精。心之神发乎目，则谓之视；肾之精发乎耳，则谓之听；脾之魂发乎鼻，则谓之臭；胆之魄发乎口，则谓之言。八者具备，然后谓之人。夫人也者，天地万物之秀气也。然而亦有不中者，各求其类也。若全得人类，则谓之曰全人之人。夫全类者，天地万物之中气也，谓之曰全德之人也。全德之人者，人之人者也。夫人之人者，仁人之谓也。唯全人，然后能当之。人之生也，谓其气行，人之死也，谓其形返。气行则神魂交，形返则精魄存。神行于天，精魄返于地。行于天，则谓之曰阳行；返于地，则谓之曰阴返。阳行则昼见而夜伏者也，阴返则夜见而昼伏者也。是故，知日者月之形也，月者日之影也。阳者阴之形也，阴者阳之影也。人者鬼之形也，鬼者人之影也。人谓鬼无形而无知者，吾不信也。"

樵者问渔者曰："小人可绝乎？"

曰："不可。君子禀阳正气而生，小人禀阴邪气而生。无阴则阳不成，无小人则君子亦不成，唯以盛衰乎其间也。阳六分，则阴四分；阴六分，则阳四分。阳阴相半，则各五分矣。由是知君子小人之时有盛衰也。治世则君子六分。君子六分，则小人四分，小人固不能胜君子矣。乱世则反是，君君，臣臣，父父，子子，兄兄，弟弟，夫夫，妇妇，谓各安其分也。君不君，臣不臣，父不父，子不子，兄不兄，弟不弟，夫不夫，妇不妇，谓各失其分也。此则由世治世乱使之然也。君子常行胜言，小人常言胜行。故世治则笃实之士多，世乱则缘饰之士从。笃实鲜不成事，缘饰鲜不败事。成多国兴，败多国亡。家亦由是而兴亡也。夫兴家与兴国之人，与亡国亡家之人，相去一何远哉！"

樵者问渔者曰：“人所谓才者，有利焉，有害焉者，何也？”

渔者曰：“才一也，利害二也。有才之正者，有才之不正者。才之正者，利乎人而及乎身者也；才之不正者，利乎身而害乎人者也。”

曰：“不正，则安得谓之才？”

曰：“人所不能而能之，安得不谓之才？圣人所以异乎才之难者，谓其能成天下之事而归之正者寡也。若不能归之以正，才则才矣，难乎语其仁也。譬犹药疗疾也，毒药亦有时而用也，可一而不可再也，疾愈则速已，不已则杀人矣。平药则常常日用之可也，重疾非所以能治也。能驱重疾而无害人之毒者，古今人所谓良药也。《易》曰：‘大君有命，开国承家，小人勿用。’如是，则小人亦有时而用之。时平治定，用之则否。《诗》云：‘它山之石，可以攻玉。’其小人之才乎！”

樵者谓渔者曰：“国家之兴亡，与夫才之邪正，则固得闻命矣。然则何不择其人而用之？”

渔者曰：“择臣者，君也；择君者，臣也。贤愚各从其类而为。奈何有尧舜之君，必有尧舜之臣；有桀纣之君，而必有桀纣之臣。尧舜之臣，生乎桀纣之世，桀纣之臣，生于尧舜之世，必非其所用也。虽欲为祸为福，其能行乎？夫上之所好，下必好之。其若影响，岂待驱率百然耶？上好义，则下必好义，而不义者远矣；上好利，下必好利，而不利者远矣。好利者众，则天下日削矣；好义者众，则天下日盛矣。日盛则昌，日削则亡。盛之与削，昌之与亡，岂其远乎？在上之所好耳。夫治世何尝无小人，乱世何尝无君子，不用则善恶何由而行也。”

樵者曰：“善人常寡，而不善人常众；治世常少，乱世常多，何以知其然耶？”

曰：“观之于物，何物不然？譬诸五谷，耘之而不苗者有矣。蓬莠不耘而犹生，耘之而求其尽也，亦未如之何矣！由是知君子小人之道，有自来矣。君子见善则嘉之，见不善则远之；小人见善则疾之，见不善则嘉之。善恶各人其类也。君子见善则就之，见不善则违之；小人见善则违之，见不善则就之。君子见义则迁，见利则止；小人见义则止，见利则迁。迁义则利人，迁利则害人。利人与害人，相去一何远耶？家与国一也，其兴也，君子常多而小人常鲜；其亡也小人常多而君子常鲜。君子多而去之者，小人也；小人多而去之者，君子也。君子好生，小人好杀。好生则世治，好杀则世乱。君子好义，小人好利。治世则好义，乱世则好利。其理一也。”

钓者谈已，樵者曰：“吾闻古有伏羲，今日如睹其面焉。”拜而谢之，及旦而去。

编者按：

程颢为邵雍所作《墓志铭》中有“有《问》有《观》”一句，《观》指《观物篇》，《问》则似指《渔樵问对》。又《朱子语类》卷一百有“康节《渔樵问对》、《无名公序》是一两篇书，次第将来刊成一集”之语录。还有“天何依？曰，依乎地。地何附？曰，附乎天。天地何所依附？曰，自相依附。天依形，地依气。

所以重复而言不出此意者，惟恐人于天地之外别寻去处故也”、“康节说得那‘天依地，地附天，天地自相依附。天依形，地附气’底几句，向尝以此数语附于《通书》之后”二条语录，卷一百十五又记：“旧尝见《渔樵问对》，问：‘天何依？'曰：'依乎地。''地何附？'曰：'附乎天。''天地何所依附？'曰：'天依形，地附气。其形远有涯，其气也无涯。'意者当时所言，不过如此。某尝欲注此语于《遗事》之下，钦夫不许。细思无有出是说者。因问：'向得此书，而或者以为非康节所著。'先生曰：'其间尽有好处，非康节不能著也。'"。

则知朱熹当时以《渔樵问对》为邵子书。《宋史·邵雍传》亦谓邵雍有《渔樵问对》之著作。至《四库全书总目》却将两江总督采进之一卷本《渔樵对问》（作"对问"）归入"儒家类存目一"，提要曰："旧本题宋邵子撰。晁公武《读书志》又作张子，刘安上集中亦载之。三人时代相接，未详孰是也。其书设为问答，以发明义理……书中所论，大抵习见之谈，或后人摭其绪论为之，如《二程遗书》不尽出于口授欤？"

今以是书内容与《观物内篇》对照之，可知："天下将治……安得无心过之人而与之语心哉"之二百四十字为《观物内篇》第七篇中文字；"夫所以谓之观物者……过此以往未之或知之也"之四百八十八字为《观物内篇》第十二篇中文字；"谓其目能收万物之色……嗳又安能从妄人而行妄知妄言者乎"之五百四十字为《观物内篇》第二篇中文字；"仲尼曰……谓其行无辙迹也"之二百一十五字《观物内篇》第五篇中文字。四处合计直接引用《观物内篇》一千四百八十三字。黄百家于《宋元学案·百源学案》中评价此书曰，"去其浮词并与《观物篇》重出者"，录存不足二千字。如果再去其与《伊川击壤集》重出者，则所余无几。

可见，《渔樵问对》一书是与邵雍《观物内篇》及《伊川击壤集》关系极为密切之书。从其手笔言词来看，似不出于邵雍。《黄氏日钞》云："《伊川至论》第八卷载《渔樵问对》，盖世传以为康节书者。不知何为亦羼入其中？近世昭德先生晁氏《读书记》疑此书为康节子伯温所作。"（见《宋元学案·百源学案》）如果说《渔樵问对》是邵伯温"得家庭之说而附益之"，的确有可能。然而近人余嘉锡于《四库提要辩证》中引朱熹说，又力主《渔樵问对》"真邵子所作矣"。